国家战略与政府治理现代化

NATIONAL STRATEGY AND MODERNIZATION OF GOVERNANCE

主编◎章文光 —————— 副主编◎汪 波 李 坤

中国经济出版社
CHINA ECONOMIC PUBLISHING HOUSE
北 京

图书在版编目（CIP）数据

国家战略与政府治理现代化／章文光主编．汪波 李坤 副主编
北京：中国经济出版社，2018.3（2023.8 重印）
ISBN 978－7－5136－4963－6

Ⅰ.①国… Ⅱ.①章… ②汪… ③李… Ⅲ.①地方政府—行政管理—研究—中国 Ⅳ.①D625

中国版本图书馆 CIP 数据核字（2017）第 272204 号

责任编辑 赵静宜
责任印制 巢新强
封面设计 久品轩

出版发行 中国经济出版社
印 刷 者 三河市同力彩印有限公司
经 销 者 各地新华书店
开　　本 710mm×1000mm 1/16
印　　张 18.5
字　　数 293 千字
版　　次 2018 年 3 月第 1 版
印　　次 2023 年 8 月第 2 次
定　　价 68.00 元
广告经营许可证 京西工商广字第 8179 号

中国经济出版社 网址 www.economyph.com 社址 北京市东城区安定门外大街 58 号 邮编 100011
本版图书如存在印装质量问题，请与本社销售中心联系调换（联系电话：010－57512564）

前　言

当人类社会迈入21世纪，政府治理体系在信息化与全球化浪潮的冲击下正发生深刻而广泛的变革。21世纪政府治理在治理空间场域呈现出爆炸式扩展，由相对封闭的城镇体系转向开放互通的一体化治理。21世纪政府治理结构由封闭转向多元与开放。21世纪政府治理技术正在逐步转向大数据与信息化治理。

在新的时代背景下，一些传统的公共管理理论似乎正在失去解释力，中国特色的地方政府治理现代化需要在这幅波澜壮阔而又错综复杂的现代图景中重新梳理与诠释。如何评价与衡量中国特色的政府治理现代化的发展态势？如何与时俱进地优化政府治理体系？构成该项研究所探讨的两个核心问题。

国家治理体系和治理能力现代化已构成“四个现代化”之后的“第五个现代化”①，是实现“两个百年”发展目标的根本驱动力。国家治理体系与治理能力现代化既包括科学化与现代化的顶层设计，也包括地方政府主导的地方治理现代化。

改革开放以来，政府治理现代化主要经历了两个阶段。第一阶段为地方政府主导下的政府治理现代化。20世纪80年代放权让利改革形成“行为联邦制”② 式地方治理结构，地方政府“八仙过海、各显神通”，在自主创新进程中形成了一系列地方治理模式：苏南模式、温州模式、新苏南模式、新温州

---

① 李景鹏. 关于推进国家治理体系和治理能力现代化［J］. 天津社会科学，2014（2）.

② 郑永年. 中国的“行为联邦制”：中央——地方关系的变革与动力［M］. 北京：东方出版社，2013，121.

模式、广东模式等，成为中国崛起的一个又一个区域缩影。

第二阶段为国家顶层设计与地方政府创新的协同联动。随着改革进入深水区，顶层设计在国家治理现代化进程中发挥着越来越重要的作用，十八大以来，随着中央与地方关系的规范化，国家治理转向顶层设计与地方政府创新的协同联动。但是，顶层设计不能机械地等同于中央政府设计，顶层设计应被理解为：中央政府与地方政府基于政策实践，通过持续的政策评估，而形成的螺旋上升的制度建构过程。“先试点后推广”是中国制度变迁的突出特征与成功经验。中国改革开放遵循着“政策实验—完善—推广”的流程。国家在推动全国范围制度变迁之前，一般先在特定的地方进行政策试点试验，基于政策试点的经验，对原有制度设计进行修正和调适，不断优化完善政策设计。这就形成三种演进路径：第一种路径：当政策设计被实践证明为不可行，国家及时停止政策实验。第二种路径：当政策设计被证明为具有一定可行性，国家倾向于鼓励并授权地方政府持续展开政策试验，继续修正、调节试验政策，以提升政策有效性。第三种路径：当地方政策实验被证明为完全成熟可行，国家权威倾向于将地方政策实验的成功经验融入顶层设计，形成中央政策或国家法律，在全国层面进行政策推广。这就形成中央与地方政府之间的信息对流纵轴，通过顶层设计—地方实验—经验总结—修正设计，最终形成国家战略。

近现代以来，国家与区域兴衰直接取决于两大红利：制度红利与技术红利。第一次工业革命开创了“蒸汽”动力时代，驱动人类社会由农耕文明转向工业文明。第二次工业革命驱动着人类社会进入了电气时代。第三次科技革命是蒸汽技术革命和电力技术革命之后的又一次飞跃，涉及信息技术、新能源技术、人工智能、生物技术、空间技术等诸多领域。中国通过后发追赶，创造了“中国奇迹”，并在新一轮技术革命前夜，与西方发达国家基本站在同一起跑线。在新的时代背景下，只有通过国家战略与地方政府创新的联动，才能实现“弯道超车”，进而实现中华民族的伟大复兴。

本书是集体创作的结晶，并构成相对紧密的一体化逻辑结构。研究聚焦于四项国家战略：“互联网+”战略、新型城镇化战略、一带一路战略、社会保障战略。政府治理紧密围绕着四大国家战略，基于区域资源禀赋，推进各具特色的政府创新。

第一编为“互联网+”战略与政府治理现代化。

第一章，北京在线公共服务的定量测评，由宋伯朝、孙宇撰写。

第二章，地方政府依申请信息公开探讨，由王东帅撰写。

第三章，“互联网+”政策工具的量化分析，由孙宇、冯丽烁撰写。

第四章，北京融媒体的信息资本与影响力评估，由汪波、何继禄撰写。

第五章，新媒体时代公民参与有序性，由付鹏飞撰写。

第二编为新型城镇化战略与政府治理现代化。

第六章，“流空间”与苏南新型城镇化，由汪波、宋昭撰写。

第七章，城市社区公共安全治理与指标体系构建，由邵俊霖、高姗姗、王宏新撰写。

第八章，基于ROXY指数的中国“逆城市化”，由唐任伍、肖彦博撰写。

第九章，协同治理视角下空间规划体系的反思，由赵萌撰写。

第三编为“一带一路”战略与政府治理现代化。

第十章，中国少数民族非物质文化遗产研究，由阿勒青·木合森、齐建超撰写。

第十一章，丝绸之路经济带政府门户网站可访问性，由李凤男、孙宇撰写。

第十二章，中—俄—中亚关系中的跨界河流治理，由耿捷撰写。

第四编为社会保障战略与政府治理现代化。

第十三章，需求—供给视角下北京住房保障政策分析，由汪波、穆艳春撰写。

第十四章，北京市公共租赁住房后期管理研究，由李宁撰写。

第十五章，政策网络视阈下中国养老政策变迁，由李坤撰写。

第十六章，中国带薪休假制度的反思，由张砚撰写。

一部学术作品与其说是写作过程，不如说是反复雕琢的过程。哈佛大学裴宜理教授将学术创作视为拼图：加工图片取决于总体构想，总体构想又仰仗对图片的把握，部分与整体无缝对接最终形成理性建构的“拼图”。本著作可能达不到无缝对接的理想状态，但是读者应能发现：这是一部用心而富有热情的作品，力图为中国政府治理现代化提供了一个纵向的知识贡献。文中不足之处，请大家批评指正！

目 录

第一编

“互联网+”战略与政府治理现代化

第一章　北京在线公共服务的定量测评

第一节　研究背景与结构方程模型构建

一、研究背景

国务院在2006年印发了《2006—2020年国家信息化战略》，文件指明中国未来信息化道路的发展方针，即大力发展电子政务，提高行政管理效率，加强政府的监管能力①。行政许可在线公共服务是电子政务的具体体现，是政府信息化改革的重要手段，也是行政许可流程再造的重要途径。为了深入贯彻文件精神和进一步优化出入境管理工作流程，2013年6月北京市公安局出入境管理网上大厅（简称网上大厅）正式上线，目的在于优化行政许可流程，方便中外人士办理出入境业务。

然而在公安局各个办理大厅中，用户仍然习惯于现场填写和排队叫号，把手写的申请表递给办公人员，办理大厅中依然人满为患。这种不尽如人意的现象令我们想到一些问题，人们为什么不使用网上大厅来预约办理业务？是由什么原因导致？因为系统设计的不合理致使人们不方便用，还是人们认为不解决问题而不想用？回答这些问题对于探究网上大厅的用户接受度至关重要，也对于考查北京市在线公共服务的实际发展状况意义重大。

① 国务院.2006至2020年国家信息化发展战略［EB/OL］.http：//news.xinhuanet.com/newscenter/2006-05/08/content_ 4522878.htm.

基于技术接受模型（Technology Acceptance Model，TAM）与计划行为理论（Theory of Planned Behavior，TPB），整合建构了用户接受度模型，并通过结构方程模型（Structural Equation Modeling，SEM）来分析影响用户接受度的重要因素。基于这些影响因素，本文有针对性地提出适用于网上大厅的对策建议，对提高北京市在线公共服务用户接受度具有积极意义。

二、模型基础与模型建构

（一）技术接受模型

Davis 在理性行为理论（Theory of Reasoned Action，TRA）的基础上，提出了 TAM 模型，明确了感知到有用性（Perceived Usefulness，PU）和感知到好用性（Perceived Ease of Use，PEOU）两个关键变量。TAM 模型的主要变量关系为：意图（Intention）影响行为（Behavior），态度和感知到有用性共同影响意图，感知到有用性和感知到好用性共同影响态度，如图 1-1 所示。感知到有用性和感知到好用性分别被定义为：某人认为使用系统会提高工作绩效的程度；认为使用系统轻松的程度①。Davis 沿用了 Ajzen 对于意图和态度的定义：个人采取行为意愿的强度；个人对于行为所体会到的正面或负面感觉②。

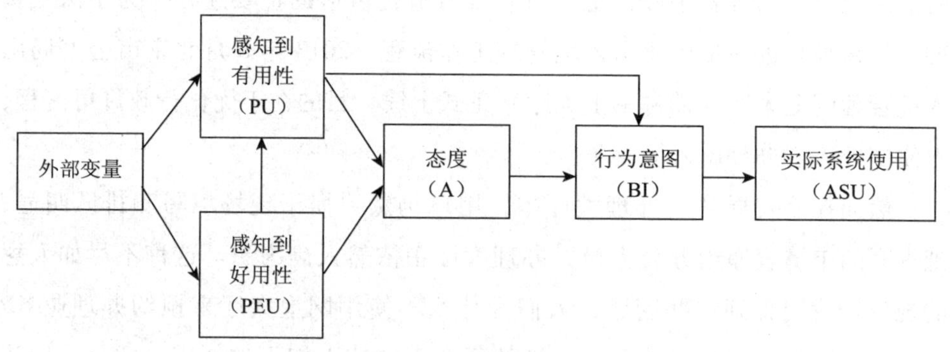

图 1-1　TAM 模型

---

① Davis F D，Richard P B，Paul R W：User Acceptance of Computer Technology：A Comparison of Two Theoretical Models ［J］ Management Science，1989，35（8）：982-1003.

② Fishbein M，Ajzen I. Belief，Attitude，Intention and Behavior：An Introduction to Theory and Research ［M］. MA：Addison-Wesley，1975.

从创立至今，TAM 已得到众多实证研究的数据支持，同时也验证了模型的科学性与实用性。这些实证研究涉及不同领域和机构，如新媒体科技的接受模型分析①、信息技术接受过程分析②、互动教育工具的接受度研究③、网络购物用户接受度与满意度分析④、移动通信技术创新接受度研究⑤等。

（二）计划行为理论

在 TRA 的基础之上，TPB 增加了感知行为控制（Perceived Behavior Control，PBC）变量。TPB 继承并扩展了 TRA 模型，对于个人意图的解释力和预测力也更为准确。

TPB 的主要模型框架为态度、主观规范（Subjective Norm，SN）和感知行为控制对于意图的影响，这三种重要因素正向影响意图，态度越积极，主观规范越支持，感知行为控制越强，就越可能产生意图和行为，如图 1-2 所示。Ajzen 将态度、主观规范、感知行为控制分别定义为：人们对于目标行为所秉持的消极或积极的评价；对于做出或不做出某项行为所感知的社会动力或压力；预测做出某种行为时所感知到的难易程度⑥。

TPB 是探究个人意图的重要模型，对于行为也具有较强的解释和预测力度。众多实证研究也证实了 TPB 使用的广泛性与准确性，这些研究包括：医

---

① A lexander J B，Anand J，Ryan G W. Content Acceptance Model and New Media Technologies ［J］ Journal of Computer Information Systems，2013，Spring：56-64.

② Anol B，Clive S. Influence Processes For Information Technology Acceptance：An Elaboration Likelihood Model ［J］ MIS Quarterly，2006，30 （4）：805-825.

③ Brett J L，Rodger G，Sandra H. Measuring Student Perceptions of Blackboard Using the Technology Acceptance Model ［J］ Decision Sciences Journal of Innovative Education，2006，4 （1）：87-99.

④ Chao M C，Hua Y L，Szu Y S，et al.. Understanding customers' loyalty intentions towards online shopping：an integration of technology acceptance model and fairness theory ［J］ Behavior & Information Technology，2009，28 （4）：347-360.

⑤ Chih C W，Shao K L，Wen C F ［J］ Extending the technology acceptance model to mobile telecommunication innovation：The existence of network externalities ［J］ Journal of Consumer Behavior，2008 （7）：101-110.

⑥ Ajzen I. The Theory of Planned Behavior ［J］ Organizational Behavior And Human Decision Processes，1991 （50）：179-211.

疗处方行为成本影响研究①、电子商务接受行为研究②、预测无家可归者的行为研究③等。

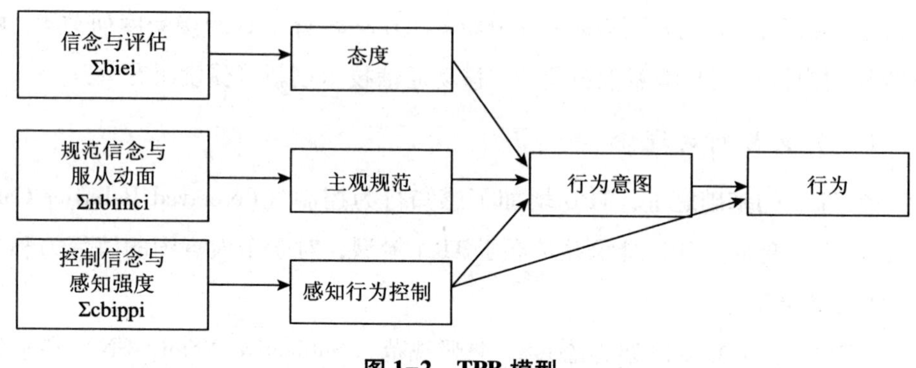

图 1-2 TPB 模型

（三）用户接受度模型的研究假设与构建

TAM 与 TPB 模型虽然使用广泛，但也不免有一些问题。TAM 认为只有感知到有用性和感知到好用性是态度及意图的影响因素，缺乏真实的行为决策过程。正如 Lee 等人的观点认为，TAM 最大的缺陷源于模型的简洁，它缺乏对于实践的行动指导作用④。此外，TPB 的缺陷在于前因变量不明确，研究者不能明确具体影响态度、主观规范、感知行为控制的因素权重，不能对于具体因素进行明确干预。Hung 等人也认为拆分影响因素十分必要，只有明确具体因素，才能对其进行分析和干预⑤。

---

① Leo A G，Peter K. The influence of cost on medical prescriptions：A comparison of the theory of planned behavior and the composite attitude behavior model ［J］. International Journal of Medical Marketing》，2002，2（4）：311-327.

② Paul A P，Mendel F. Understanding And Predicting Electronic Commerce Adoption：An Extension Of The Theory Of Planned Behavior ［J］. MIS Quarterly，2006，30（1）：115-143.

③ Danielle B F，Katherine M W. The Role of Self-Efficacy in Predicting Rule-Following Behaviors in Shelters for Homeless Youth：A Test of the Theory of Planned Behavior ［J］. The Journal of Social Psychology，2006，146（3）：307-325.

④ Lee Y H，Kozar K A，Larsen K T. The technology acceptance model：Past，present and future ［J］. Communications of the Association for Information Systems，2003（12）：752-780.

⑤ Hung S Y，Chang C M，Yu T J. Determinants of user acceptance of the e-Government services：The case of online tax filing and payment system ［J］. Government Information Quarterly，2006（23）：97-122.

本文将 TAM 与 TPB 进行整合，并明确了具体的影响因素，所提出的 11 个研究假设及其理论支持，均来源于 TAM 与 TPB 的核心思想及该领域的实证研究。

表 1-1 研究假设提出依据汇总表

假设	变量关系	方向	文献来源	路径系数
H1	主观规范→意图	正向	Venkatesh & Davis（2000）①	0.44
			Hung et al.（2006）②	0.05
H2	态度→意图	正向	Ji &Young（2001）③	0.285
			Hu et al.（1999）④	0.25
			Lin et al.（2011）⑤	0.28
			Sevgi& Irfan（2011）⑥	0.67
			Hung et al.（2006）	0.69
H3	感知行为控制→意图	正向	Mathieson（1991）⑦	0.41
			Ozkan & Kanat（2011）	0.11
			Hung et al.（2006）	0.2
H4	人际影响→主观规范	正向	Taylor & Todd（1995）⑧	0.54
			Hung et al.（2006）	0.42
H5	媒体影响→主观规范	正向	Hung et al.（2006）	0.21

① Venkatesh V, Davis F D. A Theoretical Extension of the Technology Acceptance Model: Four Longitudinal Field Studies [J]. Management Science, 2000, 46 (2): 186-204.

② Hung S Y, Chang C M, Yu T J. Determinants of user acceptance of the e-Government services: The case of online tax filing and payment system [J]. Government Information Quarterly, 2006 (23): 97-122.

③ Ji W M, Young G K. Extending the TAM for a World-Wide-Web context [J]. Information & Management, 2001 (38): 217-230.

④ Hu P J, Chau P Y, Sheng O R, et al.. Examining the Technology Acceptance Model Using Physician Acceptance of Telemedicine Technology [J]. Journal of Management Information Systems, 1999, 16 (2): 91-112.

⑤ Lin F Y, Seedy S F, Deron L. Assessing citizen adoption of e-Government initiatives in Gambia: A validation of the technology acceptance model in information systems success [J]. Government Information Quarterly, 2011 (28): 271-279.

⑥ Sevgi O, Irfan E K. E-Government adoption model based on theory of planned behavior: Empirical validation [J]. Government Information Quarterly, 2011 (28): 503-513.

⑦ Mathieson K. Predicting user intentions: Comparing the technology acceptance model with the theory of planned behavior [J]. Information Systems Research, 1991, 2 (3): 173-191.

⑧ Taylor S, Todd P A. Understanding information technology usage: A test of competing models [J]. Information Systems Research, 1995, 6 (2): 144-176.

续表

假设	变量关系	方向	文献来源	路径系数
H6	感知到有用性→态度	正向	Davis et al. (1989)①	0.61
			Mathieson (1991)	0.694
			Moon & Kim (2001)	0.232
			Hu et al. (1999)	0.45
			Ozkan & Kanat (2011)	0.4
			Shyu & Huang (2011)②	0.634
			Hung et al. (2006)	0.44
H7	感知到好用性→态度	正向	Davis et al. (1989)	0.24
			Mathieson (1991)	0.218
			Moon & Kim (2001)	0.33
			Hu et al. (1999)	0.08
			Lin et al. (2011)	0.34
			Ozkan & Kanat (2011)	0.67
			Hung et al. (2006)	0.09
H8	信息系统质量→态度	正向	Jaeho& Ingoo (2003)③	—
H9	信任→态度	正向	Ozkan & Kanat (2011)	0.16
			Hung et al. (2006)	0.34
H10	便利条件→感知行为控制	正向	Taylor & Todd (1995)	2.21
			Hung et al. (2006)	0.25
H11	自我效能→感知行为控制	正向	Taylor & Todd (1995)	0.63
			Hung et al. (2006)	0.75

假设一、假设二、假设三，基于 TPB 的核心框架。

H1：主观规范正向影响意图；

H2：态度正向影响意图；

---

① Davis F D, Richard P B, Paul R W. User Acceptance of Computer Technology: A Comparison of Two Theoretical Models [J]. Management Science, 1989, 35 (8): 982-1003.

② Shyu H P, Huang J H. Elucidating usage of e-government learning: A perspective of the extended technology acceptance model [J]. Government Information Quarterly, 2011 (28): 491-502.

③ Jaeho H, Ingoo H. Performance measure of information system in evolving computing environment: A empirical investigation [J]. Information & Management, 2003 (40): 243-256.

H3：感知行为控制正向影响意图。

假设四、假设五，基于主观规范的影响因素，即来自他人或其他组织的影响。人际影响（Interpersonal Influence）可被理解为：亲友、同学、同事等人对意图的影响；媒体影响（Media Influence）可被理解为：报纸、杂志、电视、网络等传统媒体或新媒体对意图的影响。

H4：人际影响正向影响主观规范；

H5：媒体影响正向影响主观规范。

假设六、假设七，基于 TAM 的核心框架。

H6：感知到有用性正向影响态度；

H7：感知到好用性正向影响态度。

假设八、假设九基于相关文献的实证研究结论。DeLone 与 McLean 认为信息系统质量（Information System Quality，ISQ）是：个人在系统使用过程中，所感受到的系统整体性能①。此外，信息系统质量对态度有重要影响，其对于系统的构建和使用至关重要，高质量的系统在实践中也更易于接受②。信任的影响力对于人们接受新鲜事物的态度十分重要，信任感可以产生人们对新鲜事物的积极态度，积极的态度也是用户接受的前提条件之一，所以信任也是影响态度的重要变量。

H8：信息系统质量正向影响态度；

H9：信任正向影响态度。

假设十、假设十一，基于感知行为控制的构成。感知行为控制包括衡量个人自信程度的自我效能（Self-Efficacy），以及衡量外部资源的便利条件（Facilitating Conditions）。Bandura 将自我效能定义为：有能力做出某种行为的自信程度③。便利条件应分为两个维度，资源因素，例如，时间、资金等；技

① DeLone W H，McLean E R. The DeLone and McLean model of information system success：A ten-year update［J］. Journal of Management Information Systems，2003，19（4）：9-30.

② Jaeho H，Ingoo H. Performance measure of information system in evolving computing environment：A empirical investigation［J］. Information & Management，2003（40）：243-256.

③ Bandura A. Self-Efficacy Mechanism in Human Agency［J］. American Psychologist，1982，37（2）：122-147.

术因素，包括设备的兼容性①。

H10：便利条件正向影响感知行为控制；

H11：自我效能正向影响感知行为控制。

综上所述，本文提出测量网上大厅用户接受度的模型，如下图所示。

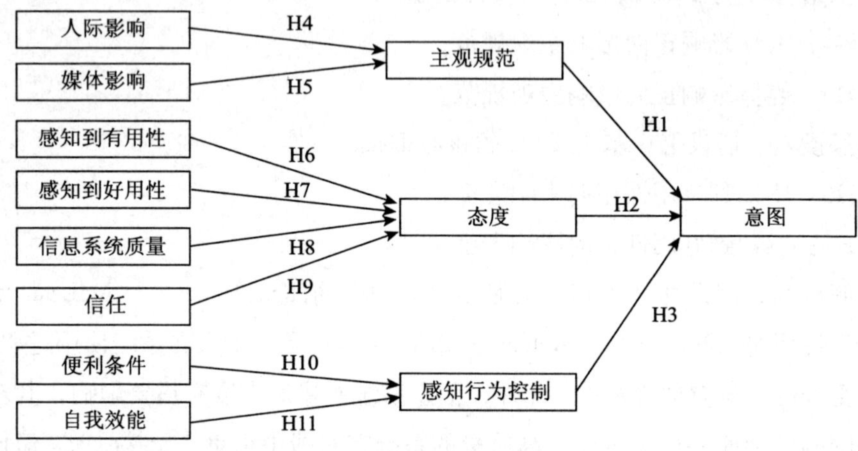

图 1-3　用户接受度模型

第二节　数据分析

一、实证研究设计与数据收集

（一）量表设计与信效度检验

通过李克特（Likert）5 点量表测量用户的实际感受和使用经历，基于前人的成熟量表及网上大厅的实际情况，并深入访谈相关专家，本文设计出测量用户接受度的量表。研究预调查的量表发放数量为 100 份，共回收 90 份，

① Taylor S, Todd P A. Understanding information technology usage: A test of competing models [J]. Information Systems Research, 1995, 6 (2): 144-176.

其中有效问卷数量为 83 份，有效回收率为 83.0%。量表的 Cronbach's Alpha 值为 0.899，信度大于 0.8，表明量表具有较好的信度，具有一致性和可靠性。

KMO 和 Bartlett 的球形度检验，衡量进行因子分析的适合程度。数据结果表明 KMO 值为 0.677，大于 0.5；Bartlett 的球形度检验结果 P 值显著，表明问卷适合进行因子分析。本量表的大部分题目均借鉴于国外核心期刊的成熟量表，其本身已得到了多次检验，所以本研究的量表具有良好的信度与效度。

（二）样本的描述性统计

为了减少受访用户的单一性造成有偏结果，本研究在北京市各个公安分局抽取目标人群，问卷发放量为 300 份，成功回收 238 份，剔除无效问卷后，有效问卷为 204 份，有效回收率为 68.0%。

本次调查的性别分布中，男性为 100 人，比例为 49.0%；女性为 104 人，比例为 51.0%。年龄分布中，20 岁及以下有 6 人，占 2.9%；21 至 30 岁有 80 人，占 39.2%；31 至 40 岁有 104 人，占 51.0%；41 至 50 岁有 12 人，占 5.9%；51 岁以上有 2 人，占 1.0%。本次抽样调查的性别与年龄分布符合社会人口分布水平，也符合网上大厅的实际使用情况。

二、实证数据分析与假设检验

（一）数据检查

本书使用结构方程模型进行数据分析。首先，检查数据的样本量是否符合要求，网上大厅的样本量为 204 个，大于 150，符合样本量要求。其次，对用户接受度模型的 12 个潜在变量进行测量模型分析，剔除不显著或路径系数低的指标变量。此外，将同一测量模型的指标变量汇总求和，以防止多重共线性导致模型非正定的问题。

表 1-2 潜在变量、指标变量及汇总

潜在变量	指标变量	指标变量汇总
感知到有用性 PU	PU2、PU3、PU4	SumPU = PU2+PU3+PU4
感知到好用性 PEOU	PEOU1、PEOU2、PEOU4	SumPEOU = PEOU1+PEOU2+PEOU4
信息系统质量 ISQ	ISQ1、ISQ2	SumISQ = ISQ1+ISQ2
信任 Trust	Tr1、Tr2、Tr3	SumTrust = Tr1+Tr2+Tr3
人际影响 Interpersonal	Ip1、Ip2、Ip4	SumIp = Ip1+Ip2+Ip4
媒体影响 Media	M1、M2、M3	SumM = M1+M2+M3
便利条件 FC	FC2、FC3	SumFC = FC2+FC3
自我效能 SE	SE1、SE3、SE4	SumSE = SE1+SE3+SE4
态度 Attitude	At1、At2、At3	
主观规范 SN	SN1、SN2、SN3	
感知行为控制 PBC	PBC1、PBC2	
意图 Intention	In1、In3、In4	

极大似然法（Maximum Likelihood，ML）是结构方程模型的内定方法，使用 ML 法的要求是数据的正态性分布。数据的正态性检验结果符合偏度（Skew）小于 3，峰度（Kurtosis）小于 8 的正态性条件，样本数据为正态分布。

表 1-3 峰度与偏度的正态性检验

Variable	min	max	skew	c. r.	kurtosis	c. r.
SumSE	6. 000	15. 000	−1. 209	−7. 052	2. 262	6. 594
SumFC	4. 000	10. 000	−1. 224	−7. 139	1. 926	2. 698
SumTrust	7. 000	15. 000	−1. 945	−5. 512	1. 751	2. 190
SumISQ	2. 000	10. 000	−1. 314	−7. 661	2. 449	7. 139
SumPEOU	6. 000	15. 000	−1. 538	−8. 971	3. 290	9. 593
SumPU	4. 000	15. 000	−1. 668	−9. 723	5. 268	15. 358
SumM	3. 000	15. 000	−1. 568	−9. 141	1. 839	5. 362
SumIp	3. 000	15. 000	−. 655	−3. 820	−1. 476	−1. 387
In4	1. 000	5. 000	−1. 738	−10. 134	4. 747	13. 839
In3	2. 000	5. 000	−1. 198	−6. 987	1. 135	3. 310
In1	2. 000	5. 000	−. 593	−3. 457	−1. 065	−1. 191
PBC2	2. 000	5. 000	−1. 280	−7. 464	1. 559	4. 544
PBC1	2. 000	5. 000	−1. 565	−9. 125	2. 581	7. 526

续表

Variable	min	max	skew	c. r.	kurtosis	c. r.
At3	2. 000	5. 000	−1. 299	−7. 575	1. 232	3. 592
At2	2. 000	5. 000	−1. 753	−4. 388	1. 062	1. 181
At1	3. 000	5. 000	−1. 774	−4. 512	−1. 384	−1. 120
SN3	1. 000	5. 000	−1. 907	−5. 289	1. 1524	1. 526
SN2	1. 000	5. 000	−1. 929	−5. 418	1. 032	3. 008
SN1	2. 000	5. 000	−1. 786	−4. 583	1. 227	1. 661
Multivariate					62. 877	15. 896

（二）结构方程模型分析

用户接受度模型基于 TAM 以及 TPB，通过明确前因变量进行创新，并非探索性分析，用户接受度模型的质量与拟合效果能得到较好的保证，模型的拟合结果如图 1-4 所示。

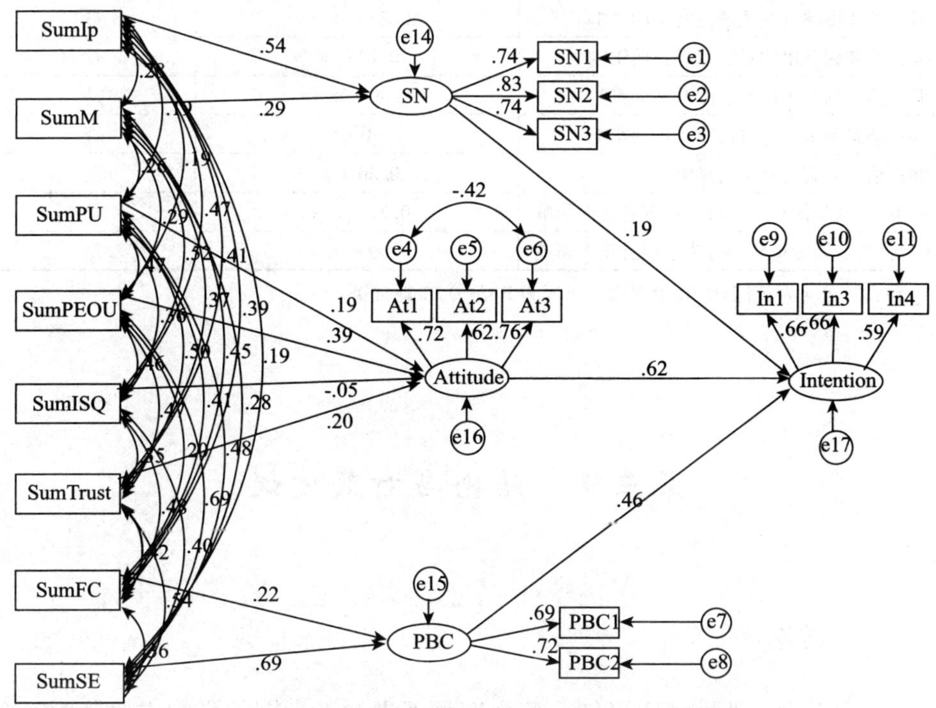

图 1-4 网上大厅结构方程模型拟合结果（标准化系数）

在结构方程模型中，除 SumISQ 对于 Attitude 的系数不显著外，其他变量之间的系数均显著，且变量因果关系与预期效果相吻合。在模型的适配度方面，各个指数均达到良好或可接受水平。

从适配度结果以及模型图的变量关系可知，网上大厅的用户接受度模型质量良好。

（三）假设检验

根据数据分析结果，对之前提出的研究假设进行验证，结果发现大多数假设得到了支持。

表 1-4　研究假设及验证结果

假设	标准化参数值及显著性	是否支持
H1：主观规范对意图有正向影响	0.19＊＊＊	是
H2：态度对意图有正向影响	0.62＊＊＊	是
H3：感知行为控制对意图有正向影响	0.46＊＊＊	是
H4：人际影响对主观规范有正向影响	0.54＊＊＊	是
H5：媒体影响对主观规范有正向影响	0.29＊＊＊	是
H6：感知到有用性对态度有正向影响	0.19＊＊	是
H7：感知到好用性对态度有正向影响	0.39＊＊＊	是
H8：信息系统质量对态度有正向影响	-0.05	否
H9：信任对态度有正向影响	0.20＊＊	是
H10：便利条件对感知行为控制有正向影响	0.22＊＊＊	是
H11：自我效能对感知行为控制有正向影响	0.69＊＊＊	是

注：＊＊＊为 P 值<0.01 时显著，＊＊为 P 值<0.05 时显著。

第三节　结论与对策建议

一、结论

从网上大厅的模型中可知，各个变量因素对于意图的影响主要分为三个层面，即主观规范、态度和感知行为控制层面。

表 1-5 各变量之间的影响效果

变量	对主观规范的影响	对态度的影响	对感知行为控制的影响	对意图的影响
人际影响	0.54	—	—	0.10
媒体影响	0.29	—	—	0.06
感知到有用性	—	0.19	—	0.12
感知到好用性	—	0.39	—	0.24
信息系统质量	—	不显著	—	—
信任	—	0.20	—	0.12
便利条件	—	—	0.22	0.10
自我效能	—	—	0.69	0.32
主观规范	—	—	—	0.19
态度	—	—	—	0.62
感知行为控制	—	—	—	0.46

在结果讨论之前，有必要对网上大厅的使用背景进行简要概述。公众可以根据自己的时间和地点随意选择，主动权较大，并且网上大厅的号源可以满足公众需求，号源充足。充分了解公众较大的选择权以及号源的充足性，是讨论网上大厅模型的前提条件。

对意图影响最大的因素是自我效能和感知到好用性。网上大厅使用简单，公众的自主选择权较大，且号源充足，使用的自信程度以及较大的自主选择权会促使公众产生使用意图。通过网上大厅的预受理，可以减少排队等待时间，减少所花费的精力，让用户感受到系统的好用性。

感知到有用性和信任的影响力次之。号源的充足性以及用户较大的选择权，使得用户认为即使不用网上大厅，通过现场排队的方式也可以进行办理，用户对于网上大厅的有用性感受并不强烈。此外，由于公众对于公安部门的信任，愿意尝试网上大厅，所以也成为影响意图的关键因素。

便利条件对于意图的影响力表明，用户对于条件的便利程度较重视。大多数证件办理者办理时间充裕，在不耽误行程的前提下，并不在乎是否能提前一两天办理完成，所关注的是在办理过程中能否顺畅地完成手续。

与其他因素相比，人际影响和媒体影响对于意图的影响力较小。由于出入境人群属于少数，所以没有得到公众的普遍关注，也没有得到媒体的广泛宣传，并不是公众的热点问题，所以人际影响和媒体影响对于意图的影响力较小。

信息系统质量对于意图的影响不显著，这也反映了一个客观问题：北京市在线公共服务发展水平不及欧美等发达国家。用户对于在线公共服务的体会仍处在实用性阶段，而对于整体风格、人性化水平等信息系统质量的关注程度并不高，这也真实地反映了我国电子政务发展仍处于初级阶段的客观事实。

二、对策建议

基于数据分析结果，本文提出以下三点建议。

第一，了解用户需求。在各大城市中，传统的出入境管理方法已经不能满足现代化的生活和工作方式，因此建立网上大厅，使得公众充分体验其优势，这是行政许可在线公共服务未来的发展方向。同时，政府部门应该根据用户需求，逐步提升服务质量，使之更为贴合用户需求。网上大厅为用户提供了方便，也为北京市公安局的出入境管理工作带来了新的活力。

第二，增强宣传力度。在网上大厅中增加分享链接，增加网络的可见度是必要的新媒体措施。这可以增加公众对于网上大厅的了解，由于亲友的推荐也会增加公众的认同感。此外，作为服务终端的各个分局办理点，应为没有使用过网上大厅的用户发放宣传手册，明确介绍优势特点与使用方法，通过优化终端服务进一步增加公众的可见性，促进用户的接受和使用。

第三，增加便利性。开发手机 APP 软件适应年轻人的操作习惯，是在线公共服务值得借鉴的做法。此外，及时了解用户的使用情况，优化现场服务流程，也是促进便利条件的积极方式。

第二章　地方政府依申请信息公开探讨

第一节　核心概念操作化

“The more closely we are watched, The better we behave”，这是英国功利主义哲学家杰里米·边沁（Jeremy Bentham）对政府信息公开价值的经典论述。政府信息公开对于民主和法治建设具有重要意义，越来越多的国家对政府信息公开进行立法。《中华人民共和国政府信息公开条例》（以下简称《条例》）自2008年实施以来，已历经实践近10年。通过对我国29省市2009—2014年政府信息依申请公开进行定量研究，以期发现我国政府信息依申请公开存在的问题，为完善政府信息依申请公开提供建议。

一、研究背景

政府信息公开的价值已被相关领域的学者进行了广泛而深入的研究，有学者认为政府信息的有效公开可以减少腐败（Reinikka，2004；Bertot，2007；Hameed，2005；蒋录全，2004），增强政府责任（Relly，2010；陆幸福，2013），提升政府公信力（Grigorescu，2003），提高公共资源配置效率（Heald，2003）等。

政府信息公开在形式上分为两种，即主动公开和依申请公开。《条例》对依申请公开政府信息的定义是“公民、法人或者其他组织可以根据自身生产、生活、科研等特殊需要，向国务院部门、地方各级人民政府及县级以上地方人民政府部门申请获取相关政府信息”。虽然依申请公开在数量上占有很小的比例，但它有着比主动公开更高的地位，对于保障公民的知情权和监督权更有价值。

王锡锌认为：“‘主动公开’是一种具有权力性质的、自上而下的满足方式，而在‘依申请公开’环节，公民是权利主体，政府在其中承担着实实在在的义务”。还有学者认为“依申请公开制度是政府信息公开制度的核心。依申请公开制度的价值在于一旦主动公开做得不好，该公开的未公开，公众还可以通过依申请公开制度寻求获取信息”（吕艳滨，2012）；“如果民众没有申请政府公开信息的权利，那么政府信息之公开与否将完全由政府自身决定，民众只能被动接受，所谓透明政府之构建便无从谈起”（陆幸福，2013）。

国内针对政府信息公开的研究多关注主动公开的问题，少有特别针对政府信息依申请公开的研究。在针对政府信息依申请公开的研究中，多是通过定性和规范研究的方法研究政府信息依申请公开的价值和问题，少有定量和实证研究。仅有的几篇针对政府信息依申请公开问题的定量研究中，多囿于对某一特定省市或者某一特定年份的研究，难以从整体上把握我国地方政府信息依申请公开的整体情况、时间上的变化趋势和空间上的区域差异。因而我们选择从整体层面、时间维度、空间维度三个方面对我国 29 个省市①2009—2014 年政府信息依申请公开问题进行定量研究。

二、“政府信息依申请公开”概念操作化

我们认为可以从六个方面来测度政府信息依申请公开。第一，申请者主体资格限制②，即公民申请政府信息是否需要附加条件。第二，信息公开申请数量，包括信息公开申请总量和人均申请数量，该指标能够反映公民的政府信息需求强度。第三，信息公开申请渠道结构，目前信息公开常用的申请渠道包含网络申请、当面申请、信函及传真申请。第四，政府信息依申请公开

① 29 个省市不包含香港、澳门和台湾，由于新疆和宁夏数据缺失严重，因而放弃使用。

② 根据《条例》第 13 条规定，公民申请的政府信息必须是“符合自身生产、生活和科研等特殊需要”，不符合此要求的，申请者便不具备申请资格，行政机关亦可不予受理。

率①，该指标能够反映公民和法人申请政府信息公开的成功率。第五，拒绝公开所申请信息的理由，是因为所申请信息是安全涉密类的信息而不予公开，还是因为申请不规范而导致的无法公开。前者我们称之为事实性理由②，后者我们称之为操作性理由③。第六，由于政府信息依申请公开而导致的行政复议和行政诉讼情况。我们将行政复议和行政诉讼数量之和称之为申诉量，申诉量与申请数量之比称之为申诉率。使用申诉量和申诉率来反映公民对政府信息依申请公开的不满意程度。测度政府信息依申请公开的部分数据来源于各省市发布的《政府信息公开工作报告》（以下简称《报告》）。各省市的《报告》都在每年3月份发布，介绍本省市各级行政机关（县级以上）及其组成部门信息公开的情况。另外，申请人主体资格限制的数据来自于对信息公开申请书的统计分析，各省市信息公开申请书上都写明了公民和法人是否需要提供申请理由以及身份证复印件、营业执照等证明材料。

第二节　三重测量：政府依申请信息公开的评估

一、政府信息依申请公开的整体情况

整体层面的政府信息依申请公开即不考虑时间和空间的因素，对所有个体取平均值，描述政府信息依申请公开在各个指标上的平均情况。

1. 申请限制性因素在实践中普遍存在

《条例》第13条隐含了申请人主体资格限制。国务院办公厅2008年“关于施行《中华人民共和国政府信息公开条例》若干问题的意见”第14条：

① 政府信息依申请公开率=（依申请完全公开数量+依申请部分公开数量）/申请总量。根据《条例》规定的“一事一申请”原则，这里的数量单位是“条”，每一条对应一项信息需求的申请。

② 事实性理由是指由于所申请信息涉及国家秘密、商业秘密、个人隐私，危及国家安全、社会稳定而依法不予公开的理由。

③ 操作性理由主要包含：所申请信息不存在、内容不明确、非政府信息、非本部门信息、移交档案馆等因申请者申请不规范而被拒绝的理由。

“行政机关对申请人申请公开与本人生产、生活、科研等特殊需要无关的政府信息，可以不予提供。”按此规定，申请人在申请政府信息公开时必须说明申请理由。

2014 年 31 个省市本级的“政府信息公开申请表”中有 18 个省市要求公民和法人说明申请理由，这 18 个省份中又有 13 个要求公民和法人在说明申请理由的同时提交身份证复印件、营业执照复印件或者其他能够证明申请理由真实性的材料。由此可见，多数省份仍然对申请人资格进行严格审查，对公民信息公开申请形成直接障碍。

2. **申请渠道中网络渠道占比较少**

统计数据显示通过网络申请政府信息公开的比例平均为 27.83%，当面申请的平均为 47.35%，信函、传真等渠道平均为 24.34%。可见通过网络申请政府信息公开的比例较小。随着互联网的发展，越来越多的政府采用电子政务的方式提供公共服务。政府信息依申请公开作为政府公共服务的一部分，也被绝大多数行政机关采用电子政务的方式来提供。通过网络提交政府信息公开申请较之当面申请和电话申请有着方便、快捷、经济成本低的优点。然而实践中，网络渠道利用率并不高。

3. **申请数量与依申请公开率差异明显**

数据显示，在申请数量上，各省市平均申请数量为 10587 人次/年，标准差为 13319.92。在人均申请数量上，各省市人均申请量 4.29 人次/万人/年，标准差为 10.62。在依申请公开率上，各省市平均为 83.86%，标准差为 0.1623。由此可见，各省市之间申请数量和依申请公开率存在较大差异。

4. **不予公开理由中操作性理由比例较高**

统计数据显示，各省份每年拒绝公开所申请信息的理由中操作性理由数量较多，事实性理由数量相对较少。各省市每年发生的操作性理由平均为 1699 例，占 79.54%；事实性理由平均为 234 例，占 20.46%，事实性理由与操作性理由的数量比例整体为 8∶2。由此可见，由于公民和法人申请政府信息公开不规范而导致的不予公开情况最多，这也是阻碍公民获取所需信息的主要原因。

5. 政府信息依申请公开申诉率较高

统计数据显示各省市由于政府信息公开而导致的申诉量较高，平均为276例/年，其中行政复议为175例/年，行政诉讼为101例/年。平均申诉率为3.51%。可见，全国平均每100例政府信息公开申请中，就有3.51例申诉行为。

二、时间维度上的政府信息依申请公开

取每一年29个省市政府信息依申请公开指标的平均值，在时间维度上描述其变化趋势，有助于我们发现其中的变化规律以及存在的问题。

1. 申请数量于2010年骤降后缓慢上升

如图2-1所示，政府信息公开申请数量在2010年出现了骤降，自2009年平均14331条下降到2010年的平均8746条。从2010年开始，申请数量整体呈现上升的趋势。政府信息公开申请数量之所以在2010年出现骤降，可能的原因是，《条例》于2008年5月份开始实施，公民和法人在这之前积累的信息公开需求于2009年进行了集中申请，导致2009年信息公开申请量虚高。2009年的政府信息需求并非是当年新产生的，不能反映2009年的真实需求情况。2010年及之后的信息公开申请数量及其变化趋势才回归到正常状态。

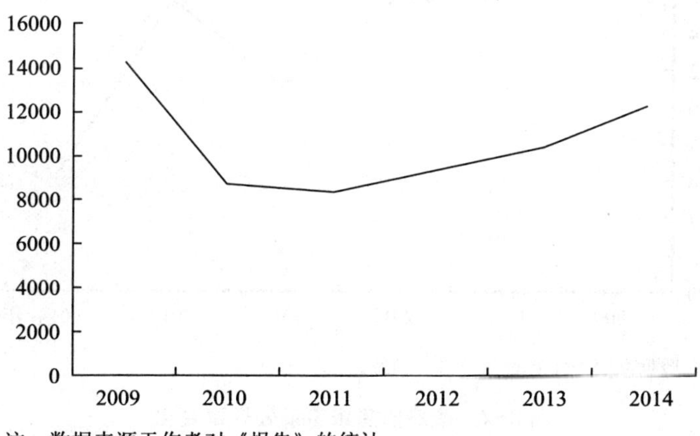

注：数据来源于作者对《报告》的统计。

图2-1 政府信息公开申请的数量

2. 网络申请比例处于低位徘徊

在政府信息依申请公开渠道中，当面申请比例历年最高，但呈逐年下降的趋势，自 2009 年的 56.37% 下降至 2014 年的 44.28%。网络申请比例次之，无明显的上升与下降趋势，一直处于 25.09%～30.02% 的低位区间震荡徘徊，信函、传真、电话申请比例历年最低，但呈逐年上升的趋势，并于 2014 年超过网络申请比例。可见网络申请渠道比例并没有随着电子政务的发展与互联网普及率的提高而得以提高。

3. 政府信息依申请公开率震荡中趋于下降

从图 2-2 可以看出，政府信息依申请公开率呈震荡中下降的趋势。分阶段来看，2009—2011 年呈小幅平缓下降趋势，2011—2012 年出现明显下降后又在 2013 年出现同量上涨，使得 2013 年与 2011 年基本持平。然而在 2014 年又出现大幅下降，从 2013 年的 0.8569 下降至 2014 年的 0.7655。整体来看，政府信息依申请公开率在这 6 年间下降幅度较大，下降趋势较为明显。这说明我国公民申请政府信息公开的成功率在下降。

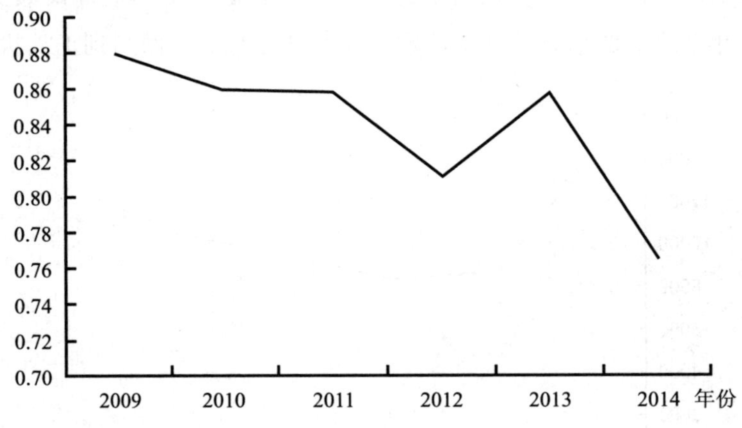

注：数据来源于作者对《报告》的统计。

图 2-2　政府信息依申请公开率变化

4. 操作性理由与申请总量之比逐年上升

数据显示，事实性理由和操作性理由与不予公开数量之比较为平稳，没有出现明显上升和下降的趋势。历年这一比例事实性理由围绕 20%上下小幅波动，操作性理由围绕80%上下小幅波动，操作性理由与事实性理由8：2的数量比没有明显变化。然而，操作性理由与申请总量之比变化较为明显，呈现逐年上升的趋势，这一比例从2009年的11.44%上升到2014年的21.11%；事实性理由与申请总量之比无显著变化，有微幅缓慢上升的趋势。由此可见，申请不规范是政府信息依申请公开率下降的主要原因。

5. **申诉量和申诉率逐年加速升高**

从图2-3可以看出，因政府信息依申请公开而导致的申诉量和申诉率都在逐年加速升高。申诉量由2009年的平均82例/年上升至2014年的平均773例/年，申诉率由2009年的1.12%上升至2014的9.13%，由此可见申诉量和申诉率的上升幅度和上升速度都很高，说明公民对政府信息依申请公开不满意率加速升高。另外，我们发现申诉量占不予公开数量的比例也有显著上升的趋势，说明公民通过法律途径维护知情权的意识在增加。

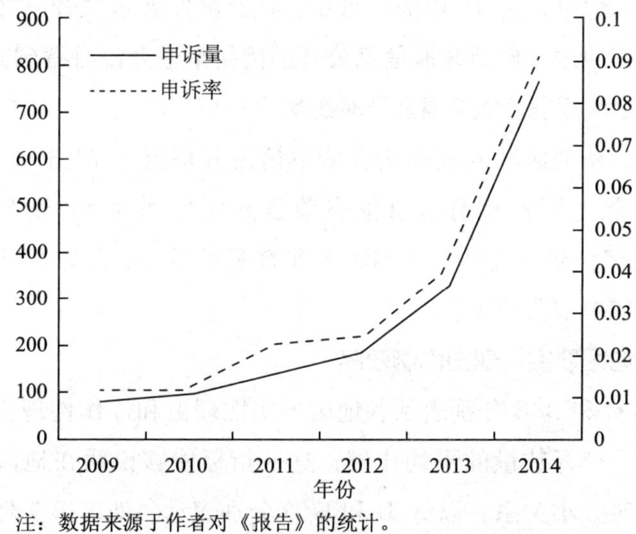

注：数据来源于作者对《报告》的统计。

图2-3 申诉量和申诉率的变化趋势

三、空间维度上的政府信息依申请公开

按照我国四大经济区的划分，考察政府信息依申请公开的区域差异。取该区域6年内所有个体的平均值代表该区域的政府信息依申请公开情况。

1. 西部地区人均申请数量最高

在政府信息公开申请总量上，东北地区最高，各省平均为13912条/年，西部地区平均值最低，为7795条/年，东部地区和中部地区分别为11660条/年和12291条/年。在政府信息公开人均申请数量上，西部地区最高，各省区平均为5.89条/万人/年，中部地区最低，各省平均值为1.94条/万人/年，东部地区和东北地区分别为3.58条/万人/年和4.72条/万人/年。可见西部地区虽然申请总量最低，但人均申请量最高，说明西部地区的公民信息需求程度最高。

2. 东部地区网络申请比例较低

数据显示，通过网络申请政府信息公开的比例，中部地区最高，平均为44.24%；东北地区次之，为37.77%；西部地区最低，仅为18.29%；东部地区较低，仅高于西部地区，为28.49%。相反，东部地区的当面申请比例较高，仅次于西部地区，为48.06%。可见，在经济发展水平较高并且互联网普及率较高的东部地区，申请政府信息公开的网络渠道并没有得到充分利用。

3. 东部地区政府信息依申请公开率最低

数据显示，东部地区的政府信息依申请公开率仅为73.35%。西部地区、中部地区和东北地区的政府信息依申请公开率分别为88.39%，90.15%和91.26%。可见经济最为发达、人均收入和教育水平最高的东部地区却有着最低的政府信息依申请公开率。

4. 中西部地区事实性理由比例较高

我们以A/C和B/C分别表示各地区事实性理由和操作性理由数量占政府信息依申请不予公开数量的平均比例，这一指标能够说明在地区内两种理由所占比例的相对大小关系。以A/D和B/D分别表示各地区事实性理由和操作性理由占政府信息公开申请总量的平均比例，这一指标能够说明在地区间两种理由所占比例的绝对大小关系。相关数据如表2-1所示。从A/C和B/C数据中可见中西部地区不予公开政府信息中事实性理由相对较多，说明中西部地区申请安全涉密信息的相对较多，当然也有可能是中西部地区行政机关在处理信息公开方面更为保守所致。另外我们发现，A/D和B/D的数据东部地区最高，说明东部地区的信息公开申请中，因操作不规范和申请安全涉密的信息而导致的不予公开比例最高。

表 2-1 事实性理由和操作性理由比例

	A/C	B/C	A/D	B/D
东北地区	8.14%	91.86%	0.55%	7.83%
东部地区	19.61%	80.39%	4.43%	28.50%
中部地区	26.60%	73.40%	2.20%	6.41%
西部地区	20.74%	79.26%	2.03%	8.77%

注：数据来源于作者对《报告》的统计。

5. 东部地区的申诉量和申诉率最高

数据显示，东部地区的平均申诉数量最高，中部地区次之，西部地区第三，东北地区最低。与此同时，东部地区的申诉率最高，西部地区次之、中部地区第三、东北地区最低，分别为5.76%、3.02%、2.27%和0.79%。可见东部地区存在申诉量和申诉率双高的问题，说明东部地区公民对政府信息依申请公开不满意率较高。西部地区申诉量虽然较少，但申诉率却较高，说明西部地区对政府信息依申请公开不满意率也较高。另外，我们发现中西部地区申诉量与不予公开数量之比最高，为18.5%左右，而东部地区和东北地区较低，分别为12.64%和14.15%。说明中西部地区比东部和东北地区的公民通过法律途径维护知情权的意识更强。

第三节 对策与建议

一、我国政府信息依申请公开存在的问题及原因

我们在整体层面、时间维度和空间维度上对政府信息依申请公开的六个方面进行了定量描述。发现在申请者主体资格限制、申请渠道结构、政府信息依申请公开率、不予公开的原因及申诉情况等方面存在问题。

1. 申请者主体资格限制在实践中普遍存在

2015 年在 31 个省市中有 18 个要求公民或者法人在申请政府信息公开时说明理由，这种申请者主体资格的限制不利于公民知情权和监督权的实现。蒋红珍通过对“知的需要”和“知的权利”的辨析，认为《条例》过于强调“知的需要”，而忽略了“知的权利”，不利于我国公民知情权的保障（蒋红珍，2012）。同时，罗忠诚认为“《条例》所规定的自身生产、生活、科研等特殊需要缺乏判断标准，在具体操作中，依申请公开的目的无法甄别，申请人很难证明，行政机关也不易认定”（罗忠诚，2010），因而留给行政机关在这方面的自由裁量权就很大，容易伤及公民知情权。陆幸福认为“保障公民、法人和其他组织依法获取政府信息对应知情权，而知情权并不需要以其他任何特殊需要为前提，它独立于任何其他权利”（陆幸福，2013）。

2. 网络申请渠道利用率低

网络申请比例较低并且没有明显上升的趋势。说明虽然我国电子政务经历了快速发展，但公民在申请政府信息上还没有完全接受这种渠道。我们认为，网络渠道之所以没有得到充分利用，有以下三方面的原因。第一，公民对网络申请渠道的存在不知情，从而导致没有利用此渠道；第二，申请者受以往习惯的束缚，不愿改变与行政机关互动的方式。在电子政务发展之前，公民更多地是通过当面直接与行政机关进行互动，这种习惯延续至今并且不易改变；第三，公民对网络渠道不信任，导致放弃利用此渠道。如果政府不重视网络渠道的申请，对于通过网络申请政府信息公开的事项不给予及时处理，这就导致网络渠道申请效率降低，导致公民放弃此渠道。

3. 公民申请政府信息公开成功率逐年降低

政府信息依申请公开率逐年降低，公民获取政府信息更加困难，不利于公民知情权和监督权的实现。据统计，操作性理由和事实性理由数量占不予公开数量的比例之比维持在 8：2 较为平稳。然而，操作性理由数量占申请总量的比例在逐年增加，事实性理由占申请总量的比例较为平稳，没有出现明显增长。这说明公民申请政府信息公开时对业务流程不熟悉、不了解所申请信息归属部门、对所需信息描述不清晰等操作性理由是降低政府信息依申请公开率的主要原因。

4. 不予公开理由中操作性理由较高

在不予公开理由中，操作性理由和事实性理由在数量上维持8：2的比例没有出现明显波动，操作性理由是阻碍公民获取所申请信息的主要原因。公民申请政府信息公开不规范会直接增加公民获取政府信息的时间和经济成本，另外也会降低行政机关工作效率，浪费公共资源。

我们认为导致操作性理由比例较高的原因主要有三个方面。第一，申请者主观原因。这主要是申请者对《条例》或者地方信息公开办法不熟悉导致申请流程不规范、申请者文化素质低导致不能明确描述所申请信息、对政府部门业务分工不熟悉导致向非相关部门申请等。第二，受理者的主观原因。行政机关作为受理者拒绝信息公开时是否冠以操作性理由的裁量权在行政机关本身，如果行政机关不愿意公开本应公开的申请，就会假以“信息不存在”“非政府信息”等操作性理由而拒绝公开。诚如王锡锌的观点“‘依申请公开’加入了公民的个人利益、兴趣与价值偏好，甚至与公共问题具有关联，往往是政府没有很好地制作保存、不愿提供或害怕提供的信息。恰恰在这个环节，‘信息不存在’‘影响社会稳定’‘涉及国家秘密’等语焉不详、牵强附会的理由成了拒绝公开的借口”。另外，行政机关相关工作人员能力不足也可能导致操作性理由增加。第三，信息公开组织制度架构不合理。各部门分头受理信息公开申请，没有统一平台进行协调，导致因“非本部门信息”“信息不存在”“非政府信息”而被拒绝的数量增加。

5. 公民对政府信息依申请公开不满意率在增加

因政府信息依申请公开而导致的申诉量和申诉率在逐年加速升高，说明公民对政府信息依申请公开的不满意率在增加。可能的后果是政府公信力的下降，为寻租留下可乘之机。我们认为，申诉率加速上涨的主要原因是行政机关处理政府信息公开申请的不及时、不作为、乱作为所致，如果行政机关拒绝所申请信息时给出的理由合理合法，那么也就不会引致加速上涨的申诉率。另外一方面的原因是公民通过法律途径维护知情权的意识在上涨。这可以从申诉量占不予公开数量比值的逐年增加得以证实，越来越多的申请者在知情权受到侵害时选择通过法律途径维护自身权益。

6. 东部地区和西部地区的特殊问题

整体来看，东部地区和西部地区的表现各有异同。具体来说，东部地区在政府信息依申请公开方面有着“两高三低”的问题，即操作性理由比例高、申诉率高、申请量低、网络申请比例低和依申请公开率低。西部地区有着“三高两低”的问题，即人均申请量高、事实性理由高、申诉率高、网络申请比例低和依申请公开率低。

表 2-2 东部地区和西部地区对照

	申请数量	人均申请量	网络申请	依申请公开率	事实性理由	操作性理由	申述率
东部地区	中低	中低	中低	低	中低	中高	高
西部地区	低	高	低	中低	中高	中低	中高

注：数据来源于作者对《报告》的统计。

东部地区操作性理由较高并且依申请公开率较低的原因，我们认为东部地区经济水平较高，公民申请有关公共利益的信息较多，因而会由于“不符合自身特殊需要”而被拒绝公开。肖明对此问题也有解释，他认为，“经济发展水平较高，当地居民公共意识也较为强烈，因而申请有关公共利益的信息公开时间也就较多”（肖明，2011）。行政机关对不符合自身特殊需求的信息申请会以操作性理由拒绝公开。

7. 东部地区呈现“三低两高”的特点，存在“两高两低”的问题

东部地区作为我国经济、政治、文化、教育等较为发达的地区，在政府信息依申请公开方面值得我们重点关注。对相关变量进行空间分析，发现东部地区呈现出“三低两高”的特点：人均申请数量低、网络申请占比低、依申请公开率低、操作性理由高、申诉率高。并且存在“两高两低”的问题，即操作性理由高、申诉率高、网络申请占比低、依申请公开率低。

二、完善地方政府信息依申请公开的建议

1. 减少申请者主体资格限制，促进依法行政

我国政府信息公开的原则是“公开为常态，不公开为例外”。我们认为应将“例外情况”降低到最低程度，不应将申请者主体资格视为例外情况。限

制申请者主体资格，不利于公民知情权和监督权的保障。《条例》第一条说明了我国政府信息公开的目的，即提高政府透明、促进依法行政、发挥政府信息对公民生产、生活和科研的作用。根据委托代理理论，行政机关作为代理人，是维护自身利益的理性人，有着利用政府信息维护和增加自身利益的倾向。那些公开之后对行政机关造成负面影响的信息、减少行政机关寻租空间的信息等都不会得到行政机关的主动公开，这就要求有社会良知的公民向行政机关发起申请，将此信息公之于众。因而，减少申请者主体资格限制，申请政府信息不以“符合自身生产、生活和科研特殊需要”为前提条件，有利于公共利益信息的公开，促进依法行政。

2. 重视网络渠道建设，提高网络申请比例

我们认为提高网络申请比例，需要从以下三个方面着手。第一，将信息公开申请平台置于政府网站首页更加醒目的位置，优化在线申请流程，简化操作步骤，减少不必要的障碍。第二，向信息公开申请者推广网络渠道，引导二次申请时使用网络渠道，培养申请者网络渠道使用习惯。第三，行政机关应同等对待各种渠道的申请，均依照申请顺序给予及时答复，培养申请者对网络渠道的信任。

3. 增强工作专业性，推进信息公开人员职业化

政府信息依申请公开率的降低，申诉率的增长，操作性理由比例的增加等，一方面的原因是由于相关工作人员对依申请公开的重视程度不够及工作能力不足所致。从各地区公布的《报告》中可以发现，大部分省份的信息公开工作都由兼职人员完成，缺乏专业化和持续性。另一方面原因是部分省份还存在信息公开工作人员数量不足的问题。信息公开工作人员的非职业化和非专业化，会导致工作能力不足，导致一些本应公开的信息被拒绝公开。另外，兼职人员由于时间压力和人手不足，在处理信息公开申请上可能会出现草率拒绝或者推诿扯皮的问题。因而，推进信息公开人员的职业化和专业化，加强业务培训，增强工作能力，会在一定程度上提高政府信息依申请公开率，降低申诉率。

4. 建设统一受理平台，缩小信息鸿沟

在政府信息依申请不予公开的操作性理由中，有一定比例的是因为所申请信息是“非本部门信息”而被拒绝公开的，也就是公民向不持有所申请信息的部门进行了申请，进而导致受理者以“非本部门信息”的理由拒绝公开。因而在省、市、县三级层次上建立当地行政机关信息公开申请统一受理平台。在统一平台上受理的信息公开申请，由专职人员负责筛选及分配所申请信息到具体负责的部门，打通各部门之间的信息鸿沟，有利于解决“非本部门信息”“信息不存在”所导致的信息不公开问题。与此同时，也提高了信息公开受理的专业性和效率。

结　语

政府信息依申请公开作为政府信息公开制度的核心，在建设透明政府、促进依法行政，保障公民知情权和监督权方面有着重要的地位和价值。通过对我国29个省市2009—2014年政府信息依申请公开情况在整体层面、时间维度和空间维度上进行定量研究，发现申请者主体资格限制在实践中普遍存在，网络申请比例较低并且没有增长趋势，政府信息依申请公开率逐年降低，操作性理由所占比例逐年增加，申诉量和申诉率逐年加速增长，东部地区和西部地区面临着独特的问题。分析了以上问题的原因并思考改善我国政府信息依申请公开的对策，包括减少申请者主体资格限制、引导并培养申请者使用网络渠道的习惯、推进信息公开工作人员的职业化，并建立统一的信息公开申请平台。

第三章 “互联网+”政策工具的量化分析

为推动“互联网+”产业的融合发展，中央级政府在2015年出台了一系列政策文件。运用内容分析法对2015年24份中央政府级的“互联网+”政策文本进行分析，研究“互联网+”政策工具的内容和特征。研究发现，环境型政策工具是运用最多的一类政策工具，其次是供给型政策工具，需求型政策工具运用较少，在所有的政策工具中，财税金融是最常使用的政策工具，“互联网+”政策工具有精致性和组合性两大特征，在未来的政策工具选择中应适当加强除财税金融外如政策扶持、基础设施建设等政策工具的运用，以丰富政策工具箱，提高政策执行效率，全力推动“互联网+”产业融合发展。

第一节 研究背景与研究方法

一、研究背景

2015年两会期间，李克强总理在政府工作报告中首次提出“互联网+”行动计划，2015年7月国务院正式发布了《关于积极推进“互联网+”行动的指导意见》，该文件指出，“互联网+”是把互联网的创新成果与经济社会各领域深度融合，推动技术进步、效率提升和组织变革，提升实体经济创新力和生产力，形成更广泛的以互联网为基础设施和创新要素的经济社会发展新形态，为积极推动“互联网+”发展，中央政府相继发布了一系列政策文件。“互联网+”作为一个新兴名词，其出现具有鲜明的时代背景，以云计算、大数据、移动互联网和物联网为代表的新一代信息技术的发展为经济发展提供了技术支撑，不论是传统行业还是新兴行业，都在实现着与互联网的融合创新，信息经济、互联网经济已经成为衡量一国综合实力的重要风向标，因此，以促进“互联网+”为核心政策目标的一系列相关政策的出台对于互联网经济的发展方向、发展方式、发展路径具有重要意义，而政策工具又是政策执行的重要手段，“互联网+”政策工具的研究对于了解我国“互联网+”政策的议题、领域以及执行路径具有重要的理论意义，同时又对互联网相关产业的发展具有现实意义。

二、“互联网+”政策文本的样本选择及分析方法

（一）样本选择

本文所选取的“互联网+”政策文本主要从中央政策相关部委网站搜集，均来源于公开的资料，由于2015年是中国全功能接入互联网的第21年以及2015年7月国务院正式发布了《关于积极推进“互联网+”行动的指导意见》，因此我们选取了2015年全年中央级政府部门发布的和互联网有关的所有政策作为研究对象，有效政策样本24份。具体如表3-1所示。

表3-1　中央级“互联网+”政策文本表

编号	政策名称
1	《国务院关于促进云计算创新发展 培育信息产业新业态的意见》
2	《国务院关于加快发展服务贸易的若干意见》
3	《国务院办公厅关于发展众创空间推进大众创新创业的指导意见》
4	《国务院关于同意设立中国（杭州）跨境电子商务综合试验区的批复》
5	《国务院关于大力发展电子商务加快培育经济新动力的意见》
6	《国务院关于印发中国制造2025的通知》
7	《国务院办公厅关于加快高速宽带网络建设推进网络提速降费的指导意见》
8	《商务部“互联网+流通”行动计划》
9	《国务院关于大力推进大众创业万众创新若干政策措施的意见》
10	《国务院关于批转发展改革委等部门法人和其他组织统一社会信用代码制度建设总体方案的通知》
11	《国务院办公厅关于促进跨境电子商务健康快速发展的指导意见》

续表

编号	政策名称
12	《工业和信息化部关于放开在线数据处理与交易处理业务（经营类电子商务）外资股比限制的通告》
13	《国务院办公厅关于运用大数据加强对市场主体服务和监管的若干意见》
14	《国务院关于积极推进“互联网+”行动的指导意见》
15	《中国人民银行等关于促进互联网金融健康发展的指导意见》
16	《国务院办公厅关于进一步促进旅游投资和消费的若干意见》
17	《国务院办公厅关于印发整合建立统一的公共资源交易平台工作方案的通知》
18	《国务院办公厅关于印发生态环境监测网络建设方案的通知》
19	《国务院办公厅关于同意建立推进大众创业万众创新部际联席会议制度的函》
20	《国务院办公厅关于印发三网融合推广方案的通知》
21	《国务院关于推进国内贸易流通现代化建设法治化营商环境的意见》
22	《国务院关于印发促进大数据发展行动纲要的通知》
23	《国务院办公厅关于推进线上线下互动加快商贸流通创新发展转型升级的意见》
24	《国务院关于加快构建大众创业万众创新支撑平台的指导意见》

（二）拟分析的问题及分析步骤

本文重点探讨以下四个问题：一是这些政策采用了哪些政策工具？各自应用于哪些领域？不同类型的政策工具之间存在什么样的内在关系？二是这些政策工具的选择途径是什么？有什么特征？三是不同政策工具之间是否存在组合现象？政策工具组合的政策意义何在？四是运用已有的分析框架来剖析“互联网+”政策工具是否合理，并为未来政策发展提供参考借鉴。

本文的分析步骤如下：首先，选择中央级政府“互联网+”政策文本作为内容分析样本，再根据政策工具理论制定分析框架。其次，将各个政策文本中的政策工具内容进行编码以定义单元，把符合框架的政策编号归入分析框架中进行频数统计，运用相关数据分析软件对政策工具分布的领域及频率，政策工具间的关系、组合情况分析，最后在量化分析的基础上剖析中国“互联网+”政策在政策工具选择、组合中所具有的特征。

（三）分析框架

政策工具是政府能够用以实现特定政策目标的一系列机制、手段和方法技术，它是政策目标和政策结果之间的纽带和桥梁。从生产力的角度来讲，作为生产工具的政策工具是衡量政府生产力发展水平的一个重要标志。政策执行作为一种动态过程，就其本质而言就是在特定政策环境下针对特定政策问题而对特定政策工具进行选择的过程。

Rothwell 和 Zegveld 将基本政策工具分为供给、环境和需求三种类型①。其中，供给型和需求型政策工具对各行业实现“互联网+”起直接推动或拉动作用，相较而言，环境型政策工具起间接的影响作用。如图 3-1 所示。

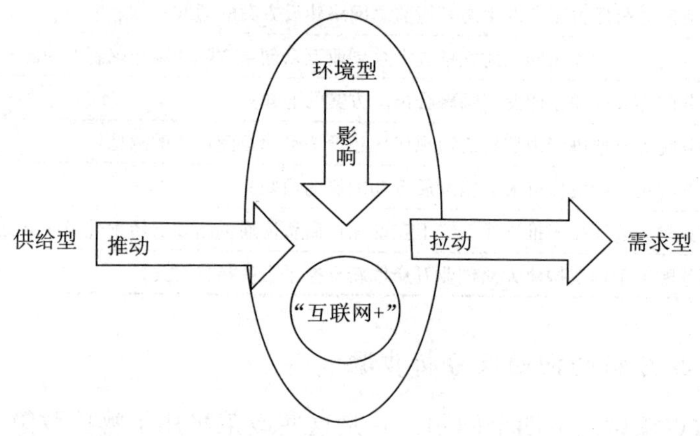

图 3-1　政策工具对“互联网+”的作用方法

供给型的政策工具主要表现为政策对“互联网+”的推动力，指政府通过对信息、技术、资金、政策等的支持直接扩大供给，改善“互联网+”相关要素供给。供给型政策工具可细分为基础设施建设、财税金融和政策扶持。

需求型政策工具指政府通过采购与投资购买等措施减少市场的不确定性，积极开拓并稳定与“互联网+”相关的市场，扩大相关产品的需求，推动相关产业发展。需求型政策工具包括投资并购和政府购买等。

环境型政策工具表现为政府通过营造有利于“互联网+”发展的环境来促进各产业与互联网相融合，具体包括制定规划、完善法律法规、人才培养，简政放权，加强市场监管、促进通关便利化和国际合作等。

① Roy Rothwell，Walter Zegveld. Reindusdalizationand Technology［M］. Logman Group Limited，1985：83-104.

第二节 “互联网+”政策文本编码与统计

一、基于政策工具的内容分析单元编码

本文的样本分析主要包括两个层次，分析单元和分析类目。样本的分析单元是“互联网+”政策文本的有关条款，分析类目包括“供给型”“需求型”“环境型”、基础设施建设、财税金融、政策扶持、规划目标、法律法规、人才培养、简政放权、市场监管、通关便利化、国际合作、投资并购、政府购买。

二、“互联网+”政策工具的频数统计

“互联网+”政策的基本政策工具维度统计结果如表 3-2 所示。按照条款目标数计，环境型政策工具所占比例是最高的（55. 3%），其次是供给型政策工具（41. 17%），运用最少的是需求型政策工具（3. 53%）。在环境型政策工具类目中，简政放权（12. 94%）、加强市场监管（11. 76%）和人才培养（10. 59%）占比最高，这与互联网技术特征、互联网产业开放包容相呼应，通过简政放权、市场监管来释放“互联网+”产业的市场活力，而人才培养也是目前我国互联网行业所重视的问题；供给型政策工具中，财税金融（15. 29%）、政策扶持（14. 12%）和基础设施建设（11. 76%）分配比例较为均匀，说明我国互联网发展的基础设施已经具备一定的基础，但随着互联网技术的变革，基础设施也需要更新迭代，因此，全方位、多领域推进各行各业“互联网+”既需要政府部门的顶层设计、财税支持，也需要通过政策来扩大“互联网+”市场供给；需求型政策工具中，使用略微频繁的是政府购买。需求型政策工具使用较少，说明政府在拉动市场需求方面，其主导力量在逐渐减弱。

表 3-2　政策工具分配比例

<table>
<tr><th>工具类型</th><th>工具名称</th><th>条文编号</th><th>小计</th><th>百分比（%）</th></tr>
<tr><td rowspan="4">供给型</td><td>基础设施建设</td><td>1-2-5，5-5，7-1，10-2，14-3-1，16-1，18-3，20-2，21-4，22-3-1</td><td>10</td><td>11.76</td></tr>
<tr><td>财税金融</td><td>1-3-3，2-3-2，3-2-5，5-2-2，6-4-4，9-4-1，11-7，14-3-6，15-1-5，16-6-3，17-3，22-4-5，23-4-3</td><td>13</td><td>15.29</td></tr>
<tr><td>政策扶持</td><td>1-3-4，4-2，5-6-3，6-4-3，7-3-2，11-5，14-3-3，15-3，18-6-1，20-3-1，22-4-2，24-10</td><td>12</td><td>14.12</td></tr>
<tr><td>合计</td><td></td><td>35</td><td>41.17</td></tr>
<tr><td rowspan="8">环境型</td><td>目标规划</td><td>2-3-1，19-2</td><td>2</td><td>2.35</td></tr>
<tr><td>法律法规</td><td>1-3-2，2-4-1，25-2</td><td>3</td><td>3.53</td></tr>
<tr><td>人才培养</td><td>1-3-6，2-4-4，3-2-3，5-3-2，6-4-5，9-3-4，14-3-5，22-4-6，23-4-6</td><td>9</td><td>10.59</td></tr>
<tr><td>简政放权</td><td>2-1-2，3-2-2，5-2-1，6-4-1，7-3-1，9-3-2，13-2-1，15-1-4，17-2，21-6-1，23-4-1</td><td>11</td><td>12.94</td></tr>
<tr><td>市场监管</td><td>1-3-1，5-2-3，6-4-2，7-2-8，12-2，13-4-1，15-2，20-2-1，23-4-5，24-7</td><td>10</td><td>11.76</td></tr>
<tr><td>通关便利化</td><td>2-3-4，4-1，5-6-2，11-3</td><td>4</td><td>4.71</td></tr>
<tr><td>国际合作</td><td>1-3-7，5-6-1，6-4-7，8-2-6，9-6-4，11-11，14-3-4，22-4-7</td><td>8</td><td>9.41</td></tr>
<tr><td>合计</td><td></td><td>47</td><td>55.3</td></tr>
<tr><td rowspan="3">需求型</td><td>投资并购</td><td>2-2-10</td><td>1</td><td>1.18</td></tr>
<tr><td>政府购买</td><td>3-2-4，9-4-3</td><td>2</td><td>2.35</td></tr>
<tr><td>合计</td><td></td><td>3</td><td>3.53</td></tr>
<tr><td>合计</td><td>NA</td><td>NA</td><td>85</td><td>100</td></tr>
</table>

第三节　“互联网+”政策工具的精致性与组合性

一、“互联网+”政策工具的精制性特征

本文将24份文件根据政策内容分为了10个领域，对每个领域政策工具出现的频率进行统计，实心圆圈代表政策工具出现的次数为2次，空心圆代表政策工具在该领域出现的次数为1次。如图3-2。

<table>
<tr><td>制造业</td><td></td><td>○</td><td>○</td><td></td><td></td><td>○</td><td>○</td><td>○</td><td></td><td>○</td><td></td><td></td></tr>
<tr><td>云计算</td><td>○</td><td>○</td><td>○</td><td></td><td>○</td><td>○</td><td></td><td>○</td><td></td><td>○</td><td></td><td></td></tr>
<tr><td>生态环境</td><td>○</td><td></td><td>○</td><td></td><td></td><td></td><td></td><td></td><td></td><td></td><td></td><td></td></tr>
<tr><td>旅游</td><td>○</td><td>○</td><td></td><td></td><td></td><td></td><td></td><td></td><td></td><td></td><td></td><td></td></tr>
<tr><td>商务贸易</td><td></td><td>●</td><td>○</td><td>○</td><td></td><td>●</td><td>●</td><td>○</td><td>●</td><td>○</td><td>○</td><td></td></tr>
<tr><td>公共资源</td><td>●</td><td>○</td><td>○</td><td></td><td></td><td></td><td>●</td><td>●</td><td></td><td></td><td></td><td></td></tr>
<tr><td>电子商务</td><td>○</td><td>●</td><td>●</td><td></td><td></td><td></td><td>○</td><td>○</td><td>●</td><td>●</td><td></td><td></td></tr>
<tr><td>大数据</td><td></td><td></td><td></td><td></td><td></td><td></td><td>○</td><td>○</td><td></td><td></td><td></td><td></td></tr>
<tr><td>创新创业</td><td></td><td>●</td><td>○</td><td></td><td></td><td>●</td><td>●</td><td>○</td><td></td><td>○</td><td></td><td>●</td></tr>
<tr><td>金融业</td><td></td><td>○</td><td></td><td></td><td></td><td></td><td>○</td><td>○</td><td></td><td></td><td></td><td></td></tr>
<tr><td></td><td>基础设施建设</td><td>财税金融</td><td>政策扶持</td><td>目标规划</td><td>法律法规</td><td>人才培养</td><td>简政放权</td><td>市场监管</td><td>通关便利化</td><td>国际合作</td><td>投资并购</td><td>政府购买</td></tr>
<tr><td colspan="4">供给型工具</td><td colspan="7">环境型工具</td><td colspan="2">需求型工具</td></tr>
</table>

图3-2　不同行业领域政策工具分布

1. 政策工具与政策环境的适应性

政策工具包括传统政策工具和新型政策工具，传统政策工具如基础设施建设、财税金融、政策扶持、目标规划、法律法规等，新型政策工具是随着政策环境的变化而相适应出现的工具，如简政放权、市场监管、通关便利化等。商务贸易、创新创业和电子商务领域是使用政策工具最多、最频繁的领域。这三大领域的政策工具既包括传统政策工具，也包括新型政策工具。商

务贸易领域运用到的政策工具包括财税金融、政策扶持、目标规划、人才培养、简政放权、市场监管、通关便利化、国际合作和投资并购等九种，其中运用较为频繁的是财税金融、人才培养、简政放权、通关便利化。创新创业领域主要运用的政策工具为财税金融、政策扶持、人才培养、简政放权、市场监管、国际合作和政府购买，使用较为频繁的是财税金融、人才培养、简政放权和政府购买。电子商务领域主要运用到的政策工具包括基础设施建设、财税金融、政策扶持、简政放权、市场监管、通关便利化和国际合作，其中财税金融、政策扶持、通关便利化和国际合作是运用得较为频繁的工具。

政策工具的选择存在多种途径，其中精制途径认为应该重视环境在政策工具的选择和应用过程中发挥的作用，重视政策工具的内在属性①。在商务贸易、创业创新和电子商务领域，除了传统财税金融、政策扶持、人才培养等政策工具，还包括简政放权、市场监管等新兴政策工具，一方面是我国新一轮行政管理体制改革背景下，政府的服务、管理职能强化的表现；另一方面也体现出了政策工具与所应用政策领域的匹配性，商务贸易、创业创新和电子商务领域是我国产业优化升级转型，经济新常态下的重要的、新兴领域，是促进我国经济由工业型向服务型转变的支撑行业，既利用传统政策工具如财税等对其进行财政扶持，引导市场资源流动配置，又通过简政放权、加强市场监管等，为三大领域的“互联网+”提供宽松灵活、安全有效的市场环境。

2. 政策工具与政策议题的匹配性

“互联网+”政策的议题可以分为两大类，推动传统行业转型升级和促进新兴市场发展。传统行业包括制造业、商务贸易、旅游、生态环境、金融等领域，利用信息通信技术及互联网平台，与互联网进行深度融合，促进行业转型升级，是属于“互联网+”中的“+”部分；新兴市场主要包括云计算、大数据、电子商务、创新创业和公共资源，是“互联网+”的主体部分即“互联网”，新兴市场主要体现为以互联网信息技术为主体而催生的新业态、

① 吕志奎．公共政策工具的选择——政策执行研究新视角［J］．太平洋学报，2006（5）：8（8－16）．

新行业。

供给型工具中，基础设施建设和政策扶持工具主要应用于新兴市场，财税金融则在两大政策议题均有应用。基础设施建设主要出现在云计算、生态环境、旅游、公共资源和电子商务领域，财税金融涉及各大领域，较为频繁的出现在商务贸易、电子商务和创新创业领域，政策扶持出现在制造业、云计算、生态环境等7个领域。从政策实践的角度看，供给型政策工具更多的是通过提供基础性的资源来增加“互联网+”市场供给，“宽带中国”“提速降费”等政策有利于扩大光纤宽带、基站蜂窝网络等需求，财政支持、税收减免、小额信贷等财税金融政策工具有利于为不论是传统行业转型升级还是新兴市场的发展提供资金支持，而扶持政策主要是为了扩大新兴互联网产业、互联网产品的供给，进而为全社会提供更快速、更普遍、更多样的互联网产品。

环境型工具中较为典型的政策工具是简政放权和市场监管，二者几乎应用于各个领域，囊括了“互联网+”政策发展的两大议题。在传统行业与互联网融合、行业转型升级的过程中，简政放权能提供更为宽松的市场环境，有利于促进行业的转型升级，而新兴产业由于处在初期发展阶段，行业规范、行业标准尚不清晰，加强市场监管有利于保障互联网行业的安全、有序发展。此外，人才培养运用也较为频繁，主要服务于新兴市场发展，由于互联网行业技术更新迭代速度快，对于人才质量和数量的需求也不断更新变化，因此，推动人才培养创新机制有利于为互联网行业增加人才储备，输送人才，从而保证互联网行业的人力资源质量和数量，为“互联网+”跨界融合、持续创新提供人才支撑。

从总体来看，需求型政策工具已不再是政策执行的主要工具，这与中国国家行政管理体制改革、社会主义市场经济体制改革有关，政府不再是公共管理的唯一主体，政府作为市场产品直接购买者的角色在不断弱化，因此需求型政策工具在整个政策工具系统内所占的比重也趋小。

总之，“互联网+”政策工具的选择契合了两大政策议题的执行需求。传统行业如制造业经过长期的发展已经积累了一定的基础和市场资源，在进行“互联网+”转型的过程中更需要的是相关政策的支持，以及更为宽松、有活力的市场环境，因此在政策工具方面对政策导向、简政放权和市场监管需求较为明显。新兴市场如大数据、云计算、公共信息资源等，是随着互联网信息技术的发展而出现的新行业、新业态，培育和发展新兴市场的需求主要体现在两个方面，一是基础设施建设，新的技术和产业需要对旧有的基础设施升级优化及建设新一代基础设施，二是财税金融，减税、放松信贷条件、财政补贴等对于新兴市场的培育也起着非常重要的作用，由于新兴产业的主体中包括着大量的中小微企业，财税金融政策是缓解中小微企业融资难、引导市场资源优化配置，扩大“互联网+”市场供给的重要工具。

二、“互联网+”政策工具的组合性特征

运用网络关系软件对各政策工具之间的关系进行进一步分析，如图 3-3 所示。图中的横线代表相关性，横线越粗，表明相关性越大，方框越大，表明出现的频率越高。方框所指向的箭头越多，表明与其他政策工具组合出现的次数越多，政策工具之间的相关性越强。

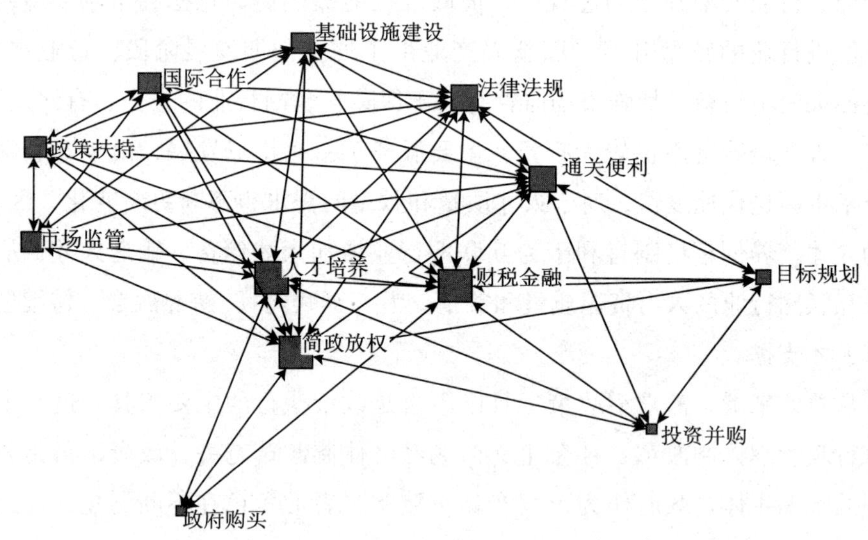

图 3-3　政策工具组合

1. 财税金融是政策工具网络的核心节点

财税金融处于政策工具网络的核心位置，财税金融作为政府“钱”的使

命在“互联网+”产业布局中发挥重要作用，在后续的政策实践中，互联网+服务业、互联网+创业、互联网+智慧能源等诸多领域都纳入了政府补贴的范畴，为缓解初创企业、小微企业融资难、融资贵的问题，政府致力于打通小微企业融资通道，引导更多的社会投资投向小微企业，拓宽小微企业的融资渠道，从而扩大市场供给，因此，可以说，“钱”作为排头兵，在促进全行业与互联网融合、发展互联网经济的过程中起着举足轻重的重用。

在与财税金融相关的众多相关关系中，简政放权、人才培养、基础设施建设三大政策工具与财税金融关系最为密切，为“互联网+”产业发展奠定了“一体两翼”基础。“一体”即为互联网发展的基础部分，“人才培养+基础设施”为互联网行业的发展提供了人才支撑和基础设施，是推动“互联网+”相关行业发展的基础性资源，“两翼”即“权”+“钱”，也就是“简政放权”和“财税金融”，财税金融政策工具为互联网经济的发展提供了资金支持，而简政放权则提供了较为宽松的市场环境，目前，国务院取消下放的行政审批等事项已逾500项，为大众创业、万众创新创造有利的营商环境。

2. 供给型与环境型工具交叉配合

供给型工具和环境型工具往往相互组合，以实现“互联网+”政策目标。供给型工具和环境型工具往往组合出现，不同类型工具之间具有较强的相关性，如政策扶持与基础设施建设、市场监管具有强相关性，国际合作与财税金融的相关性最强。供给型工具中，财税金融出现频率最高，与基础设施建设、国际合作、政策扶持、市场监管、简政放权等都有强相关关系，其次是政策扶持和基础设施建设，在环境型工具中，简政放权、人才培养出现频率最高，人才培养与基础设施建设、政策扶持等都有较强关系。这些政策工具的组合能够调动劳动力、资本、创新等要素的配置优化，而这也是我国目前所强调的供给侧结构性改革的重要内容，供给侧结构性旨在通过调整经济结构，使劳动力、土地、资本、创新四大要素实现最优配置，提升经济增长的质量和数量，供给型和环境型政策工具交叉配合促进了供给侧要素的合理配置和流动，对于推动传统产业与互联网融合、互联网新兴市场的发展及我国经济结构的调整优化起到重要作用。

结 语

我国“互联网+”政策工具的选择遵循了精制工具途径，通过对社会动态-环境变迁的考察，政策工具的选择和组合得到了有效改进和优化。通过研究，本文发现：①需求型政策工具出现弱化趋势。需求型政策工具包括政府购买、投资并购等，在政策文本中出现的频率很小。②“互联网+”政策工具的选择具有环境适应性。随着我国新一轮行政管理体制改革的推进，简政放权成为政策工具中的一大新兴要素。③“互联网+”政策工具的选择具有领域针对性。我们将“互联网+”政策所涉及的领域分为10类，每个领域的政策分布都基本符合该领域需求。④政策工具组合迎合了供给侧结构性改革需求。将不同类型的政策工具进行组合，调动劳动力、资本、创新等供给型要素的优化配置，有利于促进经济结构调整和转型。技术更新快、发展迅速等互联网特征决定了与互联网相关的政策的灵活性与针对性。

但是，通过分析也发现，不论是供给型、环境型还是需求型政策工具，都存在某一工具明显突出，其他工具相对弱化的情况，例如，供给型工具中，财税金融工具占总体比例为15.29%，在10个领域中有8大领域应用且运用频率还较高，而基础设施建设、政策扶持相较而言运用不足，环境型政策工具中，简政放权、市场监管和人才培养在全部政策工具中占比最高，分别为12.94%，11.76%和10.59%，其他如目标规划、法律法规、国际通关便利化等所占比例不足5%。政策工具的选择和应用关系到政策执行的成败，是政策系统的一个关键因素，随着社会变迁，政策环境随之发生变化，政策工具箱中的工具也越来越多，因此，在未来的政策工具选择过程中，一方面适当增加除财政税收外如宏观政策扶持、互联网基础设施更新换代等政策工具的使用广度和力度，不断优化政策工具组合；另一方面，创新政策工具，如公私合作伙伴关系、外包、股权投资、志愿者协会等，不断丰富政策工具箱中的政策工具，将有利于实现更广泛、更多样的政策目标，也符合互联网发展快速迭代、不断创新的行业特征，从长远来看，有利于“互联网+”行业融合创新发展。

第四章　北京融媒体的信息资本与影响力评估

社会网络分析视角下的影响力评估不再单纯地基于官僚制的强制权力，而逐渐转向信息资本的交流、吸引与说服。信息网络时代的治理逐渐由集权治理转向主体之间反复频繁的微协调。在信息网络时代背景下，“融媒体”正成为主流媒体新型信息平台。基于相互关注网络与相互交流网络的测量，北京市属媒体微博影响力由高到低形成四层级分布，北京日报位于信息网格核心，北京晚报、北京青年报、法制晚报在市属媒体圈中具有相对较高的影响力。在融媒体新思维下，北京市属媒体应通过内部资源重组与内外协作形成拳头融媒体集团，贯通现实空间与虚拟空间、主流和非主流双重舆论场，进一步强化信息资本与舆论影响力。

第一节　信息网络、融媒体与北京市融媒体建设

一、研究背景：信息网络、融媒体与北京市融媒体建设

随着信息时代的到来，互联网颠覆了传统信息传播方式，微博、微信、论坛、QQ 等 web2.0 技术普遍应用，4G 手机等新终端的广泛普及，使网民能迅捷上传、转载信息，实现跨时空、跨区域、跨行业的信息交融，“因特网把所有人都变成了出版发行人。这是革命性转变。”① 在网络信息场域，各阶层与各群体能迅速发出各自诉求，“两会会场中代表、委员纵论国是，报纸杂志上不同思想

① ［美］约翰·布洛克曼．未来英雄［M］．邱家成，译．海南：海南出版社，1998：108.

交流探讨，新闻评论跟帖动辄上千条，近2亿网民随时写下140字微博……条条声轨，汇成合奏，呈现这个时代多元多样的复杂图景和蓬勃活力”。① 信息网络打破了工业文明时代单向式自上而下式的信息传播方式，对官方媒体的舆论引导带来了新挑战。在信息网络时代，习近平总书记强调：要推动传统媒体和新兴媒体融合发展，要遵循新闻传播规律和新兴媒体发展规律，强化互联网思维，打造一批形态多样、手段先进、具有竞争力的新型主流媒体。

当前，“融媒体”正成为主流媒体的新型信息平台。融媒体将广播、电视、报纸、网络等媒体全面整合，以实现资源通融、内容兼融、宣传互融、利益共融。人民日报、光明日报等主流媒体纷纷创建融媒体平台，“从铅与火、光与电走向数与网的新闻传播，还需不需要纸质媒体？如何在新媒体业态下，走好传统媒体与新媒体的平衡木，使二者互相策应、互为支撑，共同为巩固宣传思想文化阵地、壮大主流思想舆论服务？”② 以光明日报为例，光明日报在打造新型主流媒体的进程中创建了新型媒体系统，这一系统包含报纸、网站（光明网）、移动互联网产品（手机光明网、光明日报手机新闻客户端、光明日报手机报、云端读报、光明云媒）、社交媒体平台（微信、光明日报官方微博）、楼宇信息屏（光明校园传媒、光明都市传媒），从而形成多载体、多层次的传播体系。融媒体把广播、电视、互联网的优势互为整合，互为利用、优势互补，从而构成网络时代背景下政府意志与网络意志的对流交互平台。在“融媒体”的中介作用下，政府与社会之间的信息流得以贯通，逐渐形成政府—主流媒体—融媒体—新媒体—网民的对流通道，从而使主流媒体与新媒体摆脱了对立关系，形成互依共存的共同体。在主流融媒体战略下，政务微博已成为一种有效信息传播策略。据人民网舆情监测室统计：截至2015年第一季度，通过微博认证的政务微博总数达到141245个。其中政府机构官方微博总数为103849个，新型传播平台有助于有效地传播主流价值观。

在中央与北京市的倡导下，北京市属媒体把微博建设作为融媒体战略的重要举措。市属媒体顺应新媒体趋势，开设了各类媒体微博，以促进传统媒

---

① 社论．执政者要在众声喧哗中倾听沉没的声音［N］．人民日报，2011-05-26.

② 何东平．融媒体：缔造新型主流媒体［N］．光明日报，2014-10-25.

体与新媒体的交融。媒体微博意指报刊、电视、电台和网络媒体以组织名义在各门户网站微博平台开办的微博。当前，北京市属媒体微博形成了以法人微博、官方网站为核心的微博矩阵，主要包括：北京日报、京报网、北京晚报、北晚新视觉网、北京晨报、北京商报、北京娱乐信报、京郊日报、北京社区报、首都建设报、音乐周报、前线网、大学生杂志、北京青年报、法制晚报、新京报、京华时报、劳动午报、文明杂志、北京电台、北京广播网、北京电视台、北京广播电视报、北广传媒移动电视、北广传媒城市电视、北广传媒地铁电视、千龙网等 27 家。之所以选择北京 27 个微博账号作为研究样本，主要存在两个原因：一是北京作为首都，首都媒体舆论具有高度影响力。二是因为研究者分别工作于北京科研高校与北京市委宣传部，长期关注北京信息传播与网络治理，数据收集较为便利。当前，北京市属媒体微博已形成了虚拟关系网络，这种关系网络具有何种内在结构与关系？如何对其影响力进行分层？如何进一步强化其影响力？这构成研究的核心问题。

二、研究方法与数据收集

随着工业文明向信息文明演进，信息技术所支撑的现代社会呈现出越来越复杂的网络结构。社会网络革命（Social Network Revolution）、移动革命（mobile revolution）与互联网革命（internet revolution）共同构成信息社会三大革命。如何研究社会公共空间中的主体间关系？社会网络分析法（Social Network Analysis）是一种研究主体间关系的方法与理论视角，“社会网络视角下社会不是群体集权组织，而是基于社会主体间互动而形成的相对稳定的网络关系结构”。[①] 从理论层次来看，社会网络理论分析方法界于宏观理论与微观理论之间，位于中层理论分析。正是基于分析方法的中层定位，社会网络理论建立起宏观理论和微观理论之间桥梁，为中层理论构建和命题检验提供了有效量化工具，可对各种关系进行精确量化分析。从网络关系测评来看，社会网络分析法将学术概念转化为一系列可测量指标，并力图用可视化技术揭示网络关系结构。在从逻辑转向操作测量的过程中，形成各种社会网络分

① ［美］约翰·斯科特．社会网络分析［M］．刘军，译．重庆：重庆大学出版社，2007：3.

析与测量概念：网络密度、中心性中心势、凝聚子群。

本文运用社会网络分析方法，采用 UCINET 分析软件，分析北京市属媒体微博的关系网络与影响力分布。分析从两个层面展开：第一层面为市属媒体微博的相互关注网络；第二层面则为媒体微博的相互交流网络，主要包括微博的相互转发、评论、引用行为。通过两个层面综合考察北京市属媒体微博的关系网络与影响力分布。

数据收集与测量主要源于两个层面。第一层面测量：市属媒体微博的相互关注网络。以作者微博为中介，通过与市属 27 个媒体微博构建“微关系”圈方式，获取了媒体微博的关注关系，建立了市属媒体相互关注矩阵（参见下表）。相互关注矩阵是一个二值有向矩阵，纵列表示关注一方，横列表示被关注一方，两者关系用 0 和 1 两个数值来表示（0 表示没有关注，1 表示关注），以体现媒体微博之间关注与被关注的关系网络。第二层面测量：市属媒体微博的相互交流网络。采取等距抽样方法，以 2014 年 5 月至 2015 年 4 月媒体微博所发布的微博信息为总体，随机确定以 2014 年 7 月为起点，每隔 3 个月抽取一次，共获取 2014 年 7 月、10 月，2015 年 1 月、4 月 4 组样本。通过在各媒体微博页面浏览观察，获取数据的方法，对转发、评论、引用的数量进行汇总统计，建立市属媒体相互交流矩阵（参见表 4-1）。

表 4-1　市属媒体微博相互关注/相互交流矩阵（部分）

媒体微博	日报	晚报	娱乐	北青	法晚	京华	晨报	京郊	商报	新京
北京日报	0/0	1/6	1/4	1/6	1/10	1/8	1/1	0/0	1/2	1/9
北京晚报	0/15	0/0	0/0	1/0	1/0	1/1	1/0	0/0	1/0	0/0
北京娱乐信报	1/1	1/3	0/0	1/0	1/0	1/0	1/0	0/0	1/5	1/0
北京青年报	1/0	1/0	0/1	0/0	1/20	1/0	0/0	0/0	0/0	1/0
法制晚报	1/0	1/0	1/0	1/0	0/0	1/8	1/0	0/0	1/0	1/2
京华时报	0/0	1/0	0/0	1/0	1/0	0/0	1/0	0/0	0/0	1/0
北京晨报	1/1	1/1	0/0	1/1	1/0	1/0	0/0	0/0	1/0	1/0
京郊日报	0/0	0/0	0/0	0/0	0/1	0/0	0/0	0/0	0/0	0/0
北京商报	1/0	1/0	1/2	1/0	1/3	1/1	1/0	0/0	0/0	1/5
新京报	0/0	0/0	0/0	1/0	1/1	1/0	0/0	0/0	0/0	0/0
…	…	…	…	…	…	…	…	…	…	…

第二节 北京市属媒体微博：关注网络与交流网络分析

一、北京市属媒体微博：关注网络分析

社会网络分析方法在虚拟网络领域得到了较为广泛的应用，学者从不同角度运用社会网络分析方法对微博网络的中心性、微博交流网络、微博社区网络交流结构等问题进行研究，但是对政务微博研究较少，尚未发现运用此方法对北京市属媒体微博进行研究。

在社会网络分析中，中心度通过衡量主体位于网络的中心化程度，评价主体的信息影响力。中心度测量指标主要包括：点中心度、接近中心度和距离中心度。其中，点中心度较为常用，主要用于刻画特定行动者与其他行动者展开交往联系的能力，点中心度的数值越大，表明该主体越趋于社会网络中心。一个行动者的中心性越高，其获得资源的能力越强，网络群体中的影响力越高。在政务微博网络中，如果特定媒体微博受到较多关注，那么它就具有较高的影响力。特定主体的点中心度（Degree Centrality）是与该点有直接联系的点的数量，包括点出度（Out Degree）和点入度（In Degree）。点出度是该主体关注其他主体的频次，而点入度则是该主体被关注的频次。通过运用 UCINET 软件对北京市属媒体微博的相互关注网络进行分析，得到表 4-2。

表 4-2 北京市属媒体微博的相互关注网络分析

ai（i=1....27）		OutDegree	InDegree	NrmOutDeg	NrmInDeg
a1	北京日报	10	12	38.462	46.154
a2	北京晚报	7	16	26.923	61.538
a3	北京娱乐信报	11	5	42.308	19.231
a4	北京青年报	7	13	26.923	50
a5	法制晚报	9	11	34.615	42.308

续表

ai（i=1....27）		OutDegree	InDegree	NrmOutDeg	NrmInDeg
a6	京华时报	5	12	19.231	46.154
a7	北京晨报	10	14	38.462	53.846
a8	京郊日报	0	0	0	0
a9	北京商报	9	6	34.615	23.077
a10	新京报	3	13	11.538	50
a11	劳动午报	5	0	19.231	0
a12	千龙网	7	2	26.923	7.692
a13	前线网	0	0	0	0
…	…	…	…	…	…
a26	北广传媒城市电视	7	2	26.923	7.692
a27	北广传媒地铁电视	2	2	7.692	7.692
Mean（Outdegree/ Indegree）= 5.222					
Network Centralization（Outdegree）= 23.077%					
Network Centralization（Indegree）= 43.047%					

为更清晰地表明北京市属媒体微博的相互关注网络，可将表转换为以点出度为横坐标、点入度为纵坐标的散点图，并基于平均度数（5.22），将相互关注网络划分为四个区域（参见图4-1）。市属媒体微博大致归为四类：①第一类：点出度大于5.222、点入度大于5.222。这类媒体既是被关注焦点，也积极关注其他市属媒体，包括北京日报、北京晚报、北京青年报、法制晚报等。②第二类：点出度小于5.222、点入度大于5.222。这类媒体虽较少关注其他媒体，但却是众多媒体关注对象，具有较强影响力，包括京华时报、新京报、北京电视台。③第三类：点出度大于5.222、点入度小于5.222。这类媒体有较强的信息需求，积极关注其他媒体动向，但是被关注程度有限，包括千龙网、北京晚报、新视觉网、北京社区报、北广传媒城市电视等。④第四类：点出度小于5.222、点入度小于5.222。这类媒体在微博圈中关注和被关注频次均较少，社交网络相对狭窄，包括北京电台、首都建设报、北京广播电视报、北广传媒地铁电视等，这类媒体多为专业性较强的市属媒体。

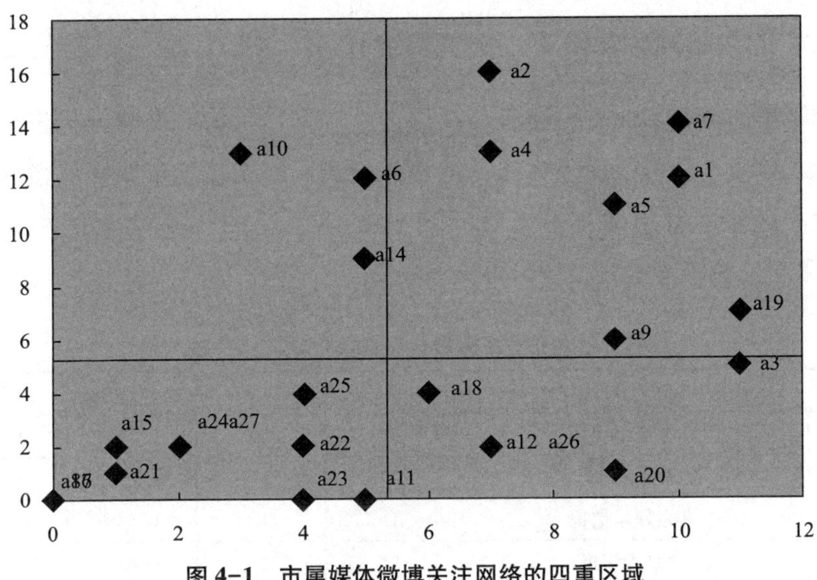

图 4-1　市属媒体微博关注网络的四重区域

为更直观地反映媒体微博的关注关系，对市属媒体微博的相互关注网络进行可视化处理（参见图 4-2）。由图可见，北京日报、北京晚报、北京晨报、北京青年报、京华时报、新京报位于信息网络中心位置，中心性较强，具有相对较高的信息资本，因而媒体影响力相对较高。

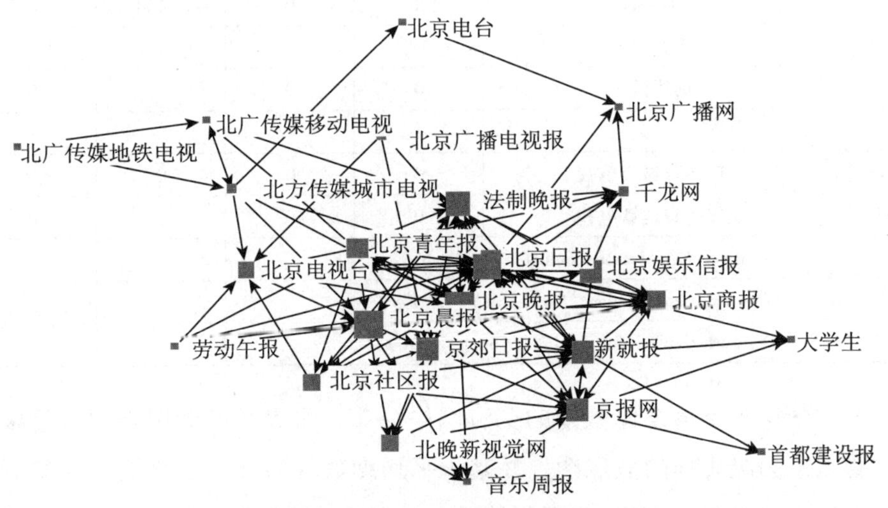

图 4-2　市属媒体微博的关注网络

二、北京市属媒体微博：交流网络分析

第一层面考察了北京市属媒体微博的关注网络，第二层面分析不同于第一层面，侧重于分析市属媒体微博的相互交流网络，基于市属媒体微博之间的转发、评论、引用数据，来观察市属媒体微博的相互交流网络。利用UCINET对交流矩阵进行处理，得到表4-3。

表4-3　北京市属媒体微博的交流网络分析

ai（i=1....27）		OutDegree	InDegree	NrmOutDeg	NrmInDeg
a1	北京日报	51	20	2.065	0.810
a2	北京晚报	27	22	1.093	0.891
a3	北京娱乐信报	11	8	0.445	0.324
a4	北京青年报	21	23	0.850	0.931
a5	法制晚报	17	51	0.688	2.065
a6	京华时报	0	29	0	1.174
a7	北京晨报	4	9	0.162	0.364
a8	京郊日报	1	0	0.040	0
a9	北京商报	11	8	1.134	0.324
a10	新京报	1	21	0.040	0.850
a11	劳动午报	28	0	1.134	0
a12	千龙网	28	4	1.134	0.162
a13	前线网	0	0	0	0
…	…	…	…	…	…
a26	北广传媒城市电视	0	0	0	0
a27	北广传媒地铁电视	0	0	0	0
Mean（Outdegree/ Indegree）= 11.630					
Network Centralization（Outdegree）= 3.505%					
Network Centralization（Indegree）= 4.010%					

为清晰体现市属媒体微博的交流网络分布，将表转换为以点出度为横坐标、点入度为纵坐标的散点图，并基于平均度数（11.63），将交流网络划分为四个区域（参见下图）。市属媒体的交流网络大致可划分为四种类型：①第

一类：点出度大于 11.63、点入度大于 11.63，这类媒体既是被转发引用的焦点，也较为积极经常转发、评论、引用其他市属媒体信息，这包括北京日报、北京晚报、北京青年报、法制晚报。②第二类：点出度小于 11.63、点入度大于 11.63。京华时报、新京报、北京电视台这三家媒体虽然较少转发引用其他媒体，但却是众多市属媒体转发引用的对象，具有较强影响力。③第三类：点出度大于 11.63、点入度小于 11.63。这包括劳动午报、千龙网、北京广播电视报三家媒体，这三家媒体有较为强的信息需求，积极转发、引用其他媒体信息，但较少受到其他媒体关注。④第四类：点出度小于 11.63、点入度小于 11.63。这类媒体共有 17 家，占总体 63%，包括北京娱乐信报、北京晨报、京报网等。总体来看，市属媒体之间转发、引用、评论微博等交流行为并不活跃。

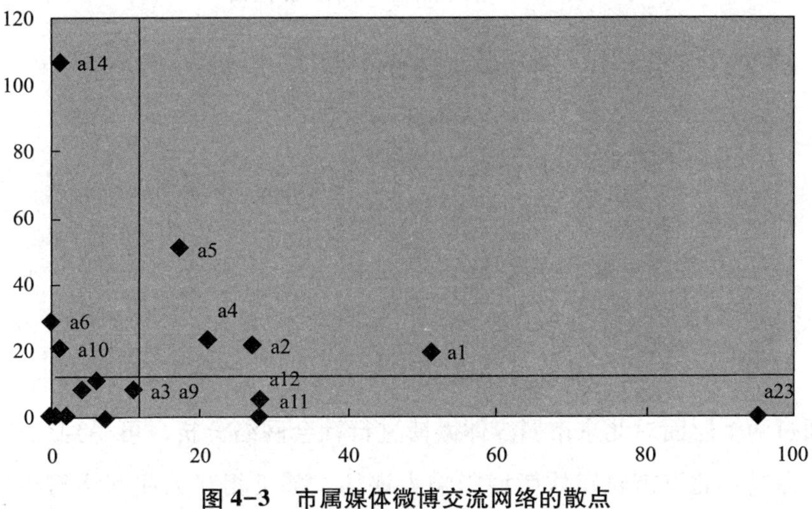

图 4-3 市属媒体微博交流网络的散点

从北京市属媒体微博的交流网络来看，基于交流网络的矩阵，可以生成交流网络的可视化结构（参见图 4-4）。北京日报在交流网络中居于核心地位，因而信息资本相对较高，媒体影响力最强。图中线条粗细表明交流频次，线条越粗表明交流频次越高。北京广播电视报与北京电视台之间的微博交流频次最强，两者之间存在着密切的信息交互。其次，北京晚报与北京日报、法制晚报与北京青年报、千龙网与法制晚报这三对媒体之间也存在着相对密切的联系。

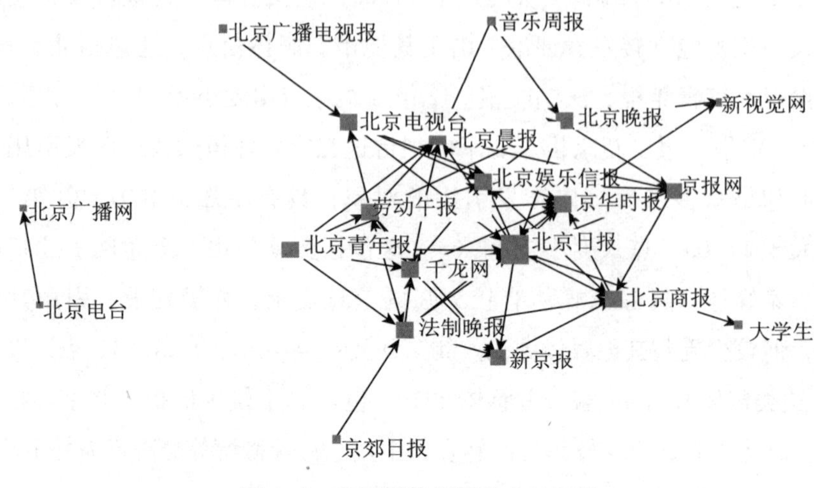

图 4-4　市属媒体微博的交流网络

第三节　影响力评估与优化

一、影响力评估

通过两个层面对北京市属媒体微博进行社会网络分析，可得到三项命题。第一项命题：北京市属媒体微博影响力评估。基于相互关注网络与相互交流网络的联合评估，北京市属媒体影响力由高到低可划分为四个层级。①第一层级：北京日报、北京晚报、北京青年报、法制晚报媒体。无论从交流网络、还是关注网络来观测，这些媒体在市属媒体圈中都具有较强关注度和影响力。这种与现实情况较为吻合，北京日报、北京晚报为北京日报报业集团的核心媒体，北京青年报与法制晚报则是北京青年报系的核心媒体。②第二层级：新京报、京华时报、北京电视台。这三家媒体始终处于各种媒体的关注之下，但并不积极主动地与其他市属媒体交流。新京报与京华时报划入北京市主管时间不长，因而与其他媒体的信息交流还不够充分。③第三层级：千龙网、京报网、北京晨报等。④第四层级：北京电台、前线网、北京地铁传媒电视。这些媒体微博处于交流网络边缘，在信息网络中未得到足够关注。

第二项命题。市属媒体微博的交流网络与关注网络的比较分析。市属媒体的微博交流网络密度为 0.0855，远低于关注网络密度 0.2009，这表明：市属媒体尽管存在相互关注关系，但相互的交流联系比较稀疏，并不存在普遍而密切的信息交流。如何解释这一现象？从媒体竞争角度来观察，北京市媒体行业发达，媒体竞争激烈，各市属媒体存在市场份额与人才资源的激烈竞争。在此背景下，媒体为追求独家新闻，倾向于自创或转发本媒体信息，而不倾向对同城媒体微博进行更多地转发引用。相对而言，同一集团下属媒体交流关系较多。尽管同城媒体微博相互交流较少，但是转引中央媒体微博的较多，如@ 人民日报、@ 央视新闻等。

第三项命题。基于市属媒体微博的关注网络与交流网络的分析，可以发现：市属媒体微博关系与现实关系存在较高贴合度，北京市属媒体微博关系在相当程度上折射出同城媒体的现实关系。

二、基于信息资本的融媒体影响力提升

在信息时代，官僚制组织结构逐渐转向扁平化网络结构。信息网络不具有明确边界和强制秩序，而是基于节点间相互连接，形成信息化交互结构。各主体存在于密集联系的“集群”（cluster）之中，既自主能动，又嵌入于信息网络，受到信息网络的影响与引导。随着政府信息化建设的推进，政务微博快速生长，已构成了信息网络的有机组成部分，架构起了政府部门-官方媒体-民众之间沟通的桥梁。政务微博功能逐渐由信息发布转向服务型、问政型、互动型。政务微博既是政府信息引导的手段，也是公民参政议政的网络工具，还是政府实行网络意愿吸纳的宝贵资源。

“社会网络分析”既是一种科学分析方法，也是一种理论视角，它从互动关系视角解释公共影响力：影响力不再源于官僚制的强制权力，而转向信息资本的交流、吸引与说服，“信息网络时代的治理逐渐由集权治理转向网络中

基于主体间性的反复频繁的微协调”。[①] 信息传播中各主体构成网络各个节点，节点与节点之间构成了不同密度的虚拟关系网络，在此网络中，“一个主体之所以拥有权力，是因为他与他者之间存在关系，可以影响他人。或者说，一个人的权力就是他者的依赖性”[②]，“现代权力是一种关系性权力”[③] 在信息传播体系中，居于网络中心位置媒体的信息资本更为丰富、话语影响力更强，构成信息交流的枢纽与桥梁。

在信息网络时代，“媒介即是讯息”，[④] 网络舆论场构成一个虚拟公共空间，在利益诉求差异化、媒体传播分众化的趋势下，大众传播、群体传播、个人传播不断交融渗透。在信息网络的海量信息中，主流媒体应成为信息海洋的导航仪，为受众提供权威的信息引导。首都市属媒体需进一步强化信息资本，提升舆论引导能力。“面对社会历史条件的不断变化，新媒体的发展层出不穷，应进一步探寻更具时代特色的传播方法”。[⑤] 在信息网络新思维下，北京市属媒体应通过内部整合与内外协作提升融媒体影响力。

第一，内部：资源优化、塑造融媒体品牌。当前北京市属媒体总体影响力不强、缺乏整体规划，运营水平不均衡、缺乏互动。有些北京市属媒体尽管开设了微博平台，但内容照搬母媒体，使新媒体成为母报的电子版。内容同质化不仅浪费新闻资源，而且消磨了受众的消费热情，未能实现真正意义的媒体融合。信息网络背景下融媒体应具备新内容、新服务、新产品和新营销，融媒体不应只是传统媒体的营销工具，而应在母媒体资源的基础上，把媒体微博作为独立新型媒体加以运营，针对网民需求采集、加工信息。随着信息时代的深入发展，优势媒体强强结合已成为一种趋向，“强强联合产生超大型传媒集团。……可以预料随着政策环境的变化，国内传媒之间的联合、合作甚至并购也会逐渐增多”[⑥]。无论在线下，还是线上，市属融媒体存在重

---

① 汪波．大数据、民意形态变迁与数字协商民主［J］．浙江社会科学，2015（11）．

② 刘军．整体网分析讲义—UCINET 软件实用指南［M］．上海：上海人民出版社，2012：97.

③ ［法］米歇尔．福柯．规训与惩罚［M］．刘北成译．北京：三联书店，2003：28.

④ ［加］马歇尔·麦克卢汉．理解媒介：论人的延伸［M］．何道宽译．南京：译林出版社，2011：1.

⑤ 荆学民．中国政治传播研究的学术路径与现实维度［J］．中国社会科学，2014（2）．

⑥ 陆小华．传媒变革与超级媒体的崛起［J］．新视野，2010（2）．

复建设、同质竞争的问题，处于小而全的分散状态，这就需要资源重组，集中优势资源，形成拳头产品，建成3-5家拥有强大影响力与公信力的市属融媒体集团。

第二，内外结合：多元协同。在信息爆炸时代，受众可对海量信息进行选择性接触、选择性记忆，因此融媒体必须创新信息传播的理念、内容、语态、形式、方法，增强针对性和实效性。融媒体若要抢占舆论制高点，需运用网络语法宣扬主旋律，通过小动画、微电影、一图读懂、移动场景满足分众化、差异化的受众需求。在激烈竞争的信息传播环境中，市属融媒体既需要内部优化重组，也需要与具有竞争力的机构媒体协作。以北京青年报与风行网之间的合作来讲，北青报《红人上网》视频节目与风行网节目《星风范》通过协作，联合推出《红人访》。双方在合作中均拿出优质资源对节目进行推广，对该视频内容进行联合招商及广告售卖，分成经营，在提升运营收益的同时提高了媒体影响力，有利于通过多元协作打造融媒体品牌。总之，融媒体通过报纸、广播电视、微博微信的资源通融、内外协作，贯通了现实空间与虚拟空间的信息传播，打通了主流和非主流两个舆论场，进一步强化舆论话语权和引导力。

第五章　新媒体时代公民参与有序性

随着网络技术的不断发展和智能移动终端的更新换代，新媒体成为越来越多的公民所依赖的信息平台。近年来，新媒体对于公民的影响，已经超越了生活和娱乐等基础领域，逐渐深入到政治参与领域，并形成了很强的影响力。新媒体时代公民参与的表现形式为，政府或公民以新媒体为信息渠道，通过政策发布、民意调查、利益表达等活动，达到共同治理的目的。但是，新媒体为公民参与提供便捷的同时，也极易导致公民参与的无序状态，威胁着社会和谐稳定。本研究旨在利用文献研究法、调查问卷法等研究方法，以多中心治理理论为理论依据，以我国新媒体领域公民参与现状为现实依据，探索由政府、公民和社会组织为参与主体的“三位一体”治理模式。

第一节　理论基础与现实条件

一、研究背景

从20世纪60年代考夫曼提出“参与式民主”的概念起，公民参与政府决策既是公民参与国家公共事务管理、行使当家作主权利的重要形式，也是公共政策科学化、民主化的客观要求。进入21世纪，随着互联网技术的不断发展，微博、微信为代表的新媒体形式成为公民参与的重要平台。新媒体时代公民参与的表现形式，政府或公民以新媒体为信息渠道，通过政策发布、民意调查、利益表达等活动，达到共同治理的目的。新媒体赋予了公民参与更多新的为特点，改变了我们的生存空间和传播版图，但也带来很多挑战，威胁着社会的和谐稳定。2007 年“厦门 PX 事件”的发生使这种威胁得以爆发，并将“新媒体时代”的概念带入公众视野，如何实现新媒体时代公民有序参与成为亟须解决的课题。

国内外关于新媒体时代公民参与的研究已经很深入并呈现出许多独特的研究视角，但是仍然存在如下局限：一是研究对象大都局限于政府部门，忽视了公民和其他团体在新媒体时代公民政治参与中的重要作用，使得理论模型比较片面，没有形成立体的、协商的理论范式；二是研究内容碎片化，学科之间整合不够，研究视角相对单一，基本上仅从本领域、本学科的视角进行理论分析和实践分析；三是过多关注的是事实和技术层面，这样做的弊病是容易将传播过程从具体社会和文化背景中割裂开来，未深入到社会政治生活具体目标设定、政府行政目的、行政方式和民众行为逻辑的深度。①

本研究运用文献研究法、调查问卷法等研究方法，首先，在原有理论的基础上，结合我国国情，建立新媒体时代公民参与“三位一体”模型；其次，从理论分析和实证分析两个方面入手，研究新媒体对公民有序参与的影响；最后，在“三位一体”模型下提出实现新媒体时代公民有序参与的举措。

二、新媒体公民参与理论基础和现实条件

本文所引用的理论范式，旨在寻求新媒体时代公民有序参与的理论框架和组织结构，针对当下公民利用新媒体实行政治参与的困境、政府在应对突发网络事件的压力、新媒体行业自身的混乱无序等现状，分析造成这种情况的原因，并在前人研究的基础上，探索适合当前情况的公民参与体系。

（一）多中心治理理论范式

多中心治理理论基本框架表现为：第一，参与主体多元性。随着民主政治的不断发展，逐渐形成以政府、公民群体、企业、媒体、社会组织等为组成部分的多元社会中心，社会治理模式显示出灵活多样、权力分散的多中心结构。第二，网络化的治理结构。一是社会关系的网络化。数量庞大的公民

① 苑丰，刘武芳．基于舆情博弈的公民有序化网络参与对策［J］．东南学术，2013，3：36-41.

社会个体之间凭借各种关系编制成一张社会网络，作为社会网络不可缺少的部分，政府、企业、社会组织等是社会网络中的重要结点，各结点之间相互交错、相互服务、相互制约，共同维系社会网络的完整性。二是治理构造上的互联网化。随着信息技术的快速发展和互联网络的全面铺开，多中心治理在构造上也更多地利用了互联网络开放性、交互式的特点，打破了原有治理模式的封闭性，将所有社会中心主体置于同一个公共空间，赋予了各个社会中心主体平等的话语权，避免了利益诉求的间接代表性和信息传达的层级性，保证了诉求的真实和治理的高效。第三，博弈与合作的治理方式。社会关系中，各个组织主体各代表一方利益，社会事务的治理实际表现为各方利益的博弈与合作。“多中心治理要提供的是社会公共物品和服务”①，每个中心主体都拥有一定的社会资源，都是公共物品和服务的潜在生产者和提供者，只是在各组织主体拥有资源量多少的差别下，各方提供能力和服务水平有相应差距。随着社会需求的不断增长，由政府一方生产、提供、维护社会公共物品和服务的模式难以维继，需要各方合作才能达到理想水平。同时，因为群体间天然存在的利益差异，各自以自身需求为目标追求利益最大化，在有限的社会资源下形成竞争，在竞争中又逐渐达成协议进行合作，形成博弈与合作不断循环的治理方式。第四，以实现社会利益多样化和最大化为目标。现代社会治理的最佳效果就是在现有的社会资源的条件下，满足社会利益的多样化需求，达到社会利益的最大化，而不再是仅仅追求权力的效率。

（二）多中心治理理论的中国化内涵

1. 国家治理体系现代化中的多中心治理

作为我国全面深化改革的总目标之一，国家治理体系现代化逐渐成为改革的重要阵地。对于国家治理体系现代化的认识，传统思维局限于政府体制改革或服务型政府建设，忽略了市场的协调作用和公民的主体地位，单方面的变革不能完全适应当前复杂的社会环境。因此，这里的“现代化”治理体系，既包括政府层面的调结构、转方式，也包括市场、公民社会等方面的制度整合，将局限性的自下而上层级结构，逐渐转变为同一平台、平等交流的

① 王志刚．多中心治理理论的起源、发展与演变［J］．东南大学学报，2009，11：35-37.

横向交互模式，探索构建的多维度、立体型的社会治理体系。在我国改革开放的过程中，尤其在经济领域，多中心的思维在调节政府、市场、公民的关系上有了明显体现，初步形成了“以政府为中心的公共治理、国家垄断领域，以市场为中心的私人产品、自由竞争领域和以社会为中心的个体生存、自主组织领域”。① 而在社会发展进程中，多中心思维已经逐渐深入到社会各个领域，并在矛盾的产生和解决中，自然形成了治理体系多中心的倾向。这种倾向也正在进入政治领域。现在，政府在处理社会事务上，从“管理”向“治理”转变，虽一字之差但代表的是态度和方式的实质性改革。国家治理体系在政府的主动改革下，逐渐改变单中心局面，政府治理方式从“主导型”“管理型”的单边模式逐步简政放权，向“引导式”“服务式”的多边合作模式转变，实现多中心主体的有效互动，放下了“家长式”管教主义，拿起了“服务式”协商共治理念。在多中心治理理论影响着我国治理体系现代化的同时，也逐渐在适应我国国情的情况下，具备了明显的中国化内涵，即政府作为多中心治理的一个主体，在我国人民民主专政、以公有制为主体的社会体系中，在调配各领域资源、公共物品生产、政策制定、立法立规、公共物品分配及监管上具有公民群体、市场、社会组织等无法比拟的优势。因此，在利用多中心治理理论服务我国治理体系现代化时，必须发挥政府的资源优势，引导各方协商治理。

2. 中国特色社会主义民主政治发展下的多中心治理

纵观我国历史，“多中心”的治理结构在分封制的朝代也早有体现，但这里的“多中心”是指中央和地方政府间的关系，地方政府具有了一定的自治权，其理念是比较狭隘的“多中心”，公民没有平等的社会地位和充足的话语权，公民的利益得不到保证。分封制王朝已经成为历史，公民翻身摆脱了不平等的地位，人民民主专政和人民代表大会制度有效地保证了人民当家作主的权利。随着改革开放的不断深入，我国特色社会主义民主政治体系不断发展完善，民主化程度取得了很大成绩。同时，随着生活水平的不断提高，物

① 赵乾东．“多中心”理论的中国化内涵及可行性探析——基于国家治理体系现代化的视角［J］．安徽行政学院学报，2016，1：83-88.

质生活逐渐丰富起来的公民，民主观念得到了非常大的提升，更加注重自身利益的申诉，参与社会事务的积极性越来越高，社会责任感也更加高涨。政府面对民意，正在抓紧转型升级，逐渐向“服务型”政府迈进。在政府和公民之间，一些社会组织、协会团体也蓬勃发展，成为联系沟通的桥梁，如一些律师协会、社区团体、志愿者组织，在普及公民权利、维护公民利益、协调社会事务治理上发挥了纽带作用。在这种情况下，以政府、公民、社会组织为模型的“多中心”治理体系逐渐清晰起来。

3. 多中心治理需要考虑中国国情

第一，多中心治理自身存在缺陷。多中心治理的方式是“博弈和合作”，如果无规则的不良竞争出现，导致无限制的循环，就会导致无法合作，问题无法解决，直接导致社会治理的低效。这种单纯强调平等竞争、博弈的多中心治理，并不能促进社会的健康发展，也不是真正有效的“多中心治理”。作为“多中心治理”模式中的一元，政府依然扮演着至关重要的角色。

第二，多中心治理必须符合我国价值体系。习近平同志指出，“推进国家治理体系和治理能力现代化，必须解决好价值体系问题”。价值体系作为价值概念的一项延伸，在社会健康发展中扮演着“评判者”的角色，它是衡量一项制度正误、好坏的标准。我国的价值体系，就是中国特色的社会主义核心价值体系以及以核心价值体系为载体的核心价值观。一个国家选择什么样的治理体系，是由这个国家的历史传承、文化传统、经济社会的发展水平决定的，不同的社会要根据它的历史发展条件与阶段，寻找最符合它的治理模式，也就是在特定约束条件下的最优治理模式。在学习和借鉴多中心治理理论时，只有从根植于我国历史文化的立场出发，以自身政治传统为基石，以人民选择为支撑，才能找到适合中国国情的特色“多中心”治理体系。

（三）“三位一体”理论模型

以我国新媒体时代公民参与为视角，基于多中心治理理论框架，探索实现新媒体时代公民有序参与的理论模型。

如图 5-1 所示，以政府、公民和社会组织形成的三维治理结构，与政府与公民双向联系的传统模式相比，社会治理体系更加丰富、立体，不仅继承了多中心治理理论多元主体参与、网络化治理结构、博弈与合作的治理方式以及以社会利益最大化为目的的四个要素，而且紧密结合我国新媒体发展现状，基本形成了以政府政策引导、公民顺畅参与、社会组织协调监督的新媒体公民参与多中心治理框架，称之为“三位一体”。

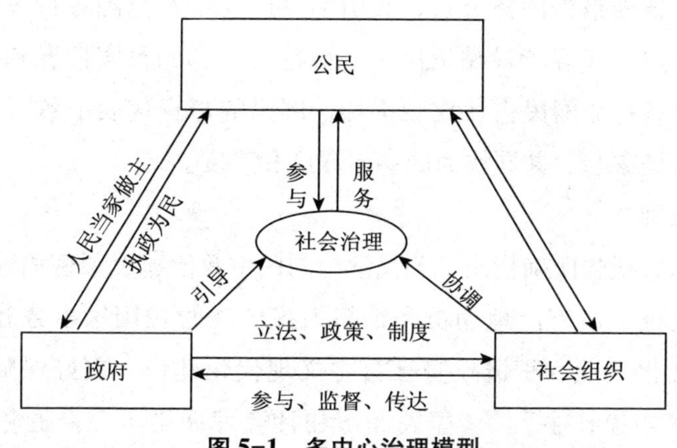

图 5-1　多中心治理模型

（四）新媒体时代我国发展公民参与的现实条件

“三位一体”理论模型的真正成型，需要技术平台“硬件基础”的不断完善，也需要制度、受众等“软件基础”的强大支撑，软硬件基础都夯实，才能在实践中有效地发挥理论模型的优势，提高社会治理效率和质量。

1. 受众基础

随着公民自身经济条件的不断改善和国内互联网建设的不断发展，中国网民数量高速增长，基于网络的新媒体在公民的日常生活中发挥着越来越重要的作用。截至 2015 年 12 月，我国网民规模达到 6.88 亿，其中手机网民规模达到 6.20 亿，人均周上网时长为 26.2 小时，互联网普及率已经达到 50.3%。网民中网络新闻用户规模为 5.64 亿，占网民数量的 82.0%，网络新闻已经成为即时通信和搜索引擎之外的第三大互联网应用。①

在我国网民数量不断增长的同时，网民的结构也更加合理。根据第 37 次

① 中国互联网络信息中心．第 37 次中国互联网络发展状况统计报告［EB/OL］．http://www.cnnic.net.cn/hlwfzyj/hlwxzbg/hlwtjbg/201601/t20160122_53271.htm，2016-1-22.

中国互联网络发展状况统计报告数据，截至 2015 年 12 月，我国网民中 20 岁以上年龄段的网民占比高达 76%，并且 40 岁以上新增网民的速度正在逐步提升，具备了有效参与社会事务的年龄结构；网民中具备中等教育程度的群体规模最大，初中以上学历的人群占比达到 86.7%，具备高质量参与社会事务的认知水平；根据报告图标分析，我国网民已经涉及全国各行各业，深入社会的每一个阶层，代表了最贴近民生、最符合民意的真实情况和需求，并且除学生群体外各行业网民占比比较平均，网民的声音代表了各行业的利益诉求，具备了公民参与、共同协商的参与深度和广度。

2. **政策基础**

党的十八大报告明确指出，公民参与同民主政治建设紧密相连，“必须坚持人民主体地位，最广泛地动员和组织人民依法管理国家事务和社会事务、管理经济和文化事业、积极投身社会主义现代化建设，更好保障人民权益，更好保证人民当家作主”。《国民经济和社会发展第十三个五年规划纲要》（以下简称《纲要》）提出，要立足于建立更高效的社会治理制度，“完善党委领导、政府主导、社会协同、公众参与、法治保障的社会治理体制”，调动社会各个维度、领域的力量，实现政府治理和社会调节、居民自治良性互动，构造全民共建共享的国家治理格局。可以看出，在社会治理体系的构建上，国家已经考虑到社会各方的利益诉求，重视社会各方的协调、自治能力，“多中心治理”的模型初步显现。

以上报告或草案对公民参与政府处理社会事务的论述，说明政府在新时期更加认识到公民参与既是一项公民权利更是一种社会需求，提升到国家重要制度和政策层面加以考量，并细化了公民参与的渠道与方式，体现了新时期国家政策上对公民参与政府决策的支持。新媒体正是在我国公民参与快速发展的机遇期迎来了其发展的黄金阶段，新媒体时代的公民参与也必将受惠于国家政策方面的大力支持。

3. **制度和法律基础**

“无规矩不成方圆”，任何社会领域生态系统的健康发展都必须有相应制度和法律的保障。《政府信息公开条例》的颁布和实施，政府微博、政府微信公众平台等制度建设的落实和完善，在很大程度上体现了公民参与对政府信息公开的要求，更反映出政府在制度建设上对深化新媒体时代公民参与的诚意和决心。虽然还存在不完善的制度和法律漏洞，但是政府信息公开制度等一系列制度的有效实施，互联网相关法律法规的更新补充，为当下进一步实现新媒体公民有序参与提供了制度和法律上的保障。

4. 组织基础

非政府组织在协调公民参与的过程中，发挥着政府所达不到作用：第一，非政府组织优化和丰富社会治理结构，与政府、公民一起形成公民参与的“鼎足”之势，使治理结构更加科学稳定；公民可以借助于各种非政府组织进行组织化的参与，成为实现公民有序参与的新载体；非政府组织使得协商治理的能力得到了提高；有利于创造公民参与的良好文化环境，用理性的“自治”理念与积极的志愿精神熏陶公民参与意识，“其民主观念和独立意识对塑造独立的公民资格、明确权利与义务起到重要作用，从而为现代公民参与观念的培育奠定基础，形成真正意义上的‘媒介公民’。

据民政部网站数据，截至 2014 年底全国共有非政府组织 60.6 万个，并且在不断增长中。在我国特色社会主义民主政治的不断发展、公民参与意愿不断提升、新媒体社会影响不断提升的当下，与之相适应的非政府组织肯定会不断增加，为新媒体时代公民参与提供组织基础。

第二节 新媒体对公民参与有序性的影响

一、新媒体对公民参与有序性的影响：理论分析

（一）新媒体更需要有序性

从政府角度来看，新媒体在国家建设中已经被提升到战略高度上，一个运行有序的新媒体行业对我国民主政治的发展、国家的稳定都具有重要意义。

1. 利用新媒体实现公民有序参与的优势

（1）公民参与便捷高效，降低参与成本

一是降低政府成本。国内现在已经产生了很多公民参与的形式，政府听证会、网络问政等参与平台已为大众所熟悉，在取得了一定成效的同时，也为政府决策带来了一些额外成本，如时间成本、会场成本、人员成本等。新媒体“虚拟化”空间和“交互式”的特点，以及新媒体受众的庞大规模，为政府提供了一个既“经济实惠”又“科学有效”的便捷途径。政府在采纳公民意见处理社会事务时，可以通过网络博客、微信公众号、网络视频直播等发布信息、传递议案、收集意见并接受监督，各流程同步进行，大大缩短了政治决策周期。而且，每一个项目不必在特定的时间内完成，可以放宽收集民意、共同协商的时间，这样更有利于政策制定的合理性，不会因为时间仓促而导致政策缺陷甚至政策失误，提高了治理效能。

二是降低公民成本。随着公民物质生活的不断提高，互联网或移动网络终端已经逐渐普及，随时随地进入政治协商的公共空间，给公民的政见表达带来了更多的便捷。尤其是基于网络、手机等新载体发展起来的微信、微博等新媒体形式的出现，以一篇于情于理的文章、一条简短的实时状态、甚至是一个悄无声息的点赞就代表了一种有效的表达和参与，并在网络“长尾效应”① 的发酵下，使现实中弱小的声音也能产生强大的共鸣，并足以产生影响政府决策的强大力量。

（2）公共空间平等自由，激发参与活力

基于网络的虚拟性，新媒体剥去了现实中存在的地位“外衣”，平等的地位赋予了每一个身处其中的公民，共享话语权、参与权，自由地表达自己的利益诉求和政见思想。新媒体，为我们创造了一个平等、自由的公共平台。

第一，实现了政府与公民之间的平等自由。新媒体基于网络无边界的分散式结构，是完全自由开放的，现实社会中偶然出现的行政暴力在新媒体领域会有所收敛，以免引起网络突发性事件，政府和公民会处于一种相对平等的协商状态。同时，新媒体用户不再受“自下而上”的层级制度的制约，绕开繁琐的办事程序，完全可以自由地同政策制定部门进行直接对话、表达政

① 长尾效应，统计学名词，指新竞争力从人们需求的角度来看，大多数的需求会集中在头部，而分布在尾部的需求是个性化的，零散的小量的需求，会在需求曲线上形成一条长长的“尾巴”，而所谓长尾效应就在于它的数量上，将所有非流行的市场累加起来就会形成一个比流行市场还大的市场。

见，由此影响政府对公共事务的决策。

第二，实现了公民与公民之间的平等自由。现实社会中拥有较弱话语权的人，有可能因为独到的见解而在新媒体中被推上“头条”，得到众多“粉丝”的认同、推崇甚至是拥戴；相反，一个在现实社会身居要职、身世显赫的“上层阶级”，如果见解平平甚至与人民大众的意愿相悖，在新媒体里也会被冷淡、被边缘化，现实社会中掌握权利和金钱的“优势群体”并没有优势可言，大家只会拨开现象看本质。这种自由平等的参与形式，也正激发了我国公民参与政府决策的积极性，并使公民参与逐渐成为我国特色社会主义民主政治的发展重心。

（3）新媒体内容丰富，聚集各方诉求

新媒体改变了传统信息传播的基本形态与传播模式，将传统媒体的传播手段和方式融于一体，集合了文字、图像、音频、视频等多种传播方式。除了基本内容上的变化，新媒体模糊了信息发送者、传播者和接收者的定义，赋予了公民“选择”和“制造”的权利。

一是人人都有“内容选择权”。新媒体的便捷之处在于用户可以面对已经分类好，只要点击相关标签，就能轻而易举地寻找到一大批与他一样对该信息感兴趣的人群，然后基于兴趣组织在一起的社群，从而发出统一或者是相似的意见。当这种“意见”形成聚集效应，就会由大型新媒体企业或平台二次传播。

二是人人都是“内容生产商”。在新媒体时代，新闻制造和内容生产不再需要空间、人力、资本上的巨大支出，利用笔记本电脑、智能手机，登录你的微博、微信，将你的思想在公共空间变现出来，你就是“新媒体”或“自媒体”。随时随地“生产”新闻、发表政见，也可以建“群”阐述自己的观点。

2. 新媒体参与失序危害

（1）催生网络悲情，造就恶性博弈

新媒体依托于网络发展，也必然会面对网络自身局限性带来的事件冲击。民众在现实权利救济框架“失灵”的背景下，受到网络事件“成功”案例的启发，尝试采用网络悲情宣传，吸引公众视线，再通过大型门户网站的推送，形成巨大社会影响力和舆论压力，进而在与政府部门协商时取得话语优势和道德优势，从而达到自己的目的。网络事件的发酵有赖于“注意力经济”，在信息内容和形式上缺乏吸引公众注意力的情况下，产生的社会影响比较局限。网络事件之所以发酵成“事件”并引起公众注意和公众参与，是因为它们的内容抓住了公众的眼球，点中了一部分公众内心的意愿，激发了他们的认同感和同情心，从而调动他们的力量。近年来国内网络事件时有发生，由悲情色彩事件引起的不在少数，有的为了达到与政府谈判、对政府试压的目的，甚至不惜采取跳楼、自焚等极端方式以获取社会舆论优势。然而，在各地各级政府相关网络突发事件预案不完善、政府媒介素质良莠不齐的大背景下，有的政府部门出于维持社会和谐稳定的目的，面对网络悲情引起的巨大社会舆论压力，在“仓促”维稳的压力下，越是引起巨大影响的网络事件越会采取果断的封锁手段。由此，网络空间成了角力场，使民众与地方政府陷入恶性循环的博弈怪圈。

（2）损害政府权威，降低执政效果

网络突发性事件，打破了“事件”的地域性，一旦发生就会成为全国性、甚至全球性的热点新闻。政府部门在应对上，不仅仅是面对着当事人，面对着的更是广大公民的审视和监督，每一句话、每一个举措都会被放在放大镜下审视。一旦应对失误，引起舆论的质疑，不管事件发生在哪里，都会损害政府形象。我们的政府正在逐步完善服务意识，但是也存在行政不规范的情况，“野蛮”执法现象时有发生，影响了民众对党和政府形象的认知，也降低了党和政府的公信力。有时即使政府做出了正确的处理，但由于在执法透明度上还有欠缺，或信息公开意识不足，导致公民往往会被错误舆论所引导，很容易引起人们对舆论宣传的不信任，引起公民对不良分子的同情，对强势群体的排斥，对地方政府的不信任。政府在舆论上的失势，会对政府的政策施行造成很大的阻力，直接反映到社会治理的效率上。

（3）助长对抗情绪，阻碍协商合作

我国新媒体还没有形成比较优良的文化氛围。新媒体领域的虚拟特性，使得新媒体公民的“行动”具体表现为“语言”行为，在新媒体环境中，“语言”是抽象的表现形式，极富个人感情色彩，这种情感色彩既体现在事件描述者身上也体现在信息接受者身上。框架理论认为，问题叙述所使用的语言和象征意指尤为重要，因为通过语言和象征可以加快议题转化为带情感的公众话题的速度。现在，通过新媒体报道频率和公民讨论热度分析，公众普遍比较关注“悲情”“暴力”等“官民矛盾”的信息，也表现出对悲情人物的同情、对权贵的厌恶、对不公的控诉等鲜明特点。公民的阅读特点，又反向影响了新媒体平台的宣传方向，形成消极“语言”的循环，逐渐形成了消极的新媒体文化。这种文化的继续发展膨胀，有可能引发现实中的群体性事件，甚至造成一定的动乱。

（二）新媒体极有可能导致无序

新媒体是新事物，并且随着网络技术的快速发展新媒体形式不断更新，已有的法律制度框架并不能完全适应新事物的特点。正是由于对这些特点缺乏“免疫力”，决定了新媒体极有可能导致公民参与处于无序状态。

1. 新媒体的虚拟特性

一是信息的真实性不能保证。新媒体平台基于网络虚拟空间，因此自身也具备了虚拟的特性。主要体现在两点：一是信息数字化。新媒体平台的文字、图片、视频等信息都是现实事务的数字化反映，是可以任意更改的，一条爆炸性新闻有可能只是谣言，事故现场也有可能是通过图片编辑软件拼凑出来的，信息的真实性得不到有效的保证。这也为有不正当企图的人留下了散布谣言、错误引导舆论的漏洞，煽动群众对抗政府，引起大规模群体性事件。虽然政府进行一系列立法，对滋事造谣者给予拘留处分，但治标不治本，很多人利用“言论自由”的权利去煽动民众心理甚至造谣生事，在虚拟的网络中更加难以控制。

二是人员的真实性不能保证。合法公民享有一系列的政治参与权利，但是由于网络实名制的名存实亡，在新媒体虚拟环境中，网民可以自由地改变自己的身份，很难从技术上进行鉴定和限制。在具体的新媒体参与中，公民的各种动机往往是相互影响、相互掺杂，很难识别。无论是参与人员合法性的鉴别，还是主体动机的复杂性，都给网络参政的辨别和控制带来了很大困难。

2. 法律制度跟不上形势变化

新媒体的发展“日新月异”，在新媒体领域的立法立规也在不断努力，相关的互联网法律法规正在不断完善，针对网络谣言的危害还专门修订了《刑法》，对网络谣言进行严厉打击。但法律和制度的修订仍然跟不上新媒体形式的变化，出台效率也很难跟上技术的更新换代。

公民政治参与是衡量一个国家民主政治的主要指标，如果国家的政治制度建设跟不上政治参与的速度，就极易导致社会的动荡不安，所以大规模的政治参与并不必然导致理想的政治状态。由于法律制度的修订出台需要一定的周期，所以这种“缺失”现状非常容易导致新媒体公民参与的无序状态。

3. **非理性声音难以制止**

由于新媒体环境的虚拟性，参与者身份的难鉴别性，使在现实社会中遭受不公平对待、或者心存怨恨的公民，会在新媒体上肆意发布低俗、恶劣、甚至极端言论，出于“泄愤”而丧失理性分析的冷静头脑。这种消极的非理性声音，往往会聚集更多的有相同遭遇的人的共鸣，造成负面舆论聚集，而那些理性思考的人的意见或者被埋没在大量非理性声音之下、或者还没有发表就被嘈杂的环境“吓跑”，直接导致非理性声音占领了舆论空间，进而对政策制定、事务处理造成引导偏差。久而久之，非理性的声音会严重破坏新媒体公民参与的环境，影响公民参与的质量。此外，网络名人、网络大咖们拥有比一般个体更强势的网络话语权，他们的言论往往能俘获支持者或者那些意见不坚定群众的支持，继而引领舆论走向，也很有可能绑架公民最原始的诉求。

4. **“数字鸿沟”导致诉求“失真”**

据国家互联网中心最新数据，我国还有50%左右的公民不使用互联网；同时，我国城市和乡镇农村地区在互联网普及率上也有很大差距；而且，在使用互联网的人群中，由于年龄、网络知识水平的层次不同，导致不同年龄阶段、不同阶层的人有着不一样的互联网使用水平，以上几点直接导致了一定水平的“数字鸿沟”，出现了“信息富人”和“信息穷人”，使得在新媒体上公民参与主体还不能代表最广泛的意见。同时，“网络围观”和“网络静默”现象也非常明显，使得新媒体并不能真实地代表多数的意见，造成事实偏差。

5. **舆情博弈下的恶性循环**

新媒体领域的公民参与，实质上也是公民与政府的博弈。政府在管控新媒体领域时监督过度，便失去言论自由，公民往往会以监督机制与公民权利相抵触的权利论来质疑政府的举动；放宽监督，则给意图不轨者留下制度空子，威胁社会和谐稳定。“媒治”本质上还是一种人治，畸形的“媒治”导致了恶性循环，失去了新媒体平台实现公民参与的最终目的。这种基于不完善的舆情博弈，以及互联网通信结构的内在缺陷，使其无法形成持久理性的公共舆论。

二、新媒体对公民参与有序性的影响：实证分析

（一）新媒体受众群体分析

本次调查问卷一共获取了 212 份有效样本，男性和女性公民分别为 113 人和 99 人，占比分别为 53.3%和 46.7%，年龄段涉及 18 岁以上公民，包括共产党员、民主党派、共青团员、群众及其他各种政治面貌公民，职业涉及政府部门工作人员、国有企业员工、私营企业职员、个体经营者、教师、学生等各个行业，层次分布比较均匀，样本数据基本有效。

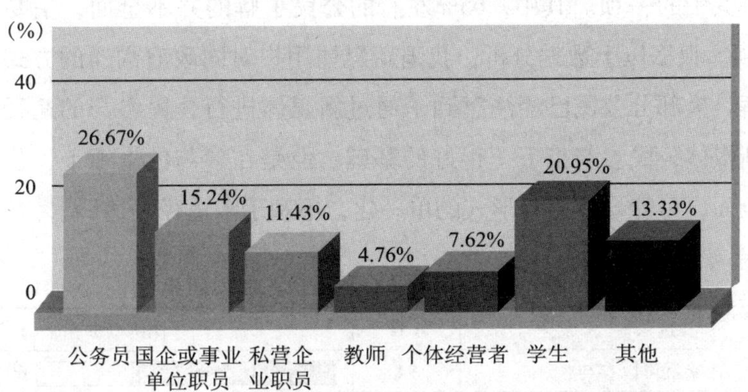

图 5-2 样本从业结构

调查数据显示，通过新媒体获取新闻资讯的公民比例达到 78.3%。采用交叉分析的方法，以年龄段为变量，以获取新闻资讯的方式为因变量，每个年龄段的公民通过新媒体获取新闻资讯的比例最高。综合数据看，新媒体不仅已经成为公民获取新闻资讯的主要途径之一，而且在每个年龄段情况基本相同。所以，我国新媒体公民参与的潜在群体非常可观，发展新媒体公民参

与具有雄厚的群众基础。

（二）新媒体公民参与认可度调查分析

表 5-1 公民通过新媒体与政府沟通的方式调查

选项	小计	比例（%）
很了解，知道 5 种以上	46	21.7
了解，知道 3~4 种	76	35.85
不是很清楚，只知道 1~2 种	65	30.66
不了解	25	11.79
本题有效填写人次	212	

调查数据（见表 5-1）显示，在样本公民中，对于通过新媒体与政府沟通的方式，如网上发帖、发微博等对政府施加舆论压力，参与网上听证会、网上政务问询、网上投票，在政务微博、微信公众号上留言，组建 QQ 群、微信群集结有共同诉求的人共同行动等，只有 11.79%的公民一项都不了解，其余公民至少了解其中的一项。其中，65%左右的公民了解的并不全面，主要了解其中的 1~4 项。根据以上数据分析，我国新媒体用户对同政府沟通的方式具备了一定的了解，大部分公民已经注意到了通过新媒体进行公民参与的途径，这对我国发展新媒体公民参与打下了很好的基础。但是在参与的渠道上，公民了解并不十分全面，可能导致参与形式的单一化，不利于多途径表达诉求。

表 5-2 新媒体平台更高效的原因调查

选项	小计	比例（%）
方便快捷，在家就可以参与	94	69.12
可以直抒己见，不会有太多顾虑	52	38.24
网络空间自由平等，不存在高低贵贱	58	42.65
网络空间比较开放，政府面对问题无法回避	58	42.65
现实中根本接触不到办事人员	28	20.59
减少“自下而上”信息报送的烦琐流程	35	25.74
本题有效填写人次	136	

在公民试图影响政府重大决策时，调查数据显示，63.81%的公民认为借助新媒体平台与政府沟通比现实中与政府沟通更加高效。而对于新媒体平台更高效的原因，如表 5-2 所示，69.12%的公民认为新媒体平台更加方便快捷，只要拥有一台电脑或者智能手机，不用出家门就可以参与，节省了大量的时间、交通成本；42.65%的公民认为，网络空间相对于现实社会，更加平等自由，每个人都拥有话语权，不存在地位上的高低贵贱；同样有 42.65%的公民认为基于新媒体空间的开放性，政府在面对公民诉求时无法回避，以免产生更大的舆论反应，留下形成网络事件的隐患；38.24%的公民认为新媒体空间言论比现实社会更加自由，公民更加敢说出自己的意见，不需要考虑过多其他因素；也有一部分公民认为，现实中与政府沟通，流程过于烦琐，找到完全对口的政府人员也不十分容易，利益诉求响应的周期比较长，这些都降低了现实参与的效率，而新媒体平台在解决这方面有更好的优势，不用和办事人员面对面，诉求可直达直接处理事件的人员，有效提高了响应效率。

根据以上数据分析，在公民参与的现实实践中，参与的成本成为公民的重要考量，更便捷性的参与形式会得到更多广大公民的认可，因此，新媒体平台凭借自身优异的便捷性、较低的参与成本脱颖而出。随着新媒体的影响越来越大，政府应该更加重视新媒体公民参与平台的建设，以更低的成本，获取更广大公民的利益诉求和意见建议，使政策制定和事件处理更多地涵盖公民的意愿，提升社会治理水平。其次，新媒体平台自由平等的特性，使公民更加有意愿通过新媒体倾诉自己的心声，打破了现实社会中的不平等现象，扩展了公民参与的群体范围，获取了更广泛的公民诉求，成为公民选择新媒体平台参与政府决策的重要原因。同时，新媒体的开放性，使政府和公民之间的沟通更加畅通无阻，政府无法回避公民的诉求，公民的基本利益能够得到更有效的保证；新媒体的虚拟性，缩小了政府和公民之间的空间距离，避免了找办事人员的麻烦和“自下而上”层层报批的烦琐程序，大大缩减了政策制定和事件处理周期，提升了政府办事效率，而这两点，也间接地体现了新媒体公民参与方式的便捷与高效。

综上分析，新媒体时代公民参与模式凭借其较低的参与成本、平等自由的开放性空间获得大部分公民的认可和支持，具有良好的可行性。因此，新媒体时代公民有序参与将大大提升我国特色社会主义民主制度的质量，成为提升政府和公民共同治理社会事务的优质合作平台，发展新媒体公民有序参与十分必要。

（三）新媒体公民参与动机调查分析

在新媒体用户中，针对政府处理社会事务或制定某项政策，发表过评论或转载他人评论的用户占39.52%，原因如图5-3所示，主要是基于个人感情共鸣、抒发不同的见解和希望支持自己认同的意见从而引起政府的重视，当然，也存在发泄不满情绪和凑热闹的一部分人群。新媒体用户中只涉猎新闻资讯而不参与评论的高达60.48%，数据显示，大多数用户认为自己即使发表了意见也不会对政府的行为造成影响，或者认为社会事务处理太过专业，自己不具备相应的知识水平，也有一部分人担心自己的言论会为自己招惹麻烦，剩余的用户则不熟悉相关操作或抱有“事不关己”的心态。

在此基础上，跟进调查了新媒体平台公民参与的动机，调查表明大多数公民在新媒体平台进行参与时，都能基于公民的合法权利意识和义务意识，充满了对国家和民生的关心，是责任感的一种表现；一部分公民表现为对意见领袖的支持；另外有少数公民也存在抒发对政府的不满、释放压力的情况。新媒体公民参与的基本动机结构和公民参与评论的原因基本吻合。

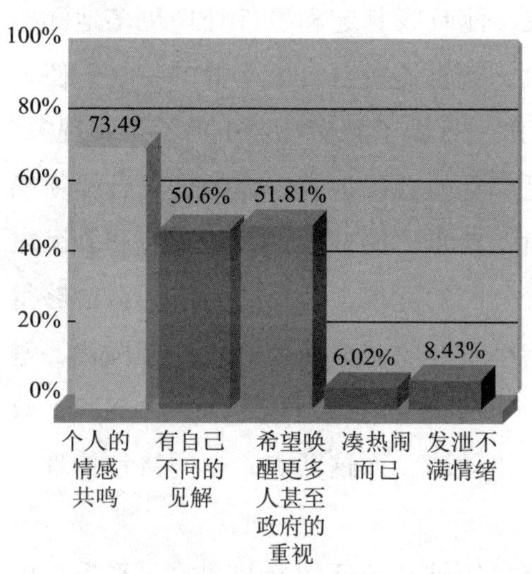

图5-3　新媒体公民参与动机

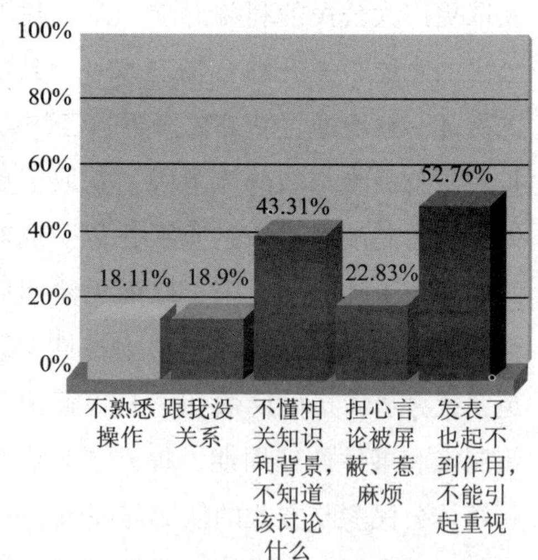

图5-4　新媒体公民参与动机原因

根据以上数据分析，第一，新媒体用户虽然很多，但是真正实践公民参与的公民比例还不是很高，大多数的公民处于“观望”状态，主要是因为政府以往处理网络事件的缺陷导致公民对政府的信任度下降；或者部分公民担心不具备参与社会事务的基本素质；也存在一部分公民社会责任感不强，对公民参与态度比较冷漠。第二，从公民参与动机上看，大多数公民在新媒体平台实行公民参与的出发点是好的，参与的心态比较积极，普遍希望能够表达自己的意见并引起政府部门的重视；但也存在发泄不满情绪的现象，这种消极情绪的释放，也可能引起其他公民的响应，在新媒体领域扩散，进而有可能引发非理性的混乱局面。这些问题的解决，关键在于政府部门要切实改变处理网络事件的措施，树立良好的服务形象，主动引导公民通过新媒体理性参与社会治理，创新参与途径和方式，创造公民新媒体参与的良好氛围。

（四）新媒体公民参与环境调查分析

关于公民新媒体参与时所遇到的问题，如图 5-5 数据所示，60%的公民认为政府信息公开程度不够，新媒体参与的网络环境缺乏理性问题比较突出；三分之一左右的公民认为自身主观意识不够坚定、缺乏基本的参与能力等问题也阻碍着新媒体公民参与的发展；20%的公民则不清楚参与的渠道。根据数据分析，政府部门信息开放程度、新媒体网络环境的优劣、公民自身的基本素质是影响新媒体公民参与的三个关键因素。

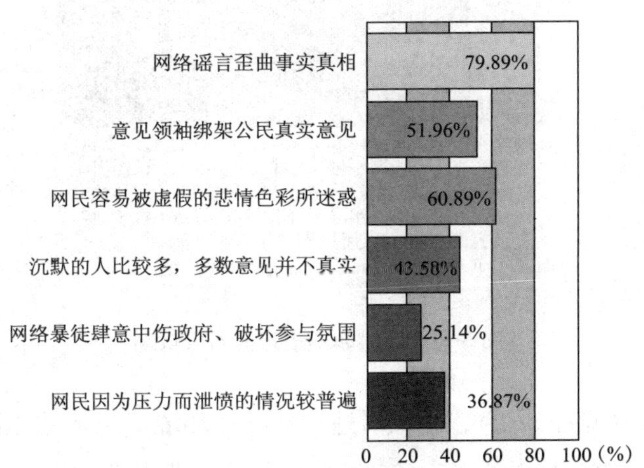

图 5-5 新媒体网络环境不规范表现

对于新媒体网络环境的优劣，问卷也做了调查，样本中85.24%的公民认为新媒体网络环境不规范，新媒体环境的无序状态已经得到大部分公民的认同。数据所示，80%的公民认为网络谣言太多，歪曲了事实真相，对公民形成了误导，有时甚至会引起社会的恐慌，严重影响公民的正常生活；60.89%的公民认为网络中存在刻意编造悲情色彩事件，利用公民的同情心，迷惑公民的判断力，引导公民支持错误的舆论导向，成为制造网络事件的“推手”；51.96%的公民认为公民自身意见会受到外界的影响，尤其是具有广泛影响力的新媒体意见领袖、网络大咖们，会利用网络话语权绑架公民的真实意见，最终成为他们扩大影响力、达到自身目的的“帮手”；43.58%的公民认为，“网络静默”现象比较普遍，新媒体中沉默的人依然是大多数，新媒体中占多数的意见往往是少数活跃分子的意见，并不能代表普遍公民的意见；也有36.87%的公民认为新媒体领域网民因为压力而泄愤的情况也比较普遍，但并不占主流；另外，有25.14%的公民认为“网络暴民”现象不容忽视，他们利用新媒体虚拟环境，肆意重伤政府、破坏了公民参与的氛围。

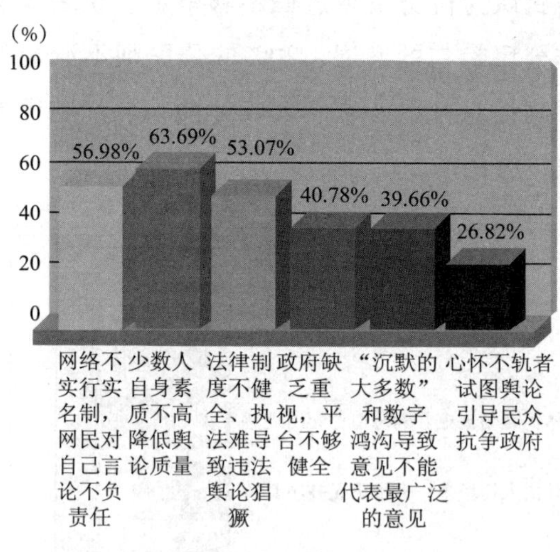

图5-6　新媒体不规范的原因认知

数据显示（见图5-6），公民对造成新媒体环境不规范的原因选择比较平均，说明原因是多方面的。63.69%的公民认为，少数人自身素质不高，把舆论场变成了“骂场”，甚至演变成“网络暴民”，降低了舆论质量；56.98%的公民认为新媒体环境不规范的一个重要原因是“网络实名制”没有普遍施行，部分新媒体用户隐藏在虚拟的网民之后，对自己发表的言论不负责任；53.07%的公民认为是新媒体领域法律制度不健全，执法难度大导致谣言等违法舆论时有发生，扰乱了新媒体秩序；40.78%的公民认为，政府对新媒体公民参与不够重视，平台建设不规范、不健全，存在渠道少、不便捷、回应不及时等现象，这也是导致新媒体领域不规范的重要原因；39.66%的公民认为，新媒体虽然发展迅速，但在新媒体的熟识程度上、技术操作上都存在很大差距，造成“数字鸿沟”现象，最终呈现的意见并不一定能代表最广泛公民群体的意见，有时会导致公民的声音“事实”，影响政策的正确性；另外，也有26.82%的公民认为有些人会试图刻意引导舆论，鼓动民众抗争政府，进而演变成网络事件，严重影响新媒体平台的和谐。

分析图5-5和图5-6的数据，新媒体不规范得到共识，新媒体不规范的表现和原因是多方面的，但归结起来，关键还在于政府和公民双方：部分公民自身素质不高，催生网络暴民，编造网络谣言，非理性参与扰乱公共环境；政府宣传引导上的不利导致公民参与积极性受挫，法律制度上的跟进不利助推了非理性参与的嚣张气焰。

对于新媒体领域的不规范现状将会带来的社会影响，如表5-3所示：

表5-3 新媒体不规范带来的影响调查表

选项	小计	比例（%）
不会带来不良影响，都是虚拟环境下的信息	19	10.56
刺激民众采取极端言论和行为，以博取舆论效果达到自身目的	104	57.78
新媒体成为宣传与政府抗争思想的主阵地	61	33.89
新媒体成为恐怖主义的传播工具	30	16.67
丑化政府形象，导致政府丧失权威性	64	35.56
虚假信息会影响到正确的政策方向	100	55.56
网民的利益不能得到及时申张，影响政策的公平	68	37.78
本题有效填写人次	180	

调查数据显示，只有10.56%的公民对新媒体环境表示乐观态度，认为新媒体平台是虚拟的，不会给现实社会带来不良影响；而大部分公民则认为会给社会带来不良影响。其中，57.78%的公民认为，悲情色彩更容易引起公众的同情进而形成舆论影响的“经验”下，会有更多人为了达到自身目的，而采取激烈的言行，近几年一些直播自焚、跳楼的重大事件就是这种心态的现实体现，给社会的和谐带来了很大影响；55.56%的公民认为，新媒体平台虚假信息的传播、蔓延，如果形成一定的舆论压力，会影响到政府决策、事务处理的正确性，对政府处理社会事务形成羁绊，降低政府治理效果，最终受影响的还是广大的公民；37.78%的公民认为，新媒体乱象的存在，阻碍了政府积极听取公民意见、高效处理公民诉求的进度，损害了有正当利益诉求公民的基本利益；有1/3左右的公民认为，新媒体成为宣传民众与政府抗争思想的主阵地，使政府形象严重受损，导致政府丧失权威性，新媒体已经成了一个隐蔽的“战场”；也有一少部分公民认为，新媒体平台的不规范，会被恐怖分子利用，成为宣传恐怖主义的工具，这从侧面表现了公民对我国互联网管控的能力还是比较认可的。分析以上数据，说明新媒体环境的不规范，直接导致了公民参与的无序状态，主要表现在刺激公民采用极端手段表达诉求、逐渐形成公民与政府抗争性文化和不断丑化政府形象、消解政治权威上，把公民摆在了政府的对立面，严重影响了社会的和谐稳定。

（五）社会组织重要性调查分析

在协调政府和公民双方利益上，社会组织将有很大的发挥空间。基于这个想法，调查问卷特别设计调查公民对社会组织在新媒体公民参与过程中发挥作用的重要程度这一环节。从调查数据来看，认为社会组织将发挥重要甚至非常重要作用的公民占73.81%，认为社会组织发挥作用有限的公民占20%，只有6.19%的公民认为社会组织在新媒体公民参与过程中不能发挥作用。调查结果说明了大部分公民认为社会组织在新媒体时代公民参与中将有所作为，探索构建政府、公民、社会组织的“三位一体”多中心治理模式，将有可能是一条实现新媒体时代公民有序参与的科学框架。

（六）新媒体公民参与综合测评分析

表 5-4 新媒体公民参与综合测评调查

题目/选项	1	2	3	4	5	平均分
A1：政府提供了足够多的参与方式	28（13.21%）	38（17.92%）	94（44.34%）	36（16.98%）	16（7.55%）	2.88
A2：获取政府决策相关信息很容易	31（14.62%）	41（19.34%）	92（43.4%）	34（16.04%）	14（6.6%）	2.81
A3：我很乐意参与到政府决策中	7（3.3%）	21（9.91%）	85（40.09%）	53（25%）	46（21.7%）	3.52
A4：我具备参与决策的知识与能力	11（5.19%）	21（9.91%）	91（42.92%）	62（29.25%）	27（12.74%）	3.34
A5：我的意见不能影响政府行为和决策结果	12（5.66%）	22（10.38%）	77（36.32%）	44（20.75%）	57（26.89%）	3.53
A6：网络参与需要更健全的法律制度	9（4.25%）	8（3.77%）	37（17.45%）	57（26.89%）	101（47.64%）	4.1
A7：网络环境缺乏理性	11（5.19%）	10（4.72%）	54（25.47%）	74（34.91%）	63（29.72%）	3.79
A8：政府决策议题过于专业化，不利于我参与	12（5.66%）	31（14.62%）	95（44.81%）	43（20.28%）	31（14.62%）	3.24
A9：新媒体行业不规范，新闻容易失实	12（5.66%）	16（7.55%）	62（29.25%）	68（32.08%）	54（25.47%）	3.64
A10：我国网民的素质还不是很高	11（5.19%）	15（7.08%）	58（27.36%）	75（35.38%）	53（25%）	3.68
A11：社会组织、行业协会等能够在政府和公众之间起到作用	10（4.72%）	23（10.85%）	76（35.85%）	61（28.77%）	42（19.81%）	3.48

调查问卷最后用 5 级评分测评的方法，1-5 分别代表非常不赞同、不太赞同、一般、比较赞同到非常赞同，对我国新媒体公民参与现状进行综合打分。从表中加权平均值的数据来看，属于政府范畴的 A1、A2、A8 选项评分最低，说明政府在新媒体公民有序参与中发挥着核心作用，在参与渠道建设、政府信息公开、参与简便化上要做更多工作。属于公民范畴的 A3、A4 评分居中，“一般”及以上的公民比例达到 90%左右，说明公民参与意愿比较高。A6、A7、A9、A10 是对新媒体环境的测评，评分相对较高，说明大部分比较赞同新媒体空间法律制度不健全、网民素质不高、非理性参与偏多，新媒体

环境需要加强治理。

综合以上数据结果和数据分析，新媒体时代公民有序参与为公民参与社会治理提供了非常便捷的平台，但也由于新媒体自身环境的不规范，极容易导致公民参与的无序状态，带来很多潜在的危害，基本佐证了前面部分的理论分析。

第三节 新媒体时代公民有序参与的对策

新媒体为公民参与带来了很好的平台，但也由于各方面要素的不完善，新媒体也为公民参与带来了很大挑战，在政府单一权力核心向多中心治理不断发展的大背景下，实现新媒体公民有序参与，需要政府、公民、社会组织等各方协同合作。

一、完善公民有序参与基础平台

（一）加强政府信息公开

针对当下特点，应以重大事件处理、重要政策解读等信息发布为重点，建立基于新媒体的信息发布与互动机制，充分发挥政务网站、政务微博、政府微信公众号等在宣传、引导、沟通方面的积极功能，通过官方新闻发布会、媒体专访、专家解读等形式第一时间发布权威信息，及时引导舆论焦点并回应公众质疑，防止谣言的产生和扩散。当前，一些沿海发达城市政府信息公开力度逐渐加大，形成了“试点型”城市效应，可以鼓励更多的地方政府吸取成功的经验。

（二）健全新媒体参与相关制度法律

第一，广泛借鉴国外互联网先进治理法律制度条文，在大量调研我国新媒体领域特点的基础上，加以利用和创新；第二，研判现有法律制度的漏洞和缺陷，把原先条文中过于原则性而缺乏可操作性的条文具体化，对现有的法律制度进行修整完善、去粗取精；第三，根据新媒体领域的新特点、新问题制定新的规章制度，同时力求“想到前面”、不要“跟在后头”，对公民参与的行为进行明确界定，以规范公民有序地政治参与；第四，要真正落实有效的法律制度，有步骤地全面实行“网络实名制”，对禁止实行的媒体和个体依法依规进行严厉打击。

（三）提升政府媒介素养

首先，各级政府部门要更加重视新媒体平台，更加关注新媒体领域动向，及时响应公民的诉求，切实提高办事素养，用典型网络事件的高效优质处理提升政府的公信力。其次，各级政府部门要制定并完善网络突发事件应对预案，时刻监控网络舆情，组织定期人员培训，充分发挥各级党校、行政学院等干部培训机构的作用，通过课题研讨、事件模拟、交流互动等方式有针对性地提高政府人员处理网络事件的科学性、实用性。需要强调的是，在人员培训上要杜绝形式化，要在实效性上下功夫，制定系统化的培训方案，紧跟当前新媒体新形势、新特点，做到项目培训与长期培训相结合，采用以专家讲授、案例分析、仿真模拟交叉式教学模式，丰富教学内容，切实将培训的目的“落地”。

（四）完善新媒体公民参与渠道

一方面，针对当下主流的新媒体形式，如贴吧、博客、微博、微信等，将政府的声音和服务延伸到各个平台，为公民参与创造更多样化的服务；将专业化的语言逐渐平民化，降低公民参与的语言门槛。另一方面，要探索新媒体与传统媒体相结合的方式，如电视、报刊杂志与手机移动网络的结合，政府部门将相应信息在传统媒体上发布，手机用户可以通过“扫一扫”等方式进入相应链接进行投票、留言、问询等，既利用了电视超高普及率的优势，又发挥了新媒体便捷高效的特点，实现了新媒体与传统媒体的完美契合。

（五）努力消减“数字鸿沟”

政府要加紧实施“宽带中国”战略，保证资金投入和技术支持，争取按照原计划到 2020 年实现全国宽带网络基本覆盖，打通网络基础设施“最后一公里”，消减地域上显著的“数字鸿沟”，城市和乡镇人民共享新媒体公民参与的“盛宴”。加大对新媒体使用群体更高的年轻人的宣传力度，鼓励年轻人带动家庭中不同年龄阶层的成年公民，利用新媒体表达利益诉求，消减年龄上的“数字鸿沟”。打通渠道不是目的，还要加强宣传，引导新用户使用新媒体进行理性参与，表达自身诉求，维护自身权利。

二、优化公民有序参与的群众基础

（一）培养公民的理性参与意识

在培养公民理性参与意识的时候，不能只试图以强制性的法律和制度来钳制公民行为，应该多从教育和引导入手，用教育从根源上扭转公民的非理性意识。要大力加强公民意识教育，建立以学校、家庭和社会为主要阵地的立体教育网络。加强学校教育并配合学校教育，尝试宣传以家庭为单位的“言传身教”式的教育，以及以社区、企业为单位的社会教育模式，让公民都清楚地认识理性参与带来的利益和非理性参与带来的危害，多方努力营造良好的培养环境。同时，要通过经常性的公民参与实践来巩固教育的成绩，政府要积极提供渠道，引导公民参与实践，使其通过积极主动地参与实践，积累经验、提高技巧、体会效果，进而潜移默化的养成理性参与意识。

（二）培植引导民意的意见领袖

对于政府来说，引导或拥有自己的“意见领袖”，成为获取舆论引导权的重要抓手。新媒体，为“意见领袖”提供了更加便捷的公共空间，而“意见领袖”的优劣也左右着新媒体空间的规范性。首先，政府部门要规范、引导“意见领袖”的言论，采取约谈或集体座谈的形式，及时获取他们的想法，在用必要的法律和制度进行约束的同时，尝试达成一定的协议，共同维护新媒体环境的和谐稳定。其次，要培养政府自己的“意见领袖”，即在继续加强政府公信力、权威性的基础上，积极培养有正面形象、有一定社会影响力的政府人员成为“意见领袖”，探索运作机制，更主动地引导舆论动向。

三、匡扶公民有序参与的团体基础

（一）加强新媒体行业协会自身规范

作为互联网领域的社会组织，中国互联网协会成立于 2001 年，在互联网行业的规范上起到了很重要的作用。中国互联网协会这样的行业协会由于其行业优势、资源优势，可以更加轻松、有效地对整个行业进行规范和监督。政府部门要加强与行业协会的沟通协调，行业协会也要树立正确的价值观，同时起到监督政府部门和公民行为的作用，共同维护好新媒体环境，共创新媒体公民有序参与的良好局面。

（二）大力扶持组建有益的社会组织

社会组织相比公民个体具备更专业的知识和更丰富的资源，由不同的社会组织来代表相应利益诉求的公民群体，能够有效地协调各方利益、满足多元需求。一方面，政府要严格鉴别社会组织的形式，对于有益的社会组织要大力匡扶，而对于有不正当利益的社会组织要坚决取缔，在扶持与取缔的同时，间接地鼓励建设性的群体的发展，限制了不良组织的活动，将产生网络事件的隐患消灭在萌芽阶段。另一方面，政府要充分利用社会组织较强的信息获取、分析和传播能力，在政策、经费上给予支持，引导社会组织更多的代表各个阶层、领域的公民，在扩大政府信息收集的同时，也降低了政府发布信息和公民获取信息的成本。

第二编

新型城镇化战略与政府治理现代化

第六章 “流空间”与苏南新型城镇化

“流空间”作为一种信息时代的分析范式，有助于对新型城镇化背景下苏南区域治理展开透析。在苏南城镇群流空间中，基于城镇节点的引力与势能差，流网络在“需求—势能差—流动—区域一体化”过程中将中小城镇与中心城市纳入“水平与垂直分工”的城镇群体系。新型城镇化下苏南中小城镇的战略价值在于：它日益成为流要素双向对流的城乡一体化的空间平台。伴随场空间向流空间的变迁，行政流需与流空间内在逻辑相适应，破除传统行政梗阻，使行政流成为区域流空间一体化的加速器。

第一节 “流空间”：新型城镇化的新视角

一、从场空间到“流空间”

在信息时代，城市空间越来越被各种流所编织：信息流、人流、物流、信息流、技术流……，城市流与区域流正在重塑城市与区域空间结构。Arjun Appadurai 在 1991 年提出“全球流”，Appadurai 将全球化世界理解为一系列交织的流：人流、资金、技术流、信息流。“这些流在速递和强度上各不相同，且相互重叠，相互吸引、制约。它们会着陆，着陆地点就形成了网络节点。强的节点能够像磁铁那样作用，吸引一些流，同时排斥一些；

而相对弱小的节点作为登陆点不断被冲击”。[①] 美国地理学家乌尔曼提出“空间相互作用”[②]（spatial interaction）乌尔曼引入了三个关键性词：互补性（complementarity）、干扰机会（intervening opportunity）和可转移性（transferability），[③] 只有当存在互补性、干扰机会和可转移性的条件，才会产生空间相互作用。

卡斯泰尔[④]（Castells）在其代表著作《信息化城市》中提出“流空间”，随后，他在《信息时代三部曲》中的《网络社会的崛起》对“流空间”与信息化城市展开进一步深入研究。卡斯泰尔（Castells）的研究范式经历了双重转变：在20世纪70年代，由欧洲经典社会学范式转变为唯物认识论社会批判范式；在1980年代初期，卡斯泰尔转向了信息社会学的研究。卡斯泰尔基于大量案例，探讨了流网络对城市与区域带来的影响，并提出了一系列建设性建议。在Castells的“流空间”理论体系中，现代社会“流空间”超越“场空间”，“在信息和技术范式双重作用下，时间和空间都发生了转变。……把这些观察到的趋势在新的空间逻辑下予以合成，这种新的空间逻辑被我称为‘流空间’。我把这种逻辑与一种历史的，根植于我们通常经历的空间组织—地方空间对应起来。”[⑤]“流空间”与场空间这两者既存在着联系，也存在着区别（参见表6-1）。

---

① Bell D. Cyberculture Theorists - Manuel Castells and Donna Haraway. London and New York: Routedge, 2007: 78.

② R J 约翰斯顿．人文地理学词典［M］．北京：商务印书馆，2004：587-591.

③ 互补性是指两地之间如果要发生相互作用就必须存在的供需状况。只有当一地有某种要素而另一地需要该要素时，两地间的相互作用才会发生。当存在特定互补性替代物和更相近源地时就存在干扰机会。干扰机会是吸收具有互补性的两地间潜在相互作用的空间“海绵”。可转移性是指以金钱或时间来衡量的把货物或其他事务从一地转移到另一地的成本。

④ 卡斯泰尔是当代世界上信息化、城市化研究领域中最为杰出的代表之一。1972年出版的第一本专著《城市问题》曾被转译成10多种语言，成为世界范围内城市社会学研究的经典著作。他通过对法国、西班牙、拉丁美洲和美国加利福尼亚的田野调查而做的有关城市社会运动和社区组织的比较研究，不仅使他获得了1983年赖特·米尔斯奖（c. wright mills award），而且还被学界誉为“新城市社会学”创始人。

⑤ Castells M. M. The Rise of Network Society. Cambridge, MA: Blackwell, 2000: 112.

表 6-1 “场空间”与“流空间”

比较	场空间	流空间
体系	单一向心结构	多维点轴体系
空间逻辑	地方性场域	超越行政区划的网络结构
联系机制	垂直、等级	扁平、集聚机制、扩散机制
时间	静止时间	时空压缩
流要素	人流、物流、资本流	信息流、人流、物流、资本流

Castells 以“流空间”作为新视角解析信息化城市，“流空间之所以被称作流空间，是因为流不仅仅是社会组织的一个要素而已，它甚至能够支配我们的社会经济活动，这些流包括信息流、资金流、技术流和符号的流动，当然更包括我们最熟悉的人流和物流。流支配物质、时间共享、双重的城市空间”。① 如何将城市场空间和新的流空间相连接？卡斯泰尔认为这需要在经济、政治与文化三层面把社会发展和空间规划进行结合。

二、网络化的流空间

流空间呈现网络化，流空间主要由信息流网络、人流网络、物流网络、资金流网络和技术流网络构成。流网络是一系列的点（points），中心（hub），节点（nodes），通过不同形式的流连接在一起，其中，信息流对其他形态的流起到引导和整合作用。城市则成为基于流的经济与社会实践活动的容器。那些发生复杂过程的节点就是全球城市，全球城市是流空间的中心，“全球城市不是一个地方，而是一种过程”②。

流空间主要包括三个层次：第一层次为技术性基础设施网络。流空间由一个互动网络组成，金融市场、商业服务、娱乐、新闻媒体都可组成一个特定网络。第二层次为节点、枢纽与网络。节点是流网络的中转站。枢纽组织着各种流交换。节点和枢纽依赖网络而存在，其行为依赖于网络位置。第三层次为虚拟空间。在信息时代，流空间取代传统场所空间，形成新的信息空间结构。信息时代下城市发展呈现新的空间形态：信息城市（information city）、数字城

① Castells M. The Rise of Network Society. Cambridge，MA：Blackwell，2000：132.

② Castells M. The Rise of Network Society. Cambridge，MA：Blackwell，2000：92.

市（digital city）、虚拟城市（virtual city）、新信息空间（new information spaces）①。新的信息发展模式也衍生新型空间组合：网络城市（network city）。凯尼斯．科锐（Kenneth E. Corey）把这种基于信息网络技术推动而产生的城市集合体称为“智能走廊”（intelligent corridors）②。流不是单向或双向线型结构，而是或实体或虚拟的网络结构。无所不至的流网络缩短了传统场空间的时空距离，使城市与乡镇加速融入区域一体化。

三、基于“流空间”的城市群实证研究

“流空间”提供了信息时代城市（群）治理的理论视角。英国拉夫堡大学的全球化与世界城市（GaWC）研究小组、欧洲多中心巨型城市区可持续管理研究团队（Polynet）运用流空间理论，展开对欧洲城市群区域的实证研究。GaWC（Globalization and World Cities Study Group and Network）小组将“流空间”应用于世界城市网络分析。③ Polynet（欧洲多中心巨型城市区域可持续发展管理）（Sustainable Management of European Polycentric Mega-City Regions）在已有的研究基础上，主要研究欧洲英格兰东南部、巴黎地区、莱茵—美因区、莱茵鲁尔区、比利时中部、瑞士北部、荷兰兰斯塔德及大柏林地区等欧洲八大城市群的网络结构。项目基于大量数据，以“流空间”为视角，对各城市群节点之间的交通流、通勤流和电信流展开分析，检验了项目的基本假设：欧洲八大城市群，随着人口及工作岗位逐渐离开中心城市，小城镇之间的联系越来越密切，欧洲城市群的多中心趋势日益显著。④

在“流空间”驱动下，世界各国城镇化的空间发展主要包括四种类型：内部重组、连续发展、跳跃发展和就地发展。⑤ 第一，内部重组，在城镇建成

① War. F. Barney，“Telecommunications and the changing geographies of knowledge transmission in the late 20th century”，Urban Studies，1995，32（2）：361.

② Kenneth E. Corey. “Intelligent corridors：outcomes of electronic space policies”，Journal of Urban Technology，2000，7（2）：22.

③ Taylor P. J. . Specification of the world city network［J］. Geographical analysis，2001，33（2）：181-194.

④ 徐江．多中心城市群：POLYNET 引发的思考［J］．国际城市规划，2008（1）．

⑤ 李强．中国城镇化推进模式研究［J］．中国社会科学，2012（7）．

区范围内，对城镇用地进行功能置换和空间整理，以提高城镇发展水平。第二，连续发展，以现有城市为依托，推动城市空间不断向外扩展。第三，跳跃发展，在城镇范围以外的农村地区，相对独立地进行城镇化发展。第四，就地发展，乡镇和村庄通过自身发展，促进产业升级，增加农民收入，改善农民生活，在本地实现城镇化。

四、流空间与苏南新型城镇化

新型城镇化是传统城镇化的扬弃与发展。十八大报告指出：坚持走中国特色新型工业化、信息化、城镇化、农业现代化道路，推动信息化和工业化深度融合、工业化和城镇化良性互动、城镇化和农业现代化相互协调，促进工业化、信息化、城镇化、农业现代化同步发展。在党的十八大提出的“新四化”蓝图中，新型城镇化成为联结和推动新型工业化、信息化、农业现代化的核心和枢纽。

新型城镇化以城乡统筹、节约集约、生态宜居、以人为本为核心理念，实现城乡基础设施一体化和公共服务均等化，促进经济社会发展，实现共同富裕。苏南作为城镇集群区域，是苏南模式发源地与新苏南模式发育地，城镇化走在江苏省乃至全国前列。在新型城镇化国家战略下，苏南如何适应新的制度环境，通过进一步制度创新获取制度红利，成为一个学术与区域发展共同面临的现实命题。

在新型城镇化背景下，市场这只看不见的手构成了区域发展的源动力。基于市场所衍生的“区域流”推动下，苏南空间结构正由场空间转向“流空间”。“流空间”作为一种信息时代的分析范式，有助于对新型城镇化背景下苏南区域治理展开透析，为苏南区域制度创新提供启示。

第二节　流空间驱动苏南新型城镇化

一、苏南区域流：势能差、聚集、扩散、流向

卡斯泰尔（Castells）预测：集聚的大都市连绵区将成为21世纪最具代表性的城市形态，世界将出现若干“巨型城市”（Megacity）为核心的城市群区域。随着城市群一体化，区域经济联系日渐紧密，城市间人流、物流、技术流、信息流和资金流在城市群区域日益快速对流，形成“区域流”。“区域流”是城市间的人流、物流、技术流、信息流和资金流的集合体。“在城市群经济空间系统中，不同城市在空间位置和质量方面的区位势能及转移动力方面的差异，客观上为各种空间要素在城市群网络中的流动提供了动力，要素流在空间整体上体现出‘差异—需求—流动—地域—体化’的过程与形式”。① 城市群一体化治理兴起，是“区域流”对流日益密集的经济结果。

基于信息流、人流、物流、信息流、技术流的流网络通过集聚与扩散正超越“场空间”，重塑城市群空间网络。城市群如同一张网络，人、财、物、信息这些要素在网络各节点之间涌动，形成了“流的空间”（space of flow）。在各种流中，信息流最为重要，可对人流、物流、资金流进行重组、影响和制约。信息化技术所支撑的“流空间”，将强化区域要素之间的相互作用。“流空间”所构建的信息网络将弥补场空间的不足，提升空间网络的互动强度和深度。

在区域发展不同时期，流网络呈现不同流向，往往经历了“极化”与“扩散”两个阶段。在发展初期，区域中心城市倾向于汲取区域的人才流、资金流、能源流、技术流。在城市发展过程中，中心城市通过极化效应，集中了区域各种优势资源要素。但是，当区域中心城市发展到成熟阶段，随着城

① 王伟．中国三大城市群经济空间宏观形态特征比较［J］．城市规划学刊，2009（1）．

市规模扩张，“大城市病”凸显，中心城市开始对周边区域进行城市功能疏解。

在区域流聚集与扩散机制双重作用下，苏南区域一体化程度不断提升，逐渐形成密集而有机联系的苏南城镇集群，“正是通过城市群内部不同等级城市的集聚和扩散作用，把城市群内各城市紧密地联系在一起，构成合理的城市发展体系、产业发展体系、技术扩散体系、市场组合体系和功能分布体系”。①

在城市群经济空间系统中，各城镇节点的引力与势能不同，形成势能差，进而引发“需求—势能差—流动—区域一体化”过程。有学者以对苏南、苏北、苏中三个区域，进行新型城镇水平的指标测量与比较，进而认为：江苏省新型城镇化发展在空间上呈现由南向北逐渐减弱的趋势。在经济质量、基础设施、人民生活水平方面苏南高于苏中，苏中高于苏北；而在公共服务能力方面，呈现出苏南高于苏北，苏北高于苏中；在景观环境方面，苏南与苏北相近。苏南在经济质量、基础设施、人民生活、公共服务、景观环境五个方面均处于领先地位，而苏中在公共服务、景观环境方面相对较弱，苏北在经济质量、基础设施、人民生活方面相对较弱。② 因此，在新型城镇化建设过程中，苏南应发挥辐射功能，强化对苏中、苏南地区的经济要素扩散。

在信息技术编织的“流空间”中，区域空间扩散方式正发生根本转变，近距扩散、等级扩散、城乡两元化扩散的强度减弱，跳跃性扩散、一体化扩散、区域扩散、全球扩散的强度不断增加。

二、苏南城镇网络：结构、优化、双向城乡一体化

“流空间”打破了传统场空间，区域资源要素在流空间中重新组织。苏南区域“流空间”主要包含四个基本要素：流、节点、伸展轴，网络。苏南城镇集群的空间演变是“点—线—面”系统逐步完善的过程。不同规模的城市

① 国家发改委国地所课题组．我国城市群的发展阶段与十大城市群的功能定位［J］．改革，2009（9）．

② 何忠祥．基于空间自相关的江苏省县域新型城镇化水平分析［J］．江苏师范大学学报（自然科学版），2013（4）．

“节点”是城市群地域结构形成、演化的动力源。连接各“节点”的交通网络构成区域流（人流、物流、信息流、资金流）的传输线。在区域发展轴的基础上，逐步填充发展轴间发展空间，而形成区域生长面。

城市群内的“区域流”不断对流，人流、物流、技术流、信息流和资金流等生产要素所构成的区域流越来越紧密，如同一只“看不见的手”，将各城市拧为一个整体。流的演进过程形成城市群空间变迁过程。“城市群形成过程是城市空间扩展过程，城市群空间发展经历了多中心城镇膨胀阶段、城市空间定向蔓生阶段、城市间的向心与离心扩散阶段和城市连绵区内的复合式扩展阶段”。① 流的强度与方向不同，进而塑造了多元城市群网络。

苏南城镇体系呈现“点—轴—团块”分布，城镇沿交通轴线聚集，形成了沿沪宁铁路、长江沿岸、江南运河沿岸、沿江公路、锡澄—锡宜公路等城镇密集网络。沪宁交通轴分布着：昆山、苏州、无锡、常州；江南运河沿线分布着：吴江、吴县、苏州、无锡、常州；沿江公路分布着太仓、常熟、张家港、江阴；锡澄—锡宜运河分布着江阴、无锡、宜兴与溧阳。苏南城镇化过程在一定程度上是地方政府主导下“集聚与扩散”的过程，在此过程中，城镇的影响范围与行政等级之间也存在对应关系。城镇等级越高，基础设施规模越大，从而形成地级市—县城—县属镇—集镇—村落的分化结构。

西方用“urbanization”来表述“城市化”，而中国选用“城镇化”与“新型城镇化”概念，“城镇化”与“城市化”的最大区别在于“镇。”新型城镇化的显著特点在于城镇联动，中心城市和小城镇在“流空间”中构成有机整体。苏南城镇密集，“小城镇城市化”是苏南城市化的独特现象，中小城镇处于城市与乡村两元结构交界处。若脱离了城市群体系，中小城镇就会呈现“孤岛效应”。费孝通先生认为“小城镇的出现可使城市和广大农村之间布下相互交流的众多节点，把城乡有机衔接起来”。② 在苏南区域空间中，中小城镇应融入城市群系统，凸显自身级差地租和人力资源优势，将自身“编织”进入区域“流空间”。

---

① 张京祥．城镇群体空间组合［M］．南京：东南大学出版社，2000：71.

② 费孝通．费孝通论小城镇建设［M］．北京：群言出版社，2000：87.

在新型城镇化下，中小城镇的战略价值在于：它日益成为双向城乡发展一体化的平台。苏南作为“苏南模式”的发源地，工业化和城镇化取得了显著成就，但是，城乡两元结构对新型城镇化形成梗阻效应。传统城镇化下，城乡发展一体化主要体现为单向一体化，主要表现为农村要素向城市的集聚和流动。“推—拉”理论构成一种解释农村人口向城镇迁徙的一个重要理论，雷文斯坦（E. Ravenstien）、李斯特·赫勃拉进一步完善了“推—拉”理论。新型城镇化下苏南城乡一体化过程并非单向聚集，而是双向互动。流空间是基于区域流的无缝与均衡的空间网络，流网络超越城乡分割的两元结构，促进实现城乡一体化。苏南城镇成为城乡要素双向流动与融合的平台。城市与乡村不是单向流动，而是相互建构，在相互建构中，城乡形成互为条件、循环往复的依存关系，最终实现城乡融合。苏南等发达地区的城乡发展一体化以中小城镇为平台，已呈现单向城乡一体化向双向城乡一体化转化的趋势，通过城乡要素的双向流动，逐渐实现城乡空间一体化—城乡市场和产业一体化—城乡经济社会发展一体化。

总之，在苏南城镇集群系统中，基于城镇节点的引力与势能差，流网络通过“需求—势能差—流动—区域一体化”的过程，将中小城镇与核心大都市纳入“水平与垂直分工”的城市群体系。从水平尺度来看，城镇群群构成不同规模、不同类型之间相互联系的城市平面集群；从垂直尺度来看，构成不同等级、不同分工、不同功能相互补充的城市网络，两者之间交互作用使规模效应、集聚效应、辐射效应和联动效应达到最大化，在城镇群网络中，大中小城镇形成“结构有序、功能互补、整体优化”的网络体系。

三、流网络的空间梗阻

在信息时代的区域流空间，城市与区域治理不再屈从于工业时代的传统管理方式。在区域流空间中，各种流凭借着信息网络，快速、低廉、高效地流动、集聚与扩散。城市群流空间存在着不以主观意志为转移的客观规律，当城市之间的“城市流”日益密切，城市流的能量必然以这样或那样的方式，冲破行政区经济阻隔，拓展城市空间，形成跨城市区域治理格局。伴随场空间向“流空间”的变迁，行政流需与流空间内在逻辑相适应，破除传统行政网络的梗阻，通过区域治理创新，使行政流成为流网络的加速器。

“行政经济区”以行政区域为单元组织经济活动，这是一种场空间结构，阻碍了“区域流”的对流。“行政区经济”是“由于行政区划对区域经济的刚性约束而产生的一种特殊区域经济现象，是中国从计划经济体制向市场经济体制转轨过程中，区域经济由纵向运行系统向横向运行系统转变时期出现的，具有过渡性质的一种区域经济类型”。① “行政区经济”导致地方政府从行政区利益出发，各自为政，主要体现为：要素市场分割化、地方政府企业化、经济同构化、资源配置等级化。针对行政区经济格局，陈瑞莲（2002）提出：行政区行政要转向区域公共治理。针对行政区经济现象，有学者提出建立跨区域综合协调机构、跨区域的专项协调机构和交流机制（刘君德等）。城市增长联盟（urban growth coalition）和城市政体（urban regime）等相关学术概念被引入研究。

苏南区域并不存在一个区域政府，是由三个城市行政区所构成的一个经济版块。在新型城镇化下，如何协调与系统化？这需要苏南由城市治理转向区域治理，发挥区域整体优势，进一步对区域基础设施建设（包括交通、通信、信息、社会服务体系等）、产业布局、城镇建设进行统一规划、合理布局，促进城镇间、城乡间的人才、资金、物质、技术、信息的流通，从而建成分工合理、合作紧密、高融合度的一体化区域。

苏南既是一个相对独立的发展区域，也是长三角城市群的中心区域，上海、南京、杭州以及苏北地区的发展，也对苏南区域发展产生重大影响。从长三角的发展态势来看，上海对苏南区域空间重组正发挥着越来越大的影响，东西向构成苏南区域内部经济联系和对外经济联系的主轴。随着区域一体化向广度与深度扩展，为满足区域流的对流需要，城市群区域积极探索区域协同治理机制，探索主要包括两种类型。第一种类型为自下而上方式，城市政府通过自愿合作方式，探索城际间协作机制。城市群制度创新形式包括：城市间联席会议、城市间论坛、城市联盟、城市合作委员会等方式，以实现城市群经济社会协同发展。第二种类型体现为自上而下方式。中央政府自上而

① 舒庆，等．一种奇异的区域经济现象—行政区经济［J］．战略与管理，1994（5）．

下地主导区域规划与治理。区域治理机构拥有一定决策和规划权，掌控一定金融工具，并下设相关专业或综合职能管理结构。以长三角城市群协同机制来观察，长三角区域通过不断探索，形成了以“三级运作、统分结合”的协同机制框架结构。在区域融合过程中，各城市群形成各种形式的行政区划变革与创新，以提升城市群竞争力。

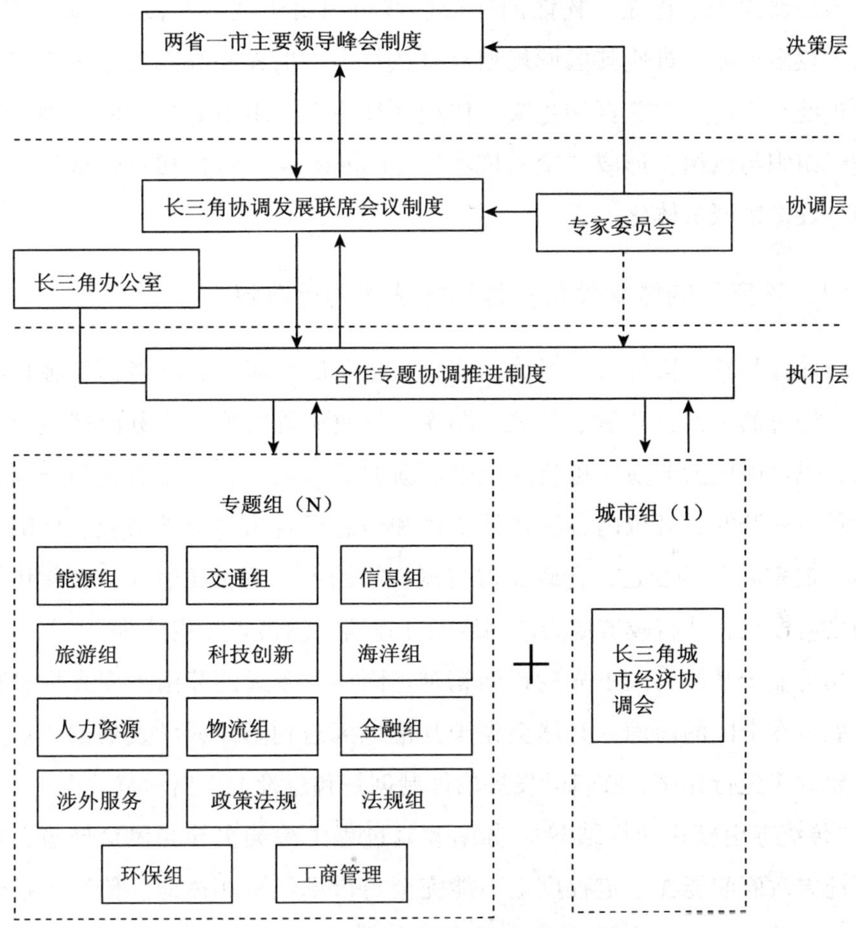

图 6-1 长三角区域协同治理机制①

相对于长三角一体化，苏锡常三市同属江苏省，相对更容易从省域层面展开区域协调，在苏南区域轨道交通、区域公共产品供给、区域公共服务形

① 姬兆亮．区域政府协同治理研究——以长三角为例［D］．上海：上海交通大学，2012.

成一体化协作，进一步推进苏南都市圈一体化。从世界经验来看，新区域主义、传统区域主义、巨人政府论、多中心主义、复合治理从不同视角给出答案。区域协调组织的权能结构各异，既存在着权威性的区域权力中心，又存在松散的地方政府联合体；既有以单一职能为主的区域协调组织，又有以综合职能为主的区域协调组织；既有官方性质、半官方性质，又存在非官方性质区域协调组织。但是，松散的区域协调组织由于缺乏权威性、缺乏法律、财政、权限保障，难使其区域规划具有执行力。世界经验需要基于苏南区情进行过滤与重构，对新区域主义、传统区域主义、多中心主义的各种合理因素进行组织与重组，形成“交易成本”（transaction cost）相对较低的本土化对策，促进区域一体化。

四、流空间的体制梗阻：作为加速器的行政流

行政流是政府实施行政行为的流程，是政府为履行其职能而实施行政行为时所经过的一系列步骤、形式、顺序。行政流既可能成为苏南区域流的助推器，也可能成为苏南区域流的梗阻。新型城镇化是在信息时代与全球化时代背景下展开的，区域内各种经济要素和信息可自由高效地对流。伴随场空间向“流空间”的变迁，行政流需与流空间的内在逻辑相适应，破除传统行政网络的梗阻，使行政流成为流网络的加速器。洪银兴教授认为：“苏南模式的成功得益于其敢为天下先的创新精神。同样，今天的苏南人率先推进现代化发展走在全国的前面，必然会先于其他地区遇到阻碍科学发展的矛盾。苏南人要敢于先行先试，在科学发展的体制创新和建设上作出示范。”①

“传统苏南模式的终结”②、苏南改制过程中精英主导与民众缺位，皆证明了地方政府职能在一定程度上不能完全与市场经济相适应。传统审批经济模式下，政府处于社会资源配置的垄断地位，运用审批权力构建市场结构，难以形成市场资源地有效率配置状态，导致审批成本高昂，审批绩效低下。行政审批使投资者望而却步，使市场经济蜕变为“政府管制型经济”。“随着

① 洪银兴. 率先迈步现代化 经典时刻看苏南［N］. 新华日报，2013-06-03.

② 新望. 苏南模式的终结［M］. 北京：生活·读书·新知三联书店，2005：1.

苏南区域经济发展，市场经济所衍生的生产与交换自由秩序的形成，政府权力运行范畴与程序日益受到政府培育的‘自生自发秩序’的反约束。这就要求进一步的制度变迁，改革阻碍生产力发展的政府体制”。

新型城镇化内生性地产生制度需求，要求区域治理创新。在苏南政府体制改革过程中，行政审批体制改革构成重塑行政流的切入点。在全球化环境下，跨国公司根据区域投资环境可以随时将生产转移到法律透明度高、市场机制完善、审批高效的区域。这种“用脚投票”的微妙方式迫使区域地方政府改革传统审批经济制度，从管制审批转变为服务审批。健全完善的投资环境是衡量区域投资环境的重要尺度。在新型城镇化下，苏南应进一步放松和取消各种进入限制，清理并减少行政性审批事项，建立公开透明的行政审批制度，营造有效率、公平竞争的市场环境。一方面，行政审批制度改革通过大量削减行政审批事项，打破行政性垄断，允许市场主体的自由进入和退出，降低交易成本，能激活市场经济的活力。另一方面，行政审批制度改革推行一站式服务，简化审批程序、缩短审批时限，改善区域投资环境，最终提升区域经济竞争力。流空间下的治理模式中，“公共机构的职能更像当今和早期市场中的促进者、经纪人、种子资本家而不是起具体货物或劳务的大批量供应商的作用”。①

在新型城镇化背景下，江苏省昆山市张浦镇在乡镇层级实行集中行政许可、非行政许可审批，重塑行政流程。一是集中办理。组建实体化的镇便民服务中心，统一受理、集中办理包括派驻机构在内的行政许可、非行政许可审批及公共服务事项。二是“一站式”组团服务。三是人员统一管理。镇便民服务中心不仅代表镇政府集中行使张浦镇承接的审批及公共服务事项，它还是一个实体机构，其工作人员与原单位脱钩，不存在隶属关系，统一划归便民服务中心管理。这种方式不仅有利于分工合作，而且提升了行政效率。

---

① ［美］戴维．奥斯本，特德．盖布勒．改革政府——企业精神如何改革着公营部门［M］．上海：上海译文出版社，1996：262.

结　语

“流空间”成为信息时代城市群治理的一种理论范式。基于信息流、人流、物流、信息流、技术流的流网络正重塑苏南城市群空间网络。在苏南城市群流空间中，基于城镇节点的引力与势能差，流网络在“需求—势能差—流动—区域一体化”过程中，将中小城镇与大都市纳入“水平与垂直分工”的城市群体系。

流空间是基于区域流的无缝与均衡的空间网络，流网络超越城乡分割的两元场结构，促进实现城乡一体化。在新型城镇化下，苏南中小城镇的战略价值在于：它日益成为双向城乡发展一体化的平台。

伴随苏南空间由“场空间”向“流空间”变迁，行政体制需与流空间的内在逻辑相适应，破除传统体制梗阻，通过行政流程重塑使行政流成为区域流空间的加速器。

第七章 城市社区公共安全治理与指标体系构建

党的十八届三中全会《决定》指出，全面深化改革的总目标是“完善和发展中国特色社会主义制度，推进国家治理体系和治理能力的现代化”。在实现这一目标的过程中，如何衡量治理体系和治理能力的现代化程度是一个重大课题。目前诸多国际机构已编制了多种治理评价指标体系，如世界银行“世界治理指标”、联合国开发计划署“世界治理评估”、奥斯陆治理中心“人权与民主治理指标”等；国内学者也展开了卓有成效的探讨，如俞可平“中国治理评估框架”、包国宪“中国公共治理绩效评价体系”、天则研究所“中国省会城市公共治理评价指标体系”等。然而，这些宏大的测量体系往往忽视各地经济、文化或社会差异，难以反映治理实践的复杂性，而且测量过程困难重重，因而大多仅停留在概念探讨阶段。在公共安全问题日益突出的今天，人们逐渐意识到，有效的社区公共安全治理是保障公共安全的重要手段。从国家治理视角出发，构建针对性的社区公共安全治理指标体系，既有助于提高城市社区公共安全治理水平，也可为国家治理现代化相关研究提供基础。

在经济转轨、社会转型与新型城镇化快速发展背景下，各类公共安全问题频出且集中在城市社区。在国家治理现代化背景下，依照“系统、依法、综合、源头”的原则，构建城市社区公共安全治理的“资源—能力—协作治理”理论框架，强调三者耦合是实现良好治理的必要条件，并初步构建起城市社区公共安全治理评价指标体系。

第一节　城市社区公共安全治理

一、城市社区公共安全治理是国家治理的有机组成部分

（一）国家治理体系和治理能力的深刻内涵

习近平指出："国家治理体系是在党领导下管理国家的制度体系，包括经济、政治、文化、社会、生态文明和党的建设等各领域体制机制、法律法规安排，也就是一整套紧密相连、相互协调的国家制度"。① 可见，国家治理体系本质上是为促进国家经济、政治、文化、社会、生态、党建等各领域全面发展而制定的一系列制度。从广义视角看，国家治理体系是"根据什么理念、采取怎样的制度安排和具体的技术手段"来治理国家的一个综合体系，是一国在自身文化传统和价值观念目标影响下，为其集体行动所采取一系列政治、经济等制度安排和具体技术手段。② 无论持何种视角，制度体系都是国家治理体系的重要组成部分。国家治理能力则是指运用国家治理体系中各项制度管理国家、政府、社会等各方面事务的效率和效果，体现在稳定政治、促进经济、提供公共服务等各个方面。也有学者认为，国家治理能力实则就是国家制度供给能力，而非制度执行，但其主要目的是讨论国家治理与制度建设间关系，并未对治理体系和治理能力进行严格区分。③ 由此可见，国家治理能力高低既取决于国家治理体系完善程度，又取决于治理主体资源禀赋和自主性；反过来，国家治理体系现代化建设也有赖于国家治理能力的提升，二者相辅相成。

在庞大的国家治理体系中，社会治理无疑是不可或缺的组成部分，社会治理好坏直接影响国家治理水平。在国家治理语境下，社会治理是以实现和

---

① 习近平．切实把思想统一到党的十八届三中全会精神上来［EB/OL］．新华网，2013-12-31.

② 宣晓伟．国家治理体系和治理能力现代化的制度安排：从社会分工理论观瞻［J］．改革，2014（4）：151-159.

③ 燕继荣．现代国家治理与制度建设［J］．中国行政管理，2014（5）：58-63.

维护群众权利为核心、发挥多元治理主体的作用，针对社会问题完善社会福利，保障改善民生，化解社会矛盾，促进社会公平，推动社会有序和谐发展的过程。① 因此，就治理对象和内容范畴而言，国家治理不仅包含社会治理，而且规定和引领社会治理，社会治理则在社会领域实现国家治理要求和价值取向。② 而在社会治理中，公共安全治理又是重中之重。因此，国家治理的原则、思路同样适用于公共安全治理。

（二）城市社区公共安全治理的紧迫性和复杂性

安全需求是人类仅次于生理需求的第二大需求，也是满足社交需求、尊重需求和自我实现需求等其他需求的基础；③ 广义上的公共安全是指不特定多数人的生命、健康、重大公私财产以及社会生产、工作生活安全，它包括整个国家、社会和每个公民一切生活方面的安全；狭义的公共安全则与损失预防（如消防、安防等）和犯罪预防相关的公共安全，与公安机关工作直接相关。④《国家中长期科学和技术发展规划纲要（2006—2020年）》也指出，公共安全是国家安全和社会稳定的基石，确保公共安全是全面建设小康社会的根本保障。进入新世纪以来，恐怖主义、流行病、环境污染、重大自然灾害及食品药品安全等公共安全问题频发，严重威胁人们的生命、财产安全，影响人们正常的生产、生活秩序和幸福感，甚至会引发大规模社会动荡，影响国家和地区稳定。

作为巨大的生产生活共同体，城市社区各种生产要素（劳动力、土地、住房、资本、文化、科技等）高度密集且相互交织，成为复杂社会网络系统中的重要单位和节点。正是由于社区人口、资源高度集中，社区也成为城市灾害集中爆发地带。近20年来，仅自然灾害全球受灾死亡280多万人，受影响者8.2亿人，其中75%以上在城市地区。2011年中国内地城市化率首次突破50%，达到了51.3%，中国城市化进入关键发展阶段，城市安全隐患也随

① 姜晓萍．国家治理现代化进程中的社会治理体制创新［J］．中国行政管理，2014（2）：24-28.

② 王浦劬．国家治理、政府治理和社会治理的基本含义及其相互关系辨析［J］．社会学评论，2014（3）：12-20.

③ ［美］亚伯拉罕·马斯洛．动机与人格［M］．许金声译．北京：中国人民大学出版社，2007：19-22.

④ 杜海峰，张楠，蔡萌．社会计算及其在公共安全集群行为研究中的应用：进展与展望［J］．现代财经（天津财经大学学报），2014（5）：84-92.

之加重，频发的道路交通事故、医患纠纷、校园砍杀事件和自杀等现象都无不昭示城市社区公共安全治理的重要性。

从治理的角度看，城市社区公共安全治理可以被认为是为保护公共安全，包括政府在内的公共部门，运用政治、法律、经济等手段，及时发现或消除各类风险，对社区公共安全事件进行管理，同时提高自身安全管理、危机处理能力的行为。城市社区公共安全治理是一个复杂系统，牵涉到公安、卫生、民政等各政府部门及社区居民、NGO之间的高频互动。所谓复杂系统，是指各部分之间存在密集相互作用的系统。根据这一定义，影响系统复杂性的关键因素是其组成部分之间的交互密度而非组成部分的数目，一个构成简单的系统也可以表现出极度复杂性。① 复杂系统往往具有非均匀性、非线性性、自适应性、网络性等特点，某一部分的微小改变就可能引起巨大而难以预测的后果，导致系统状态剧烈改变。② 在城市社区公共安全治理中，由于专家或政策制定者掌握的信息与实际情况存在偏差、随机因素众多等原因，层级式的政策制定和执行体系往往难以达到预期效果。对城市社区公共安全治理进行科学评价，必须抓住复杂性这一特点，从国家治理高度加以把握。可以说，城市公共安全治理是国家治理现代化进程中不可忽视的一环，如何保证城市社区公共安全是一个亟待解决的问题。

二、城市社区公共安全治理指标体系述评

1989年世界卫生组织（WHO）提出“安全社区”的概念，从指出“任何人都享有健康和安全的权利”以来，世界范围内关于安全社区建设与评价的研究迅速升温。由于不同国家和地区安全社区建设方式有所不同，世界卫生组织在2002年“国际安全社区六条标准”的基础上重新制定了七条准则，用以指导安全社区评定，对儿童安全、老年人安全、居家安全、公共场所安全、学校安全、体育运动安全、交通安全、涉水安全、工作场所安全、医院安全和大学安全等11个领域提出了具体指标（表7-1）。Lindqvist等人利用

① Axelrod, R., & Cohen, M. D. Harnessing complexity: Organizational implications of a scientific frontier. New York: Free Press, 1999.

② 刘曾荣，李挺．复杂系统理论剖析［J］．自然杂志，2004（3）：149-151.

WHO 指标评估了一系列伤害预防和安全促进项目的效果，发现实施儿童伤害预防项目的社区儿童伤害风险显著下降；① 社区安全项目可以成功降低交通事故发生率和无工作家庭的家庭伤害发生率②。然而，Spinks 检验了这些指标（不包括第 4 条）与伤害预防的关系，结果发现被认定为安全的社区和整体人群伤害率改变之间并没有一致关系。③ 因此，对于 WHO 安全社区指标的有效性目前并没有形成统一看法。

表 7-1 WHO 安全社区指标

（1）一个基于伙伴关系与合作的基础设施，由跨部门合作的组织机构领导，负责安全促进活动；
（2）有长期、持续、能覆盖不同性别、年龄的人员和各种环境及状况的伤害预防计划；
（3）有针对高风险人员、高风险环境，以及提高脆弱群体的安全水平的预防项目；
（4）有基于现有证据（evidence-based）的项目；
（5）有记录伤害发生频率及其原因的制度；
（6）有评估安全促进项目、工作过程、变化效果的评价方法；
（7）积极参与本地区及国际安全社区网络的有关活动。

资料来源：WHO. Indicators for International Safe Communities［EB/OL］. 2012-01. http：//www. phs. ki. se/csp/who_ indicators_ en. htm.

国家安全生产监督管理总局 2006 年编制的《安全社区建设基本要求》中认为，安全社区包括 12 项基本要素，即具有安全社区创建机构、信息交流和全员参与、事故与伤害风险辨识及其评价、事故与伤害预防目标及计划、安全促进项目、宣传教育与培训、应急预案和响应、监测与监督、事故与伤害记录、安全社区创建档案、预防与纠正措施、评审与持续改进等。④ 中国职业安全健康协会依据上述要求制定了《全国安全社区现场评定指标》，针对每个指标确定了若干二级指标用以指导安全社区评定。

国内也有学者利用主观问卷调查或客观数据采集等方法探讨了城市社区

① Lindqvist K，Timpka T，Schelp L，et al. Evaluation of a Child Safety Program Based on the WHO Safe Community Model［J］. Injury Prevention，2002（1）：23-26.

② Lindqvist K，Koustuv D. Impact of Social Standing on Traffic Injury Prevention in a WHO Safe Community［J］. Health，2012（4）：216-221.

③ Spinks A，Turner C，Nixon J，et al. The WHO Safe Communities Model for the Prevention of Injury in Whole Populations［J］. Cochrane Database of Systematic Reviews，2009（3）：1-29.

④ 国家安全生产监督管理总局 . 安全社区建设基本要求［S］. 北京：国家安全生产监督管理总局，2006.

公共安全治理评价体系问题。“北京社会治安综合评价体系”课题组从社会治安评价和小区治安评价两个方面，围绕北京市居民对社会治安状况的主观感受与评价这一主题，发现居民对公共安全的评价与对小区治安的评价两者高度相关，警察可见度、警察工作效率和警民关系是影响居民安全感的重要因素；① 伍先江采用多指标综合评价方法提出了城市社区安全评估模型，从影响社区安全状况的负面因素和促进社区安全状况的积极因素对城市社区安全状况进行了评估；② 朱正威等在对平衡计分卡进行适应性改进的基础上，构建了包含客户感知、财务、内部流程和学习成长四个维度的社区公共安全管理绩效评价指标体系，并选取西安市典型社区进行评价③。

从以上研究可以看出，国内外学术界对城市社区公共安全治理评价的研究取得了诸多成果，但仍存在一些问题：一是多数研究缺乏统一理论或逻辑框架支撑，因此评价指标之间逻辑关系不够清晰；二是未区分投入、过程和产出指标，治理水平不仅体现在资源投入和治理结果上，也应体现在治理过程之中；三是过分强调投入和产出指标，而忽视过程，往往使后续的治理落入不断增加投入、片面追求产出的窠臼。

第二节　治理体系指标构建

一、概念框架：“资源—能力—协作治理”模型

社区居民比政府官员掌握更多的信息、更明确本社区存在的特殊问题是一个不争的事实。因此，以社区为单位进行城市公共安全治理是减少复杂性、

① “北京社会治安综合评价体系”课题组．北京市居民安全感研究［J］．北京行政学院学报，2003（5）：38-44.

② 伍先江．城市社区安全评估指标体系的构建——以北京市为例［J］．中国人民公安大学学报（社会科学版），2009（4）：1-7.

③ 朱正威，吕书鹏．城市社区公共安全管理绩效评价研究［J］．西安交通大学学报（社会科学版），2011（6）：58-62.

提高有效性的重要方式。但目前学界对社区治理的要素尚未形成统一意见，Marshall 等人认为有效的社区治理应包含公民参与、绩效测量、政府政策与执行三个方面；① Auckland City Council 社区治理包括社区领导力、社区授权、社区所有权三部分；② 美国司法部则认为社区治理由市政机构间伙伴关系、与社区的伙伴关系、合作解决问题、组织变革四个基本要素组成。③ 十八届三中全会的《决定》在全面深化改革的意义上指出，我国社会治理的主要关节点在于“四个坚持”，即“坚持系统治理，加强党委领导，发挥政府主导作用，鼓励和支持社会各方面参与，实现政府治理和社会自我调节、居民自治良性互动。坚持依法治理，加强法治保障，运用法治思维和法治方式化解社会矛盾。坚持综合治理，强化道德约束，规范社会行为，调节利益关系，协调社会关系，解决社会问题。坚持源头治理，标本兼治、重在治本，以网格化管理、社会化服务为方向，健全基层综合服务管理平台，及时反映和协调人民群众各方面各层次利益诉求”。④ 综上，城市社区公共安全治理体系的构建必须坚持“系统、依法、综合和源头”社会治理四原则，同时契合城市社区公共安全治理实践，才能获得科学性和解释力。

从社会学角度来看，包括社区在内的所有社会实体都受制于向心力和离心力：向心力将社区服务、规则及动员能力推向更高的水平，离心力则将差异、个体主义、自我表达及亚群体的自由推向更高水平；真正的社区要求秩序和自主之间平衡，防止某一种力量处于绝对优势。⑤ 在城市社区公共安全治理中，这两种力量的博弈可以抽象为治理方式，较极端的是政府包揽一切事务和社区成员完全自治，而普遍方式却是政府、社区、社会组织各主体之间相互协调，共同参与社区公共安全治理。按照国际安全社区“全员参与，持

① Marshall M, Wray L, Epstein P, et al. 21st Century Community Governance: Better Results by Linking Citizens, Government and Performance Measurement [C]. Annual Quality Congress Proceedings-American Society for Quality Control. 1999.

② Auckland City Council. Community Governance Model [EB/OL]. http://www.aucklandcity.govt.nz/council/documents/governance/section5.asp, 2002.

③ Diamond D, Weiss D M. Advancing Community Policing Through Community Governance: A Framework Document [M]. US Department of Justice, Department of Community Oriented Policing Services, 2009.

④ 中共中央关于全面深化改革若干重大问题的决定 [N]. 人民日报，2013-11-16.

⑤ 夏建中. 美国社区的理论与实践研究 [M]. 北京：中国社会出版社，2009：69-71.

续改进”创建的核心思想，安全社区建设需要依靠社区的每个民众，需要社区民众的广泛参与；同时，安全是一种动态过程，需要依靠社区内在动力，持续不断地改进社区安全环境。① 只有通过广泛参与和持续改进，才能将社区建成有抵抗力和有恢复能力的社区。除治理方式以外，一个社区所拥有的各种资源及能力，如资金、居民素质和教育水平等，对社区公共安全治理水平也有重要影响。

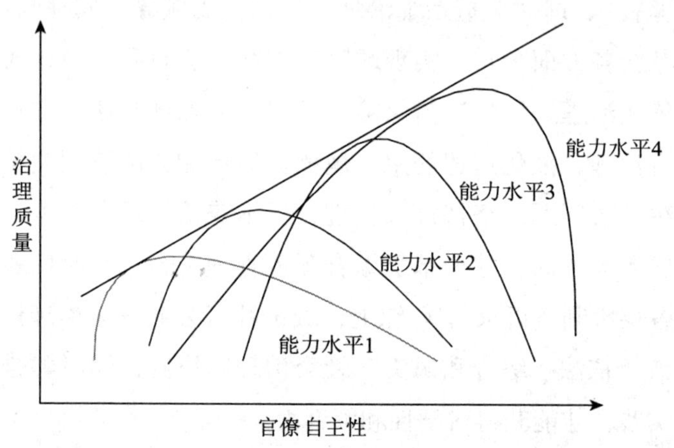

图 7-1　不同能力水平下的最优自主性水平（福山，2013）

福山将治理定义为政府制定或执行规则、提供服务的能力，而不管这个政府是否民主，同时认为制定出一个总体性的测量治理质量指数是不充分的和具有误导性的，且产出性指标存在很大缺陷，由此提出了衡量国家治理质量的“国家能力—官僚自主性”二元框架。在此框架下，治理质量与官僚自主性呈“倒 U 型”关系，且由于能力越低需要的指导和约束越多，低能力水平国家治理质量最优点偏向左侧，高能力水平国家偏向右侧（图 7-1）。这一框架解释了为什么低收入国家应该降低官僚自主性，而高收入国家则应该强化官僚自主性。② 这一框架提醒我们，在城市社区公共安全治理指标体系构建中，治理能力与治理方式之间存在交互作用，共同影响治理水平，用各子维度简单的加权平均来衡量治理水平可能存在较大的失真。正如中国国家治理

① 滕五晓．社区安全治理：理论与实务［M］．上海：上海三联书店，2012：92.
② 弗兰西斯·福山．什么是治理［J］．郑寰译．国家行政学院学报，2013（6）：19-27.

体系与治理能力现代化的关键在于协调好治理结构与治理功能的关系，实现治理体系与治理能力的有机耦合①，城市社区公共安全治理水平提高的关键在于资源、能力与协作治理的良好配合，单纯提高某一方面的水平并不能有效地提高整体治理水平。

因此，指标体系的编制不能仅反映治理结果，更要包含治理过程、政策等相关信息，以指明现存问题，推进治理方式持续改进和治理水平持续提高。根据上述讨论，本文构建了“资源—能力—协作治理”三元概念框架衡量城市社区公共安全治理水平（图 7-2）。资源是指社区公共安全治理所需要的物质要素，主要包括基础设施、资金及资料等；能力是指社区进行公共安全治理可以依赖的组织机构、制度等要素；协作治理则用来衡量社区中各主体（政府、社区、社会组织等）共同参与社区公共安全事务过程中表现出的特点，包括参与（主体导向）、响应（问题导向）、提升、问责等维度。除以上三方面外，社区所处政治、经济、社会环境也会对社区公共安全水平产生影响，但由于环境中的各项因素超出社区治理的目标范围，属于外生变量，因此不包含在社区公共安全治理指标体系中。

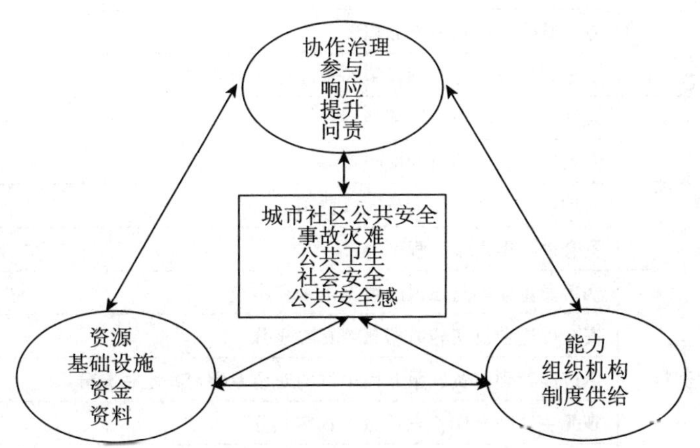

图 7-2 城市公共安全治理指标体系概念框架

① 陈水生．统筹治理：国家治理现代化的内源式重构［J］．南京社会科学，2014（7）：62-68+83.

二、城市社区公共安全治理体系：指标选择

评价的有效性很大程度上依赖于指标体系的科学性和指标选择的合理性。中国城市社区公共安全治理评价指标体系必须从城市社区公共安全治理本质出发，具备充分理论依据，体现社区公共安全治理普遍规律与特征。同时，城市社区公共安全治理理论和实践都在不断发展，因而指标选择必须具有一定的前瞻性与灵活性，既要满足当前城市社区公共安全治理实践、有利于进行社区间横向比较，又要适当兼顾未来社区治理发展变化要求。在以上原则和概念框架指导下，结合已有城市社区公共安全治理指标体系，本文设计了如下“中国城市社区公共安全治理指标体系”（表 7-2）。

表 7-2　中国城市社区公共安全治理指标体系

一级指标	二级指标	三级指标
资源	基础设施	安保设施完备程度
		医疗卫生设施完备程度
		消防设施完备程度
		应急救灾物资储备充分程度
		应急避难场所数量充分程度
		安全宣传教育与培训设施和资源充分程度
	资金	人均伤害预防项目专项经费
		人均安全促进项目专项经费
		人均社区安全工作人员人事费用
		资金来源渠道多元程度
	资料	伤害发生频率与原因的数据是否真实充分
		安全促进项目实施数据是否真实充分
		生产经营和商贸、服务性单位的安全专项台帐是否充分
		多元主体间合作备忘录是否真实充分
		资料种类、格式、内容和填写要求是否规范

续表

一级指标	二级指标	三级指标
能力	组织机构	有无跨部门社区安全治理领导机构和工作机构
		有无长期社区安全治理志愿者和社会组织
		各领域安全治理项目是否有明确的协调机构（协调人）
		有无专职或兼职应急队伍
	制度供给	领导机构和工作机构工作制度是否健全
		有无长期社区安全治理工作计划
		有无专项及综合安全检查制度
		有无针对具体事故与伤害预防的控制计划
		有无针对事故与伤害预防的宣传教育与培训计划
协作治理	参与	社区各主体是否认同社区安全治理的愿景
		是否采取多种形式组织安全知识和技能的宣传教育与培训
		社区各主体是否熟悉本社区公共安全治理项目
		是否积极组织社区间安全治理交流活动
		社区安全治理项目预决算是否公开透明
	响应	是否建立了纵向和横向安全信息收集与发布渠道
		安全促进项目是否覆盖所有的物理环境（工作场所、交通、居家、学校、运动、河流湖泊等）
		安全促进项目是否覆盖所有社会环境（宗教、种族、性别、年龄等）
		社区事故与伤害应对是否及时
		本社区公共安全治理重点区域和问题是否明晰
	问责	是否有社区安全治理人员或组织受到政治问责
		是否有社区安全治理人员或组织受到经济问责
		是否有社区安全治理人员或组织受到法律问责
	提升	是否组织工作人员参加社区安全治理方法的培训
		是否组织或监督从业人员的安全培训和职业健康教育
		是否对社区安全治理经济效能进行有效评估
		是否对伤害预防和安全促进项目的实施效果进行定期评价

结　语

城市社区公共安全治理不仅是国家治理的重要组成部分，也是实现公共安全的重要手段，治理好坏直接影响到社区居民安全感和幸福感。基于国家治理现代化的城市社区公共安全治理要求通过多元主体参与，经由系统治理，达到伤害预防和安全促进的目的。为了对城市社区公共安全治理水平和效果进行衡量，本文构建的“资源—能力—协作治理”三元框架，放弃了“以结果论英雄”的传统评价思路，强调资源、能力与协作治理之间复杂互动对城市社区公共安全水平的影响，并在此基础上制定了城市社区公共安全治理指标体系，体现了治理的系统性、综合性和法治性。

然而，为了对城市社区公共安全治理水平进行衡量，研究者还需要进一步确定指标权重和各指标计分方式。此外，“木桶效应”的存在要求资源、能力和协作治理之间实现良好匹配，分析三者之间的相互关系及其对城市社区公共安全水平的影响机制与测量工作同等重要，这样才能根据社区安全治理中存在的问题提出针对性建议，做到有的放矢，实现资源利用最优化，有效提高城市社区公共安全治理水平。

第八章 基于 ROXY 指数的中国“逆城市化”

“逆城市化”是城市化发展到较高水平时出现的一种城市异化现象。美国、英国等城市化起步较早的国家已先后经历了“逆城市化”阶段，随着我国城市化进程的加快，我国部分城市化水平较高的地区也出现了“逆城市化”现象。“逆城市化”现象最显著的特征就是中心城区的人口向城市外围或腹地迁移，通过选取 ROXY 指数对城市中心和外围常住人口增长比例进行测量，判断选取的样本城市是否出现“逆城市化”，并分析造成这一现象的原因，提出解决措施。

第一节 文献综述与核心概念

城市化是人类文明进步的重要标志之一，也是社会经济发展的必经阶段。早在公元前 5000 年前后，人类的集聚形式就开始了从村落到小城镇和城市的变迁。随着工业革命的到来，第二、三产业迅速发展，生产力得到大幅度提升，人口开始了向城市大规模、持续、迅速的集中，世界范围的城市化迅速发展。到 21 世纪初，世界 50%以上的人口生活在城市，城市人口数量达到 30 亿，美国、英国、加拿大、日本等发达国家由于工业化速度较快，城市化已经达到很高程度，率先进入了城市化高级阶段。

城市化快速发展所产生的集聚和规模效应给人类社会带来了较高的经济效益。但是，城市化进程加快、城市规模急剧扩张的同时，却产生了一系列异化，资源环境、交通、社会安全等一系列问题接踵而至，中产阶级特别是一些富裕起来的人群，在现代交通和现代通信技术的驱使下，率先搬离城市中心，造成城市中心人口逐渐减少，城市外围郊区或农村地区人口逐渐增多，“逆城市化”应运而生。

一、“逆城市化”文献综述

关于“逆城市化”的概念。最早明确提出“逆城市化”这一概念的是美国经济地理学家布莱恩 . J. L. 贝里（Berry B. J. L，1977），他在《城市化与逆城市化》（Urbanization and Counter-Urbanization）一书中，他描绘了美国城市化过程中出现的交通、环境、社会治安等问题阻碍了城市的继续发展，并用“逆城市化”这一术语描述了城市化进程中出现的人口重心向外迁移，伴随着经济、政治中心以及公共基础设施、公共服务等也由城市向外转移的现象。“逆城市化”是“一种人口分散的过程，它意味着一种人口从人口集中度高的地区向人口集中度低的地区移动的活动。”A. G. Champion（1989）在《逆城市化：人口扩散变化的速度和性质》一书中提出虽然人口流动能带来经济活动的蔓延，其主要标志仍然是人口迁移，因此测量“逆城市化”的可操作性变量，即人口净迁移量。中国学者（王旭，2002）将“逆城市化”定义为反向城市化，是城市社会向农业社会的回归。（孙群郎，2005）认为“逆城市化”不仅仅是反向城市化，而是城市生活方式和城市文明向郊区和农村的扩散。

关于“逆城市化”的表现形式和发展阶段。20 世纪 20 年代英国的建筑师 R. 昂温在为伦敦制定咨询性规划时，率先提出“卫星城”的概念，建议把伦敦的人口和就业岗位分散到周围的卫星城镇去。同一时期美国建筑师赖特（F. Wright）基于分散主义思想，在《消逝的城市》（The Disappearing City）一书中提出了“广亩城”概念，并发表论文《广亩城市：一个新的社区规划》，提出“城市分散于广袤的大地，人人拥有一片自然”的基本理念，主张集中的城市向乡村扩展。40 年代，芬兰学者埃列尔 . 萨里宁（Eliel Saarinen，1943）提出了“有机疏散理论”，并出版《城市：它的发展、衰败和未来》（The City－Its Growth，Its Decay，Its Future）。1989 年英国学者霍华德（Howard，1989）出版了《明日的田园城市》一书，提出了“田园城市”

这一概念。后来有学者将这种现象上升到规律高度，认为这是中心城市开始分解，小城市化成为城市化的主力军，担当起继续城市化重任的阶段，(谢文辉、邓卫，1996)，是世界范围内一个区别于传统城市化的新发展阶段，即集中型城市化、郊区化之后的第三阶段：“逆城市化”，（刘传江，1999)，或者说是城市化的“后期阶段”。

关于“逆城市化”的特点。一些学者对发达国家“逆城市化”进行了分析，认为“逆城市化”是基于高度发展的生产力而产生的城市化进程的一个阶段，并从地理和人口的角度对包括英国、美国、联邦德国、法国、荷兰、瑞典、新西兰、日本在内的十多个国家的“逆城市化”特点进行了概括，具体表现在大城市人口减少、向郊区流动，都市化区域扩张，城乡差别减小。(张善余、温星衍，1987）通过对发达国家城市和乡村人口规模进行了分析，总结出了发达国家城市发展的基本路径和模式，并从人口自然增长和迁移增长两个变量入手，将认为城市发展分为四个阶段，即第一阶段以城市人口增长，农村人口向城市转移为主；第二阶段城市人口自然增长逐渐取代农村人口迁入，成为城市人口增长的主要原因；第三阶段以城市人口逆向流动到农村为标志，城市和农村的人口自然增长率都下降到较低水平，人口从大城市或特大城市流向郊区和农村，中等城市人口有集中趋势；第四阶段人口从中等城市向小城市转移。美国、日本、英国、法国、联邦德国等发达国家的人口比重变化，证实了这些特点的存在，而造成人口迁移流动的原因主要是经济规律和政府的干预。(徐和平，1996）研究了发达国家的城市化趋势，认为逆城市化是一种城市的分散现象，造成“逆城市化”的原因主要是城市问题越来越严重，城市的吸引力逐渐丧失，人口自然由城市向乡村分散；技术进步推动了城市人口向郊区和农村的扩散；政府宏观政策的推动加速了城市分散的速度。逆城市化带来城市的多中心化，缓解了城市问题，提高了郊区和农村的生活质量，模糊了城市和农村的边界，推动了城市文明和城市生活方式向乡村的扩散。(朱喜钢，2002）在《城市空间集中与分散论》中阐述了田园城市、带形城市、广亩城市、爱尔康等理论及相关实践活动。(孙群郎，2005）对美国的城市化、郊区化、大都市化和逆城市化进行了比较，认为美国“逆城市化”并不是城市化的反向发展，其实质是城市的分散，是大都市向更为宽广的区域延伸和扩张，是城市的膨胀和城市文明的扩散。（陈伯君，2007）认为“逆城市化”是城市化发展到一定阶段产生的，“逆城市化”能有效解决“城市病”，是城乡一体化的良好契机。

关于中国的“逆城市化”。（王旭，2002）认为我国的“逆城市化”对城市化进程具有积极的推动作用，标志着城市化迈入了一个新阶段，但我国的“逆城市化”是一种病态的表面现象，一方面我国的城市化发展产业结构单一，技术进步迟缓，另一方面我国人口逆城市化流动并非主动，而是由于分配失衡、户籍变动造成的，是一种“伪逆城市化”。（郑卫、李京生，2008）从城市发展历程、人口空间分布、城市形态演变三个角度来分析“逆城市化”，认为中国的“逆城市化”实质是远郊化。郎咸平（2012）对目前国内一些有关“逆城市化”的判断提出了质疑，在比较中美“逆城市化”的基础上，认为我国的“逆城市化”是由于分配严重失衡产生的，在发生的阶段、人口流动的主体跟西方国家的“逆城市化”情况有很大差异，因此我国的“逆城市化”实质上是“伪逆城市化”。（段学慧，2014）分析了“逆城市化”的外部条件和内驱力，认为“逆城市化”的外部条件是现代信息技术和交通改善以及政策支持，内驱力则是生产要素流动的结果，与西方国家的“逆城市化”相比，中国的“逆城市化”实质上为“伪逆城市化”。

对“逆城市化”问题的研究，大多数学者都是通过对城市化过程中出现的人口从城市流向郊区和农村的现象及其产生的原因和影响进行了定性研究，或者将国外“逆城市化”现象与我国“逆城市化”现象进行比较，缺少对“逆城市化”的定量研究。本文拟从定量角度，对中国的“逆城市化”发展进行定量判断。

二、“逆城市化”核心概念

“逆城市化”又称为“反城市化”，英文为 counter-urbanization 或 dis-urbanization，是 20 世纪 70 年代以来西方发达国家，尤其是美国城市发展中出现的一种新现象，即由于交通拥挤、犯罪增长、污染严重等城市病的大量出现，造成城市化人口开始向郊区乃至农村流动，城市中心区吸引力下降，出现“空心化”，以人口集中为主要特征的城市化由此发生逆转的现象，是城市化发展到一定阶段所出现的城市居民从中心城区向郊区和农村迁移，同时带来劳动力、产业、资源等要素从城市中心向城郊和农村转移的现象。

1. “逆城市化”的产生

20 世纪以来，美国大都市区的人口增长率一直高于非都市地区，大都市区化是美国城市发展的主流。到 20 世纪 70 年代城市发展出现异化现象，非都市地区的发展速度超过了大都市区。根据 1980 年人口普查，70 年代美国大都市区的人口增长率为 9.1%，而非都市地区则高达 15.4%，从 1970 年 3 月到 1974 年 3 月，短短的 4 年内大都市区人口减少了 180 万。大都市区人口的减少主要发生在大型大都市区内，从 1970 年到 1975 年，仅 8 个人口超过 300 万的大型大都市区就丧失 75 万人口。除了美国，英国、挪威、澳大利亚等国家也先后出现了人口从大都市区中心向外围扩散的城市化异化现象。

随着“逆城市化”现象越来越普遍，越来越多学者开始关注这一现象。人们开始研究城市人口的空间分布，并提出了首位城市理论、“等级—规模”法则、城市人口空间变动模型等。较为完整的城市空间阶段理论模型是克拉森提出的“空间循环假说”（图 8-1）。这是以城市中心和周围人口的相互关系为依据提出的，认为城市化是沿着“城市化—郊区化—逆城市化—再城市化”这一路径演变，当城市中心人口快速增长，外围区域人口减少的过程是城市化过程；城市外围区域人口增长比城市中心人口增长过快时，城市发展进入郊区化阶段；当城市中心的人口减少超过外围区域的人口增加时，城市发展进入逆城市化阶段；当城市中心人口减少趋势下降，甚至中心人口再次增加而外围区域人口减少，城市发展进入到再城市化阶段。

表 8-1　人口城市化空间路径

<table>
<tr><th rowspan="2">城市化路径</th><th rowspan="2">阶段</th><th colspan="2">人口变化</th></tr>
<tr><th>城市中心</th><th>城市外围</th></tr>
<tr><td rowspan="2">城市化</td><td>绝对集中</td><td rowspan="2">++</td><td rowspan="2">--</td></tr>
<tr><td>相对集中</td></tr>
<tr><td rowspan="2">郊区化</td><td>相对分散</td><td rowspan="2">+</td><td rowspan="2">++</td></tr>
<tr><td>绝对分散</td></tr>
<tr><td rowspan="2">逆城市化</td><td>绝对扩散</td><td rowspan="2">--</td><td rowspan="2">+</td></tr>
<tr><td>相对扩散</td></tr>
<tr><td rowspan="2">再城市化</td><td>相对集中</td><td rowspan="2">+</td><td rowspan="2">-</td></tr>
<tr><td>绝对集中</td></tr>
</table>

当城市化发展到较高阶段趋于完成时，城市发展进入“逆城市化”阶段。“逆城市化”是城市中心区域人口向郊区或农村扩散，大城市化外围卫星城分散化的一种城市发展模式。“逆城市化”有别于城市人口农村化或者就地城市化，它是城市市区人口向郊区或农村迁移的一种新趋势。

2. **“逆城市化”产生的内在驱动力**

“逆城市化”产生的内在驱动力是“城市病”。首先，随着城市的发展和城市规模的扩大，人口过度集中导致人口密度过大、环境污染、交通拥堵、房价过高、就业困难等“城市病”的大量产生，使城市对生活品质有较高追求且具备一定经济能力的中产阶级失去了吸引力，加快了他们将居住地搬迁至生活环境更好、生活质量更高、生活成本更低的郊区或农村，于是出现了“逆城市化”进程。其次，城市产业结构变化导致人口从城市中心迁向郊区或农村。进入后工业社会，城市生产职能逐渐退化，服务、管理职能逐渐增强，与之对应的第三产业崛起，再加上大多数第二产业都是重污染重消耗的企业，越来越多的第二产业迁出城市，带动了大批城市人口外迁。最后，城市人口结构和生活观念的变化。随着经济发展和收入普遍上升，加上生活水平提高，寿命延长，城市人口老龄化趋势越趋明显。人们的关注焦点开始从解决温饱问题转移到高质量的生活上来，这也促进了城市人口的分散和“逆城市化”的产生。

3. **“逆城市化”产生的外在拉动力**

随着“逆城市化”形成的内在驱力的扩张，外在拉力逐渐增强。国家颁布一系列影响产业结构、鼓励落后地区发展、鼓励创业的政策，在一定程度上间接为人口扩散提供了保障；现代交通运输和通信技术、物联网技术的发展，使人们出行日渐方便，沟通也更加紧密，这也为“逆城市化”发展创造了条件；大型销售市场的郊区化，互联网+产业的发展，电商的日益生活化，3D 打印技术的使用，特别是家庭办公、家庭生产、家庭上班的普及，为“逆城市化”的发展提供了优越的环境。

4. **城市化的异化**

中国的城市化发展迅速，但由于地区发展水平差异，城市化水平也不尽相同。北京、上海等经济水平较高城市，城市化率已经超过 80%甚至接近 90%，而西部地区城市化率仍然低于 30%。虽然中国整体城市化水平未达到触发“逆城市化”条件，但在一些城市化发展水平较高的城市，已经出现了人口从城市中心向郊外扩散的趋势，“逆城市化”初现端倪。从人口空间分布来看，中国的“逆城市化”虽然同样表现为人口空间的扩散和向郊区、农村回流，但在“逆城市化”的过程、表现形式及其触发因素上，与西方发达国家的“逆城市化”有很大的差异。根据唐纳德 · 伯格（D. J. Bogue，1959）的推拉理论，人口迁移是推动人口迁移的积极因素和阻碍人口迁移的消极因素形成的合力共同作用的结果。

中国“逆城市化”过程中人口迁移受到“城市病”、国家政策、产业结构变迁、交通和通信发展等共同影响因素之外，还有一些特定的政策和制度因素。

非转农。非转农是我国“逆城市化”回流人群中一个重要组成部分。由于农村户籍经济利益的诱惑，一部分原本取得城镇户口的居民为了获得附着在农村户籍上的集体分红、拆迁补偿、回迁安置等土地红利，主动把城镇户口转变为农村户口。非转农“逆城市化”现象主要发生在经济较发达，城郊有较大发展空间的东南沿海、珠三角一代。浙江台州、桐乡等地都曾经出现过城市居民放弃城市户口，将户籍迁至农村。

逃离北上广。这部分回流人口既包括刚刚毕业的大学生和农民工群体，因为城乡二元体制和城镇户籍的限制，在城市生活没有根基，收入水平低，无法享受与拥有城镇户籍的居民同等福利待遇，不堪忍受大都市的高房价和高生活成本，缺乏归属感，或者难以适应“城市病”导致的城市生活的种种弊端，被迫放弃城市生活，选择逃离“北上广”，回到农村和其他二三线城市。

回乡创业，劳动力回流。随着城市发展，城市容量和环境承载力逐渐达到饱和，尤其是对于资源型城市，一旦城市发展赖以生存的资源枯竭，城市的发展将受到严重阻滞。人们开始将开发的重点转向农村，再加上国家一些鼓励外乡人员回乡创业政策的驱动，一些原本在城市打拼的人选择从大城市回乡创业。

第二节　中国“逆城市化”现象的实证解析

一、“逆城市化”测度指标体系的选取

城市发展的过程总是伴随着人口的迁移流动，有的流向城市中心，有的流向郊区和农村。不同阶段人口迁移和流向的地区选择偏好会发生变化，因此不同时期和阶段城市中心和腹地，城区和郊区之间常住人口的增长率不一样。这些人口增长的波动构成城市化发展阶段的重要特征。“逆城市化”作为城市化的一个阶段，其主要特征是人口从中心城区向城市外围扩散，因此，本文在研究“逆城市化”问题时选择以被测区域人口变化作为观测和衡量标准，采用 ROXY 指标来测量中心城区和城市外围或腹地人口的变化。

ROXY 指数方法可以较好地量化分析城市群或大都市区人口城市化空间路径的发展变化。ROXY 指数是研究人口城市化空间路径的一个模型，这一指数最初由日本学习院大学经济学教授川岛辰彦提出，用来描述人口、经济活动与社会的分布动态定量研究。ROXY 指数的值可以用来描述城市化过程空间循环运动基本特性和行为。它以区域中心和腹地之间人口增长互动关系来判断人口流动趋势，通过人口是空间集聚还是空间扩散来判断城市发展处于城市化—郊区化—逆城市化—再城市化的哪个阶段。具体表述为：各都市区人口增长率的加权平均值 WAGR 与算数平均值 SAGR 的比值减去 1，再乘以 10^4。ROXY 指数为正表示加权增长率大于平均增长率，说明权重大的地区的增长率偏大，资源向权重高的地区集中，最终将导致该区域的发展不断极

化；指数取负值表示加权增长率小于平均增长率，说明权重大的地区的增长率偏小，资源向权重低的地区分散。

ROXY 指数可以用数学表达式表示为

$$ROXY\text{指数} = \left(\frac{WAGR_{t,\ t+k}}{SAGR_{t,\ t+k}} - 1\right) \times 10^4$$

当 ROXY 指数为正数时，人口从城市腹地和外围向城市中心集聚，△ROXY 指数正向变化时人口加速聚集，△ROXY 指数负向变化时人口减速聚集；当 ROXY 指数为负数时，人口从城市中心向城市腹地和外围扩散，△ROXY 指数负向变化时，人口加速扩散，△ROXY 指数正向变化时，人口减速扩散；当 ROXY 指数为 0 时，城市人口处于平衡状态。（如表 8-2）

表 8-2 ROXY 指数含义与城市发展阶段

ROXY	△ROXY	人口空间流动路径	人口空间流动速度	城市发展阶段
正	正	集聚	加速集聚	城市化或再城市化
	零		匀速聚集	
	负		减速集聚	
负	正	扩散	减速扩散	郊区化或逆城市化
	零		匀速扩散	
	负		加速扩散	
零	—	平衡状态		

设 Xi 为加权因子，ri 为该地区年均人口增长率，人口样本地区的数量为 k，依据地区与城市中心距离大小赋予权重，被测地区中心城区权重大于城市外围或腹地。

则，年均人口增长率 $= \sqrt[\text{间隔年}]{\text{末年人口} - \text{初年人口}} - 1$

$$WAGR = \frac{\sum_{i=1}^{i=k+1} x_i\, r_i}{\sum_{i=1}^{i=k+1} x_i}$$

$$SAGR = \frac{\sum_{i=1}^{k=1} r_i}{k}$$

$$\text{因此，}ROXY\text{ 指数} = \left(\frac{\dfrac{\sum_{i=1}^{i=k+1} x_i r_i}{\sum_{i=1}^{i=k+1} x_i}}{\dfrac{\sum_{i=1}^{k+1} r_i}{k}} - 1 \right) \times 10^4 = \left(\frac{\sum_{i=1}^{i=k+1} x_i r_i}{\sum_{i=1}^{i=k+1} x_i} \times \frac{k}{\sum_{i=1}^{k+1} r_i} \right) \times 10^4$$

二、样本选取与数据收集

根据前文收集到的逆城市化的有关资料，发达国家出现逆城市化时间是在城市化水平较高阶段，城市化率达到70%以上才出现逆城市化。例如，美国20世纪70年代出现的逆城市化，这一时期美国的城市化水平已经达到73.6%①，英国作为最早实现工业化的国家，在1971—1981年是逆城市化现象最明显的时候，而这一时期英国的城市化水平已达到78.5%。② 由于我国城市化整体水平还未达到触发逆城市化的阶段，且由于各个地区经济和社会发展水平不同，各个地区和城市的城市化发展水平也有区别。因此，根据发达国家经验，逆城市化一般是城市化水平发展到较高阶段，城市人口数量超出城市承载力后产生的现象，我国城市化进程大体也符合世界城市化的一般规律。

本文从统计年鉴中选取了城市化水平达到70%以上的三个城市北京、上海、天津进行测度。其中，本文将首都功能核心区（东城区、西城区）和城市功能拓展区（朝阳区、丰台区、石景山区、海淀区）作为北京市人口流动的中心区，城市发展新区（房山、通州、顺义、昌平、大兴）和生态涵养发展区（门头沟、怀柔、平谷、密云、延庆）作为北京市人口流动的外围区。对上海市以环线进行划分，根据环线以内为市区，环线以外为郊区的原则，将黄浦区、徐汇区、长宁区、静安区、普陀区、闸北区、虹口区、杨浦区作为上海人口流动的中心

① 数据来源：全球主要国家城市化水平分析，2013. http://www.chyxx.com/industry/201310/222284.html.

② Champion, A. G., Counterurbanization: The Changing Pace and Nature of Population Deconcentration. 1989, London: Edward Arnold.

区，将闵行区、宝山区、嘉定区、浦东新区、金山区、松江区、青浦区、奉贤区、崇明县作为上海市人口流动的外围区。对天津也以环线进行划分，外环线以内是市内六区（河北区、和平区、河西区、南开区、红桥区、河东区），外环线以外是外四区、郊区以及市辖县（东丽区、西青区、津南区、北辰区、武清区、宝坻区、滨海新区、宁河县、静海县、蓟县）。

三、测量结果分析

本文从统计年鉴中选取了 2010—2014 年北京、上海、天津 3 个城市 5 年的常住人口进行测度。

表 8-3　北京、上海、天津 ROXY 指标和△ROXY 测度结果

<table>
<tr><th></th><th colspan="2">北京</th><th colspan="2">上海</th><th colspan="2">天津</th></tr>
<tr><th></th><th>ROXY</th><th>△ROXY</th><th>ROXY</th><th>△ROXY</th><th>ROXY</th><th>△ROXY</th></tr>
<tr><td>2010—2014</td><td>-128. 981</td><td>—</td><td>-1. 526</td><td>—</td><td>-2344. 407</td><td>—</td></tr>
<tr><td>2010—2012</td><td>-82. 521</td><td rowspan="2">70. 393</td><td>1044. 257</td><td rowspan="2">-6720. 993</td><td>-8985. 991</td><td rowspan="2">8773. 456</td></tr>
<tr><td>2012—2014</td><td>-12. 128</td><td>-5676. 736</td><td>-212. 535</td></tr>
</table>

从测度结果来看，三个城市 2010—2014 年的 ROXY 值均为负数，说明三个城市的人口增长率的加权平均值小于算数平均值，被赋予较大权重的城市中心区人口增长率小于城市外围地区，人口呈从城市中心向城市外围郊区或农村流动的趋势，即三个城市均出现了不同程度的“逆城市化”现象。但北京和天津这 5 年间的△ROXY 值都为正数，说明这两个城市的人口扩散速度在减缓，而上海的△ROXY 值为负数，说明上海的人口扩散速度仍呈增加趋势。

四、结果讨论

“逆城市化”作为城市化发展到较高水平时所经历的一个阶段，所带来的不仅仅是人口的扩散，还会带来城市生活方式和城市文明向城市外围和腹地的扩散，是加强城市群区域一体化的重要契机。从北京、上海、天津三地的 ROXY 指数和△ROXY 来看，这三地均进入“逆城市化”阶段，但北京、天津的“逆城市化”程度明显低于上海，这说明京津冀地区区域一体化和城乡一体化还有很大的提升空间。究其原因，主要在于地区间政府各自为政、缺乏统筹，其次基础条件匮乏、无论是物流体系还是金融体系发展都较为滞后，且地区间竞合关系不清，产业重叠导致重复投资、重复建设问题严重，再加上环境状况令人堪忧，也在一定程度上阻碍了一体化的发展。

“逆城市化”带来的人口分散缓解了城市病，破解了城市发展的桎梏。在“逆城市化”的带动下不论是美国纽约、芝加哥，英国伦敦、德国柏林还是我国一线城市北京、上海，都在原有基础上延伸了数百公里。随着“逆城市化”发展应运而生的城市腹地扩展了旧城市规模，增加了城市辐射能力，有效解决了以往由强大中心控制全城，功能集中导致的城市过载问题。

“逆城市化”导致的分散化带来了多中心化，是城市群形成的重要途径。形成城市化的向心力使大量资源集聚，形成城市中心—边缘结构，而形成“逆城市化”的离心力淡化了中心—边缘概念，城市功能随着人口分散到一个个次中心，是近距离城市连成片，给城市群的形成创造条件。

“逆城市化”伴随着城市文明和城市生活方式的扩散，提高了郊区和农村的城市生活质量，促进了城乡一体化。以往的城市和农村、郊区是一个个自我封闭的社会空间，城市面貌也与农村相去甚远，“逆城市化”使城市生活方式和文明传播到农村，倒逼农村的基础设施和基本公共服务提升，减小了城市和农村的差距，打破了界限分明的城乡生活，推动了城乡一体化进程。

“逆城市化”是内在驱动力和外在拉动力的双因素作用的结果，美国、欧洲等发达国家的“逆城市化”趋势非常明显，中国的“逆城市化”也已初现端倪，并且随着经济发展有逐渐加强的趋势。

第九章　协同治理视角下空间规划体系的反思

中国现行多部门规划并行、自成体系，规划间矛盾冲突的状况严重阻碍了城乡空间资源的合理利用和经济社会的可持续发展。“多规合一”是实现各部门规划有效衔接的重要路径。基于协同治理理论，反思现有规划存在的问题及其原因，提出了“多规合一”思路下的“协同—架构—保障”体系：以理念协同为导向，确定统一的区域战略目标，通过各部门主体的协同，实现空间布局、技术标准、编制期限等规划要素的统一，形成“多规合一”协同治理逻辑模型；按照协同治理逻辑，在县级层面构建了由国土空间综合规划统领“多规”的空间规划体系，形成“多规合一”的基本架构；进而通过建立法律法规制度、协同工作机制及信息联动平台的保障体系，确保空间规划体系的有效实施，实现区域整体性协同发展。

第一节　中国现行规划体系

一、研究背景

目前，我国在国土空间开发与管制、空间统筹方面仍然存在很多问题，比较突出的问题有城乡建设用地快速扩张，优质耕地面积逐年递减；城镇产业布局混乱，空间利用秩序失控；规划间协调不到位，约束性不强，造成资源浪费、环境破坏、生态恶化等问题。究其原因，部门利益分置导致规划众多，并且各规划相互冲突、难以衔接协调，空间开发和经济布局缺乏统筹等问题。

自20世纪90年代以来，围绕着国土空间规划体系构建及规划衔接问题的研究越来越丰富。总体看，这些研究在规划衔接内容上的观点基本一致，主要涉及协调机制、管理制度、技术要点及成果应用等方面①②；而在如何重组现有规划，构建统一协调的空间规划体系，实现多部门规划（多规）实质性的衔接，尚未达成共识。有研究认为应该编制空间综合规划，在国家、省域层面与发展规划并重，在地方层面则以空间综合规划为主导③；也有研究提出在现有的法律框架下重整规划体系，将“多规合一”形成的总体规划纳入发展规划之中④⑤。这些统筹的思路有利于规划的统一，但牵涉到对现存行政管理体制的重大调整，实施难度相对较大，而且对于部门规划如何定位、部门利益如何协调等问题没有提出明确的实施路径。还有研究认为应把各项规划涉及的相同内容统一起来实现“多规合一”，通过一个共同的空间规划平台实现目标上共识、内容上协调⑥⑦⑧。但这种共识性的做法往往约束性不强，而且缺乏清晰的层级体系和有效的协同机制。因此，如何厘清空间规划体系并建立有效的机制，来协调规划管理中整体与局部、约束与松散的关系成为推进“多规融合”改革的重点。

鉴于此，本研究以协同治理理论为基础，系统阐述中国现有规划体系的部门特征及其关系，并深入分析“多规”不衔接的困境，在县级层面提出构建“多规合一”思路下的“协同—架构—保障”规划体系，为实现多部门规划的有效衔接提供路径，进而推动区域国土空间的高效利用和协调发展。

---

① 王国恩，唐勇，魏宗财，荆万里．关于“两规”衔接技术措施的若干探讨——以广州市为例［J］．城市规划学刊，2009（5）．

② 赖寿华，黄慧明，陈嘉平，陈晓明．从技术创新到制度创新：河源、云浮、广州“三规合一”实践与思考［J］．城市规划学刊，2013（5）．

③ 谢英挺，王伟．从“多规合一”到空间规划体系重构［J］．城市规划学刊，2015（3）．

④ 陈雯，闫东升，孙伟．市县“多规合一”与改革创新：问题、挑战与路径关键［J］．规划师，2015（2）．

⑤ 沈迟，许景权．“多规合一”的目标体系与接口设计研究——从“三标脱节”到“三标衔接”的创新探索［J］．规划师，2015（02）．

⑥ 蒋跃进．我国“多规合一”的探索与实践［J］．浙江经济，2014（21）．

⑦ 张强．基于“多规合一”的规划体制创新研究——以莆田实践为例［J］．福建建筑，2014（7）．

⑧ 王波．从技术创新到制度创新的转型与变革——无锡市“多规合一”的实践与思考［J］．江苏城市规划，2015（04）．

二、中国现行规划体系的现状

（一）现行规划体系构成

当前中国多部门规划并行，就规划性质而言，主要包括发展规划（国民经济和社会发展规划、区域规划、主体功能区规划）和空间规划（土地利用规划、城乡规划、环境保护规划等系列）（见表 9-1）。各类规划的编制、实施和管理以各级政府及其职能部门为主，主要有国家发展和改革部门、国土资源管理部门、城乡建设部门和环境保护部门。另外还有主导其他规划的职能部门，如水利部、交通部、农业部等。

各部门规划体系的设置一般紧密依托于行政层级，自上而下分为多个级别。其中，国民经济和社会发展规划、土地利用规划、城乡规划和生态环境保护规划包括国家、省（市、区）、地市、市（县）、乡（镇）5 个级别；区域规划、主体功能区划包括国家、省（市、区）2 个级别。各类规划围绕国家或地区发展大局制定总体思路，呈现出自上而下逐步细化发展目标和规划内容的特点。

表 9-1 中国现行主要规划体系构成

	规划主体	规划层级	规划性质	
国民经济和社会发展规划	发改委	国家、省（市、区）、地市、市（县）、乡（镇）5 级	确定发展目标和项目规模，侧重经济社会发展	发展规划
区域规划、主体功能区划	发改委	国家、省（市、区）2 级	强调国土空间开发格局，统筹经济社会与资源环境关系	
土地利用规划	国土部门	国家、省（市、区）、地市、市（县）、乡（镇）5 级	侧重土地利用开发与用途管制	空间规划
城乡规划	规划部门	国家、省（市、区）、地市、市（县）、乡（镇）5 级	对功能结构、用地布局、建设时序的安排，侧重城市建设	
环境保护规划	环境保护部门	国家、省（市、区）、地市、市（县）、乡（镇）5 级	环境保护、生态建设、生态文明引导，侧重生态环境保护	

资料来源：作者根据中国现行各规划体系政策法规内容整理。

（二）现行规划体系分工

上述各类规划依据部门职能形成了各有侧重的规划分工。发展规划主要有国民经济和社会发展规划（经规）、区域规划和主体功能区规划。其中，经规是最具权威性的规划，主要阐明地区战略意图，明确经济社会发展宏伟目标、主要任务和重大举措，注重经济建设。主体功能区规划分为国家和省级两个层次，强调国土空间开发格局，目的是弥补经规空间约束不足的缺陷，试图通过统筹经济社会与资源环境关系来促进区域协调发展。

土地利用规划（土规）主要包括土地利用总体规划和专项规划，它在于加强土地管理，以《中华人民共和国土地管理法》及若干部门规章、规范性文件、技术标准为法律政策保障。总体规划是在空间与时间上对区域土地开发、利用、整治和保护所做出的总体性安排，是落实土地用途管制、规范城乡建设的重要依据；专项规划则是专门针对开发、利用、整治和保护中的某一问题所进行的规划，如基本农田保护规划、土地整治规划等。

城乡规划（城规）涵盖了从宏观战略到微观落实各个层面的法定规划，主要包括城镇体系规划、城市规划、镇规划、乡规划和村庄规划等，以《中华人民共和国城乡规划法》为法律保障，要求加强城乡规划管理，协调城乡空间布局。其中，城镇体系规划弥补了以往城市规划对乡村规划的长期缺位，统筹考虑城乡协同以实现经济社会的可持续发展。城市规划、镇规划具体分为总体规划和详细规划，总体规划是对一定时期内城市性质、发展目标、发展规模、土地利用、空间布局以及各项建设的综合部署和实施措施。

环境保护规划（环规）是为使环境与经济、社会协调发展而对人类活动和环境所做的时间和空间的合理安排①，以《中华人民共和国环境保护法》为法律依据，目的是通过规划约束开发行为，保护和改善生态环境，促进环境、经济和社会的可持续发展。

① 傅国伟．当代环境规划的定义、作用与特征分析［J］．中国环境科学，1999（1）．

第二节 现行规划体系的探讨和反思

一、中国现行规划体系的关系探讨

现行的各规划体系，部门性质明显、纵向联系紧密，但规划间的横向衔接关系问题较多。

（一）法规层面

目前，各规划在国家层面还没有统一、完整的法律法规，只在各部门法规中对规划间的衔接作了指导性规定，缺乏权威性和实施性。《中华人民共和国土地管理法》规定各级人民政府应当依据国民经济和社会发展规划、国土整治和资源环境保护的要求、土地供给能力以及各项建设对土地的需求，组织编制土地利用总体规划。城市总体规划、村庄和集镇规划，应当与土地利用总体规划相衔接，城市总体规划、村庄和集镇规划中建设用地规模不得超过土地利用总体规划确定的城市和村庄、集镇建设用地规模。《中华人民共和国城乡规划法》规定城市总体规划、镇总体规划以及乡规划和村庄规划的编制，应当依据国民经济和社会发展规划，并与土地利用总体规划相衔接。《中华人民共和国环境保护法》规定根据国民经济和社会发展规划编制各级环境保护规划，并与主体功能区规划、土地利用总体规划和城乡规划等相衔接。《国务院关于加强国民经济和社会发展规划编制工作的若干意见》规定编制跨省（区、市）区域规划，还要充分考虑土地利用总体规划、城市规划等相关领域规划的要求。

可以看出，法律规定各部门规划必须依据经规编制；城规应该和土规衔接；区域规划要“充分考虑”土规、城规等的要求。然而，现实执行的情况并非如此，甚至经常与法律政策的意图相悖，尤其是环规与土规、城规等主要国土空间规划的关系长期未受到重视，造成了各规划的有效衔接不足，生态环境问题突出。

（二）规划层面

各规划的编制未能有效协调资源开发利用与生态环境保护之间的矛盾，导致实施效果不佳，主要体现在以下几点。

1. 管理执行缺乏统筹

现实中，各个规划编制机构的地位是平等独立的。在管理体制上没有一个主导部门或常设的高层次协调机构对涉及国土开发总体战略或同一区域各类规划开发行为进行统筹协调①。发改委行政地位强势，使得其他部门规划遵循发展规划的宏观要求；但发展规划并没有起到统筹作用，原因在于其偏重经济建设，目的性强、空间性弱、规划期短，对耕地保护、环境保护等方面不够重视。而且发改部门的主体功能区规划目前在省级层面还处于试点探索阶段，尤其是主体功能区分区的科学性、合理性还有待探讨，落实难度较大。此外，国土部门在规划实施过程中自上而下逐级严格分配指标任务，确定建设用地规模时采用“以供定需”的方法；在城市建设中，城建部门发展多注重地方需求，采用“需求为上”的规划导向②。环境部门在经济发展的压力下往往“心有余而力不足”，实践中不得不向其他部门妥协。这些导致了各部门在规划执行过程中的冲突矛盾，行政效率低下。

2. 技术标准缺乏对接

规划的技术标准主要有土地分类标准、基础数据、地理信息系统等，这些标准之间存在较大的衔接问题。

首先，土地分类标准不统一。土规用地主要按利用类型和覆盖特征分类，注重农用地的划分③；而城规主要关注土地使用方式，注重建设用地的划分④。两者都是三级分类体系，但侧重点、地类类型及其内涵均存在差异。如城规中水库水面（三级地类）属于非建设用地，但土规将水库水面纳入建设

---

① 杨荫凯，刘洋．加快构建国家空间规划体系的若干思考［J］．宏观经济管理，2011（6）．

② 林坚，陈霄，魏筱．我国空间规划协调问题探讨——空间规划的国际经验借鉴与启示［J］．现代城市研究，2011（12）．

③ 标准依据是国土资源部编制发布的《土地利用现状分类 GB/T21010—2007》。

④ 标准依据是住房和城乡建设部编制发布的《城市用地分类与规划建设用地标准 GB50137—2011》。

用地（交通水利用地）。土规与林规用地分类也有一定差异。土规的林地分类只有林地、灌木林地、其他林地三个大类；而林地规划则将林地分为八个大类①，导致林规分类中的宜林地和辅助生产林地与土规分类中的林地没有对应地类，需要在土规地类中的其他土地或农用地中对照。

其次，基础数据不统一。如土规是国土部门通过遥感和实地核查获取的土地详查资料及土地利用变更调查的更新成果，而城规是城乡规划部门通过地形图、地籍图和遥感影像等方式，并结合实地调查得到的数据。② 统计口径不一致也导致基础数据的差异。例如，城乡建设部门编制城市总体规划时往往将还未建设的郊区和部分农村一并计入城市建设用地范围；而国土部门编制土地利用总体规划时则以实际城市建设用地或已办理建设用地手续的城市建设用地为准③。

最后，各规划的地理信息系统不同。图件比例尺、地图系统、坐标系、图斑色系等不统一致使部门之间地理信息数据共享渠道不畅，规划衔接困难。

3. 空间布局缺乏协调

各规划在战略目标、技术标准方面存在的差异，直接导致了规划空间布局上的冲突。其中，土规与城规在建设用地空间布局上常常出现土规为非建设用地、城规为建设用地，或土规为建设用地、城规为非建设用地的差异格局。土规和林规在林业用地空间上也存在差异，例如，陕西省榆林市林规确定的林地面积与土规一致的仅有 40%；贵州省贵阳市林规与土规不一致的地块面积达 1986 亩。④ 此外，相关规划与地下矿区的重叠还造成了地上与地下的冲突。这些空间布局的冲突进一步导致了同一地域各规划“政出多门”、相互矛盾，区域建设统筹实施的难度加大。

此外，由于发展历程和管理制度的差异，各规划编制期限也不尽相同。经

① 标准依据是国家林业局编制发布的《林地分类 LY/T1812—2009》。

② 周小平，田志强，贾子赫．基于“多规合一”的建设项目审批制度改革研究——以陕西省榆林市为例［J］．中国行政管理，2016（3）．

③ 李玉梅．快速城镇化进程中的城市总体规划与土地利用总体规划的协调研究——以重庆市南川区为例［D］．重庆：重庆大学建筑城规学院，2008.

④ 数据来源于榆林市国土空间综合规划（2015—2030 年）、贵阳网（http：//epaper. gywb. cn/gywb/html/2016-01/03/content_ 454508. htm，2016 年 4 月 3 日）。

规一般是其他规划的依据，但期限只有5年；而土规、城规分别为15年和20年。其他规划则由相关行政主管部门发文，自行确定规划的基期与期限。现有各规划编制的不同步、期限的不一致，也成为衔接困难、协调性差的重要原因。

综上所述，现有规划尚未形成统一有序的格局，也未建立科学统一的规划协调整合机制，部门分割、缺乏统筹、分头推进、难以协调的问题限制了空间规划实施的效果。

二、中国现行规划体系问题的反思

现行“多规”在战略目标、部门主体、技术标准、空间布局和编制期限等方面存在不统一、不衔接的问题，严重阻碍了城乡空间资源的合理利用和经济社会的可持续发展。这些问题的存在与当前的制度背景和治理环境密不可分，其深层原因是部门之间的利益藩篱及由此形成的权力垄断和信息壁垒。

在中国条块分割管理体制的制约下，各部门往往将编制“自己部门”的规划作为争取权利和利益的一种重要手段，使得规划变成了部门权力的博弈①②③。各部门在实际工作中基本处于各自为政的状态，仅关注部门利益，权力垄断明显，回避甚至拒绝部门间的合作。形式上看似是形成并扩充本部门的业务范围与职能，本质却在于争夺对土地发展权的控制和调配，较少关注整体的发展格局。此外，各部门的相对独立以及工作内容的不同，也使每个部门的具体规划和实施要求形成不同的标准，在统计口径和数据基础方面存在较大差异，信息难以沟通和共享。而地方政府在局部利益的驱动下不热心“多规融合”，实践中更多的选择将“多规”合集作为操作空间，增大“合法”的上位规划空间。可以说，地方政府的默许成为大量不合理决策的支撑，也成为“多规”长期不衔接但能实施的主要保障。

这种政策弊端的存在严重影响了区域和城乡经济社会的可持续发展，不利于国土空间格局的优化。为此，2014年国务院4部委联合下发《关于开展

① 王向东，刘卫东．土地利用规划：公权力与私权利［J］．中国土地科学，2012（3）．

② 王金岩，吴殿廷，常旭．我国空间规划体系的时代困境与模式重构［J］．城市问题，2008（4）．

③ 吕晓，黄贤金，钟太洋，张全景．土地利用规划对建设用地扩张的管控效果分析——基于一致性与有效性的复合视角［J］．自然资源学报，2015（2）．

市县“多规合一”试点工作的通知》，部署“多规合一”试点；2016年十三规划纲要明确指出建立空间治理体系和国家空间规划体系，推进“多规合一”。在政策目标上，就是希望打破部门垄断和信息壁垒，构建规划管理衔接协调平台，强化城市政府的战略引导和空间管控能力，促进空间格局的优化和空间治理的转型。

以政府出台的政策文件为契机，各方面都在集中探索“多规合一”的实现路径：对于多规间存在的诸多不统一，在技术标准上通过技术对接来实现，在空间布局上则通过多规图斑的比对达到协调，进而将各项规划涉及的相同内容统一起来，通过“一张图”实现“合一”。但是，这种做法依旧存在缺陷，最大的困难在于因“多规”之间的战略目标、规划基期和期限不同导致规划无序问题。因此，在政策方案的顶层设计上，还迫切需要编制一个统领型的综合规划，对发展目标和空间安排进行统筹。当然，简单地实现一个规划“一统天下”并不现实，目前这种“分割”的规划体制在一定程度上、一定条件下也还有其存在的必要性和合理性[18]，原因在于，在长期形成的分部门管理体制之下，不同性质政府的政令只能依托各部门来贯彻执行，同时多层级规划职能部门在机构设置、权力结构构成方面也已根深蒂固，政府和市场均无强大的能力对此及其带来的弊端在短期内进行消除。

综上反思，如何协同“多规”主体编制综合规划，构建衔接合理的空间规划体系，提升政策实施效果的有效性，成为当前推进和落实“多规合一”的关键。因此，本研究以协同治理相关理论为视角，提出构建“多规合一”思路下的“协同—架构—保障”规划体系。

协同治理理论是公共管理领域的重要政策工具，建立在协同理论和治理理论的基础上，强调复杂公共事务问题治理中多元主体的参与。这一理论认为，在复杂性系统中，多元主体通过制度化的沟通渠道和对话平台，可以建立正式的、跨部门的合作关系，协同一致设置外界控制参量，并达成系统内部各要素之间从对立和竞争到相互协调与合作的转变，增强系统整体效应，实现复杂公共事务的有效治理。内容上包括不同性质治理主体间的协同和同一治理主体内部各要素的协同。这为解决多部门规划分散管理、矛盾突出的问题提供了有效方法。

在协同治理理论的框架下，通过建立合作沟通渠道与共享平台机制，多元规划主体能够实现部门间的整体性协调，打破利益藩篱、权力垄断和信息壁垒，克服非协同状态下的负面效应，最终提升“多规合一”实施的政策效果，实现国土空间规划的有效治理。

第三节　多规合一：空间规划体系的整体架构

“多规合一”的本质是从区域整体利益最大化和区域生态文明建设的总体要求出发，构建可持续发展的国土开发与保护格局。现有的发展规划体系中，主体功能区划在空间上仅包括国家和省两级，这就使得在省级以下编制国土空间综合规划、实现“多规合一”、统筹经济社会与资源环境协调发展极为必要。中共中央、国务院于2015年颁发的《生态文明体制改革总体方案》，提出编制国家、省、市县（设区的市空间规划范围为市辖区）三级的空间规划体系。此处的“市县”偏向地级市，然而“多规合一”试点发现在上有省部级、下有区县级的状况下，地市级能够发挥作用的空间非常有限。因此，研究建议全国纵向上的空间规划体系延伸到县级，构建国家、省、县三级空间规划体系。

基于协同治理理论，以县级层面为例，尝试构建“协同—架构—保障”规划体系：首先，以理念协同为导向，确定统一的战略目标，通过各部门主体的协同，实现空间布局、技术标准、编制期限等规划要素的统一，构建“多规合一”的协同治理逻辑模型；其次，在协同治理逻辑模型基础上形成国土空间综合规划统领“多规”的规划架构体系；最后，建立健全法律法规制度、协同工作机制及信息联动平台的保障体系，确保空间规划的有效衔接与实施，实现区域整体性协同发展。其中，目标协同是核心，部门协同是关键，综合规划是统领，保障体系是支撑。在战略目标的统领下，部门协同有利于微观层面规划要素内容的统一，与之相对应的规划对接就是在纵向上形成国土空间综合规划统领指导的规划架构，并在法律法规制度、协同工作机制及信息联动平台的支撑下有效运转（见图 9-1）。

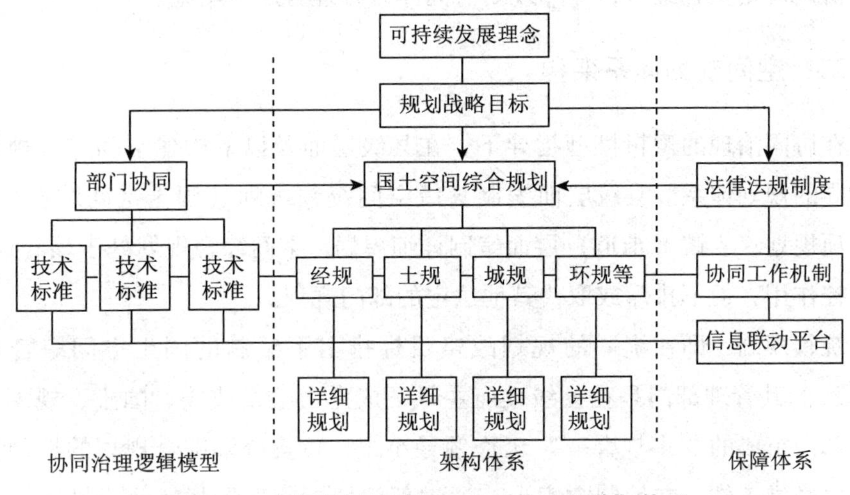

图 9-1 空间规划的“协同—架构—保障”体系

一、空间规划体系的协同治理逻辑模型

统一的目标和要素是空间规划体系实现整合的关键和基础。只有统一了规划目标，空间综合规划才能统筹各类规划；只有统一了规划要素，才能在各类规划基础之上编制空间综合规划。

宏观层面上，空间规划体系的核心是各规划战略目标的协同。作为一项公共政策，它必须具有统一性、协调型和连续性，这是中国政治制度发展、服务型政府建设、社会治理水平提升的本质要求。从制度背景来看，科学发展观强调以人为本，全面、协调、可持续的发展观念；十八届五中全会提出创新、协调、绿色、开放、共享的发展理念，均包含协同治理的内涵。因此，推进“多规合一”、构建空间规划体系必须首先以协调发展、绿色发展、可持续发展为基本理念，统一各规划的战略目标，不能只顾部门利益，应该与其他部门相协调，在战略目标上达成一致，形成统一的发展格局。

微观层面上，重点在于实现部门分割状况下标准、布局、期限等差异性规划要素的统一，其具体路径是各规划部门的协同。只有各部门之间形成有效协同，才能打破利益冲突及由此产生的权力垄断和信息壁垒，进而在技术标准、空间布局和编制期限上达成一致意见，才能够对上承接规划战略目标、对下协调规划实施细节，保障规划协同体系合理有序地实施。

二、空间规划体系架构

在协同治理的逻辑模型指导下，在县级层面及以下构建空间综合规划统领指导的规划体系。县级层面编制县级空间统领规划（国土空间综合规划）和专项规划；乡镇（街道）层面编制详细规划。空间综合规划处于核心地位、起总控作用，但不排斥或取代其他法定的部门规划。

统领规划，即在统一的规划战略目标指引下编制的国土空间综合规划（县级）。其管理部门是在县级政府主导下成立由县发改委、国土、规划、环保等部门组成的“多规合一”工作领导小组，负责统筹综合规划的编制实施及衔接推进工作。在编制方案上，通过部门协同将发展战略要求纳入综合规划，通过融合其他部门规划的核心目标形成共同的行动纲领。在规划管控上，根据各规划的核心指标确定空间综合规划的规划控制线，包括维护生态健康与安全的生态保护红线、保护和管理基本农田的基本农田红线、规定城镇建设与二三产业发展空间的城镇开发边界控制线等。由此，形成引领指导“多规”的“一个规划”“一张蓝图”。

专项规划，是在国土空间综合规划的统领下，各主要部门规划根据各自的职能范围发挥各自的专业作用，承上启下，向上对接国土空间综合规划的各项要求指标，向下专门负责指导本领域规划的实施。各类规划的编制、修改与审批必须依据综合规划的“一张蓝图”进行，下级规划不能突破上级规划的约束性内容，国土空间开发、利用与保护必须按照规划控制线的相关管控要求开展。在空间综合规划的各项指标下，各部门规划具体负责相关事务：经规重点关注发展目标、产业战略，细化未来的主要任务和重大举措；土规重点关注土地供给，确保存量土地合理利用、切实保护耕地资源；城规重点关注空间格局，根据经济发展目标统筹协调优化城乡布局；环规重点关注生态环境，严格约束社会行为，防止资源浪费和环境破坏。各部门规划在综合规划“一张蓝图”的协同管控下分重点实施。

详细规划，是各部门规划在乡镇（街道）层面的部署规划，具体负责落实综合规划、专项规划的目标、指标要求。各详细规划的编制是在综合规划的统领下，严格按照规划控制线要求，细化专项规划的管控指标，对国民经济和社会发展规划重大项目、耕地保护、城乡布局和环境保护等重点任务进行具体安排。

三、空间规划的保障机制

明晰的法律制度是空间规划体系有效运行的合法性来源。为保障国土空间综合规划的实施，应该由“多规合一”工作领导小组牵头，组织制定《多规控制线实施管理办法》，以行政法规的形式确定国土空间综合规划统领性的地位，明确综合规划管理主体、规划控制线管控规则、修改条件和程序，规范和强化规划的严肃性和权威性。同时，在空间规划法律方面，我国目前还是以部门法为主，缺乏主干法，建议自上而下协调推动各部门法律法规的修改和完善。在条件成熟后，中央层面结合国家未来空间发展战略要求推出《国土空间规划法》，达到法律上的全面协同。

协同工作机制是编制和实施综合规划，实现“多规”之间有效衔接，保证空间规划体系有序运行的重要条件。空间综合规划实质是各部门规划基于区域发展战略及其空间整体部署的纲领性规划，必须要求各部门在有效协同的基础上进行编制。各专项规划是对空间领域问题的分解，要求避免规划间权责的重叠、矛盾，因而也需要各部门的协同。在参与主体上，需要政府、部门、专家、公众的协同参与，进而形成“政府主导、专家领衔、部门协调、上下联合、公众互动”的组织模式。在机制类型上，确保覆盖规划的编制、实施、考核与更新，具体包括部门业务联动机制、绩效监控考核机制以及动态更新维护机制等。在前期阶段，“多规合一”领导小组定期召开部门联席会议，通过部门间的沟通协作，获得关键规划要素内容上的统一，在互让互利的原则下共同开展业务，确保空间综合规划编制完成及综合规划统领下的空间规划体系的协同实施。这种协同工作机制运行成熟之后，可以成立相应机构来实现常态化、制度化，确保协同规划成果的长效性。

信息联动平台是落实空间规划体系的技术支撑。信息联动平台以“一张蓝图”为基础搭建公共平台，联合发改、国土、建规、环保等部门的业务子系统构建形成，可以实现基础地理信息、规划空间管理信息、建设项目审批数据的无缝衔接与动态反馈。信息联动平台的建立，一方面可以统一管理、更新维护综合规划的成果数据，为区县制定战略和各部门用地提供统一的管控数据和检测功能，防止“多规”矛盾冲突，实现衔接；另一方面可以提高效率，实现项目并联审批，形成“一个平台、一门受理、一规初审、部门联动、限时办结”的项目审批机制①。

小　结

研究从协同治理的角度，在县级及以下层面构建了“多规合一”思路下的“协同—架构—保障”体系，旨在打破部门间的利益藩篱及由此形成的权力垄断和信息壁垒。协同治理理论视角下的空间规划体系，从区域综合利益最大化和区域生态文明建设的总体要求出发，为实现资源共享、利益协调、规划协同提供了思路。它是在统一的战略目标下，通过部门协同带动布局协同、标准协同、期限协同，并在此基础上编制国土空间综合规划，设置规划控制线统筹协调，形成由国土空间综合规划统领“多规”的空间规划体系层级架构，能够为现实中还处于探索阶段的“多规合一”实践提供方向和路径。

综合全国28个市县的“多规合一”试点经验，构建空间规划体系需要注意两点问题：一是重视规划主体的设置。目前各试点地区基本成立了“多规合一”领导小组，组织实施“多规合一”相关工作。建议保持“多规合一”领导小组的长期性，确保综合规划的统领地位及“多规”衔接能力；改革时机成熟，可将所有规划编制与管理职能部门整合，独立于规划实施部门，使之既有行政上的统筹能力又有空间规划的业务能力。第二，重视纵向规划体系的层级与规划类型设置。由于地级市能够发挥作用的空间非常有限，研究提出全国纵向上的空间规划体系的最末一级确定在县级，而且偏向于国家、省级层面同样编制的综合规划，实施宏观层面的规划管理。只有在顶层规划设计上实现统一，地方层面的综合规划及专项规划、详细规划才能实现有效衔接与实施。

---

① 徐东辉．“三规合一”的城乡总体规划［A］．中国城市规划学会．城市规划和科学发展——2009中国城市规划年会论文集［C］．中国城市规划学会，2009（10）．

第三编

“一带一路”战略与政府治理现代化

第十章　中国少数民族非物质文化遗产研究

少数民族非物质文化遗产（非遗）是少数民族历史和知识体系的代表，在少数民族漫长的历史发展进程中，不仅遗留下众多物质文化遗产，同时也有许多非物质文化遗产存在，闪烁着人类智慧的光芒。联合国教科文组织在2001年10月，正式通过了《保护非物质文化遗产公约》和《保护文化多样性宣言》，这广泛吸引了世界各地人们的注意力，很多接近消失匿迹的人类文化遗产重新获得了人们的认可。2011年通过的《中华人民共和国非物质文化遗产法》，代表着我国政府对非物质文化遗产的保护走上法制化道路。

通过利用ArcGIS分析法，对624项中国国家级少数民族非物质文化遗产项目（台湾地区外）进行空间分析。研究表明，在各省分布的中国少数民族非物质文化遗产不均衡，并呈现出组团状分布的特征。从全国地域分布角度来分析，少数民族非遗在西南、西北地区分布最多，东北地区相对较多，华南、华中地区次之，华北和华东地区项目稀少；从南北方向看，南方非遗总数比北方稍多；从东中西部看，东部非遗总数明显比中部和西部少，西部地区最多，中部地区次之。而影响空间分布的主要因素为生态环境、多民族共同聚集区和原始艺术的丰富性、政府重视程度及市场的推动作用的差异性。

第一节　研究方法与数据

一、文献回顾

目前，少数民族非遗没有明确的概念。韩小兵通过三个方面解释目前关于“少数民族非物质文化遗产”的理解：一是在我国55个少数民族中产生并流传的综合性文化体系；二是少数民族创造的，依托特定民族个人或群体传承而保存下来的“活”遗产；三是少数民族的各种生活实践活动，包括其表演及表现形式，知识技能，以及相关的实物、用具和文化场合①。

少数民族非遗在文化发展与传承中表现出民间地域性、生态性等特征②。除此之外，少数民族非遗还具有活态遗产、环境依存、口传身授、异于主流文化和更强的濒危性等特征③。少数民族非遗在为增强中华民族的大团结、建设和谐社会、加深国际交流方面起着重要的社会、文化、科学、经济及旅游价值④⑤。我国政府抢救和保护少数民族非遗方面取得了进展，但同时存在一些问题和困境。对此，研究者提出了少数民族非遗保护与传承的不同措施。开发和利用少数民族非遗一直是学者讨论的重要话题，有赞成也有反对的。少数民族非遗研究方法包括人类学、民族学、社会学、旅游学以及田野调查法⑥，较少运用空间分析法来研究中国少数民族非遗的空间分布。为进一步了解中国少数民族非遗地理空间分布特点和影响因素，本文搜集和整理了相关资料数据，运用地理信息技术，对其地理空间分布进行了分析，为中国少数民族非遗的保护传承与合理开发提供参考。

二、研究方法与数据来源

（一）研究方法

本文利用ArcGIS10.3软件，进行中国少数民族非遗的省域分布分析，并测算其核密度。再利用空间分析法，从全国范围、省际、东南西北中不同地域，以及民族文化差异等尺度研究中国少数民族非遗的空间地域分布特征和

---

① 韩小兵. 少数民族非遗概念界定及其法律意义［J］. 北京政法职业学院学报，2010，（4）：24-26.

② 覃志鹏. 论少数民族非遗保护［J］. 广西社会主义学院学报，2008，（3）：53-54.

③ 韩小兵. 中国少数民族非遗法律保护基本问题研究［D］. 北京：中央民族大学，2010.

④ 张世均. 我国少数民族非遗的价值［J］. 西南民族大学学报：人文社科版，2007，（7）：137-140.

⑤ 郭剑英，余晓萍. 非遗价值评价——以四川西部少数民族地区为例［J］. 乐山师范学院学报，2009，（4）：91-93.

⑥ 邓小艳. 我国少数民族非物质文化遗产研究综述［J］. 经济研究导刊，2010（23）：122-124.

影响因素。利用全样本分析方法，全面准确地收集了全国国家级少数民族非遗的地理分布位置。所有数据来自于中国非物质文化遗产网、国家民委门户网站权威发布。“我们既要继续采用传统的方式方法去收集特定需要的数据，又要善于利用现代网络信息技术和各种数据源去收集一切相关的数据，并善于从大数据中进行再过滤、再选择。”① 此数据库不是抽样案例而是构成了全样本数据库结构，因此，经验事实的信度与效度很高。

（二）数据来源与处理

本研究采用国家级（包括扩展项目）名录的中国少数民族非遗数据进行分析，数据主要来源于中国非物质文化遗产网（http：//www.ihchina.cn），国家民委门户网站（首页—专题集粹—网上展馆—中国少数民族非遗展示周-国家级非遗名录及其扩展项目名录少数民族部分）（http：//www.seac.gov.cn）。国家民委门户网已列出第一、二、三批国家级少数民族非遗名录及其扩展项目名录。笔者在此基础上继续整理第四批国家级少数民族非遗名录及其扩展项目名录。到目前为止，国务院总共公布了四批国家级非遗名录。如表 10-1 所示。

表 10-1 中国国家级少数民族非遗项目总数量

名录批次	公布时间	项目总数
第一批少数民族非遗项目名录	2006 年 5 月 20 日	166
第一批少数民族非遗扩展项目名录	2008 年 6 月 14 日	45
第二批少数民族非遗项目名录	2008 年 6 月 14 日	193
第三批少数民族非遗项目名录	2011 年 6 月 10 日	66
第三批少数民族非遗扩展项目名录	2011 年 6 月 10 日	48
第四批少数民族非遗项目名录	2014 年 7 月 16 日	57
第四批少数民族非遗扩展项目名录	2014 年 7 月 16 日	49

① 李金昌. 大数据与统计新思维［J］. 统计研究，2014，（1）：12.

第一、二、三、四批国家级少数民族非遗项目数共624项①②。由于同一非遗项目同时被不同地区联合申报，因此，本研究为了更准确分析中国少数民族非遗分布特征，按行政区划对其进行分析，最后共得出22省份的732项非遗项目。如表10-2所示。

表10-2 中国少数民族非遗来源

省份	项目数量合计	省份	项目数量合计
贵州	84	福建	8
广西	40	重庆	9
云南	92	宁夏	11
吉林	30	湖南	34
辽宁	17	湖北	8
新疆	95	黑龙江	17
西藏	59	海南	14
青海	55	河北	5
甘肃	19	天津	1
四川	54	广东	7
内蒙古	68	浙江	5

第二节 少数民族非遗分布与影响因素

一、研究结果：分布特征分析

（一）结构类型分析

本文研究的少数民族非遗是依据2008年国务院发布的19号文件中规定

① 国家民委政府网．国家级少数民族名录［EB/OL］．http：//www. seac. gov. cn/col/col7393/index. html，2016-04-01.

② 中国非物质文化遗产网．国家名录［EB/OL］．http：//www. ihchina. cn/show/feiyiweb/html/com. tjopen. define. pojo. feiyiwangzhan. GuoJiaMingLu. guojiamingluMore. html，2016-04-01.

的十一大分类，分别是民间文学、传统音乐、传统舞蹈、传统戏剧、曲艺、传统体育、游艺与杂技、传统美术、传统技艺、传统医药和民俗。通过分析得出，非遗项目数量最多的是民俗，有145项，占总量的19.81%；其次为传统舞蹈类和传统音乐类项目，共123项和121项，占总量的16.80%和16.53%；传统技艺和民间文学类项目相对较多，分别为110项和77项，占总量的15.03%和10.52%；传统美术、传统医药、传统体育、游艺与杂技、传统戏剧和曲艺类项目数量分别为57项、28项、24项、24项和23项，分别占总量的7.79%、3.83%、3.28%、3.28%和3.14%。

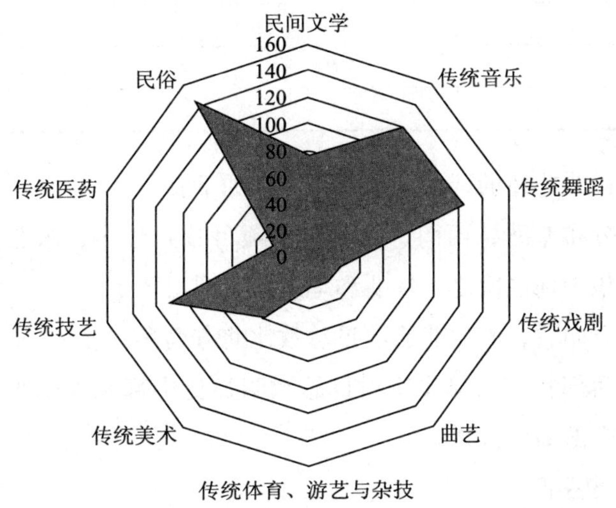

图10-1 中国少数民族非遗类型结构

总结得出，中国少数民族非遗类型呈现出以民俗、传统舞蹈和传统音乐项目为主，以传统技艺和民间文学项目为次，传统美术、传统医药、传统体育、游艺与杂技、传统戏剧和曲艺类项目稀缺的结构特点。如图10-1。

（二）空间分布特征分析

1. 区域分布特征

中国少数民族非遗在区域分布上呈现出分布不均衡（表10-3），西南地区的少数民族非遗数量居于首位，共有298项，占总数的40.71%；西北地区共有192项，占总数的26.23%；东北地区共有102项目，占总数的13.93%；

华南地区共有 61 项，占总数的 8.33%；华中地区共有 42 项，占总数的 5.74%；华北地区共有 24 项，占总数的 3.28%；华东地区最少，共有 13 项，占 1.78%。

表 10-3 中国少数民族非遗的区域分布一览

区域	国家级少数民族非物质文化遗产项目数量	占百分比（%）
华北	24	3.28
华东	13	1.78
西南	298	40.71
西北	192	26.23
华中	42	5.74
东北	102	13.93
华南	61	8.33

中国少数民族非遗的区域分布特征归纳如下：

①从地域分布来看，西南、西北地区项目分布最多，东北地区项目相对较多，华南、华中地区次之，华北和华东地区项目稀少。

②从南北方向看，南方非遗项目总数比北方稍多。

③从东中西部看，东部非遗项目总数明显比中部和西部少，西部地区非遗项目最多，中部地区次之。

2. 省域分布特征

ArcGIS 10.3 中利用 Quantities 进行可视化处理，得出中国少数民族非遗的省域分布状况。可以得出，我国少数民族非遗在各省的分布不均衡，并呈现组团状分布的特征。其中，新疆、云南、贵州、内蒙古、西藏、青海省最为集中，此外，四川、广西、湖南、吉林等省也比较集中。

由图 10-2 我们能发现，四批我国少数民族非遗名录中，22 个省份的非遗项目差别很大。第一批中项目中数量最多的是贵州省和云南省，数量分别为 36 项、34 项。其次为新疆、内蒙古、广西、西藏、四川、湖南、黑龙江等省，最少的为天津和浙江，各有 1 项。四批少数民族非遗中，天津只有一项非遗。第二批中项目数量最多的为新疆和云南省，数量分别为 34 项和 31 项。最少的为河北省和广东省，各有 1 项。第三批中大部分省份的非遗项目数量都有减少，最多的为新疆省，有 23 项。项目数量最少的为浙江、河北、湖北、宁夏各只有 1 项。第四批中内蒙古、宁夏、青海省的非遗数量有所增长，最多的为内蒙古有 18 项，其次为新疆有 15 项。最少的为浙江、河北、海南、湖北、重庆、福建、甘肃、辽宁省，各只有 1 项。

四批国家级少数民族非遗名录中，省平均非遗项目数量是递减的。经过计算可得，第一批少数民族非遗省平均项目数量约为 11.77 项、第二批约为 9.82 项、第三批约为 6.32 项、第四批约为 5.36 项。图 10-2 中，我们还可以看到，每批的少数民族非遗总数有减少的趋势。分析其原因，首先，2005 年国务院出台了《国务院办公厅关于加强我国非物质文化遗产保护工作的意见》的文件，随后进一步对关于非物质文化遗产概念、保护、利用等相关概念做出规定，促进了全国各地地区挖掘、申报和保护当地非遗的工作进展。因此，我们可以看出第一批国家级少数民族非遗省平均项目数量最多。但是，由于各省区的少数民族非遗项目资源有限，随着非遗项目被申报到国家级层面后，剩余的非遗数量会减少。其次，我国的非遗实行分级递进申报制度，因此，每项被挖掘出来的非遗项目需要经历一系列漫长的评定和考核阶段后，才能升级到国家级级别。

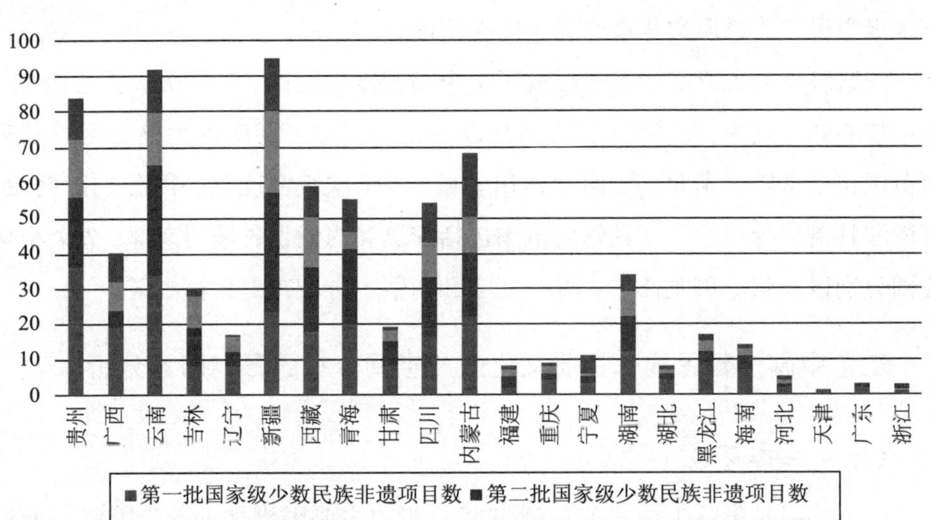

图 10-2 各个省的国家级少数民族非遗数量

3. 空间分布聚集区域分析

采用分布密度来测量空间聚集区域。在 ArcGIS 软件中的空间分布工具 Density 中有核密度、点密度和线性密度 3 种表示分布密度的方法，文章研究采用核密度估计法（kerneldensityestimation，KDE），表示空间的任何位置上都有地理事件发生，但是在不同的位置上的概率不一样。点密度大的区域事件发生概率高，点密度小的区域事件发生概率低①。

根据概率理论，核密度估计的定义为：设点集 X_1，…，X_n是当作从分布密度函数为 f 的总体中抽取的样本，估计 f 在某点 x 处的 f（x）②。通常用 Rosenblatt-Parzen 核估计，其计算公式为

$$f_n(x) = \frac{1}{nh}\sum_{i=1}^{n} k\left(\frac{x - X_i}{h}\right)$$

式中：k（ ）称为核函数；h>0 为带宽；估值点 x 到事件 X_i处的距离用（$x-X_i$）来表示。KDE 的主要影响因素包括上述核函数的数学形式和带宽的值。利用 ArcGIS10.3 的 Spatial Analyst 中集成的 Kernel Density 工具进行核密度估计。通过多次试验，选择带宽（search radius）为 400.0km，生成中国国家级少数民族非物质文化遗产名录的核密度分布格局。

国家级少数民族非遗资源形成了 1 个高密度核心圈，2 个次级核心圈和 2 个小核心圈。其中，高密度核心圈是以贵州、广西、湖南省为核心区，其辐射范围包括重庆、湖北、云南和四川省域；2 个次级密度核心圈分别以西藏、青海和甘肃省为核心区，其辐射范围包括宁夏和内蒙古省域西南部；2 个小核心圈分别以新疆、黑龙江、吉林、辽宁和内蒙古省域东部为核心区。

二、中国少数民族非物质文化遗产空间分布的影响因素分析

（一）生态环境

生态环境是影响少数民族非遗空间分布的主要因素之一。少数民族非遗

---

① PHILIPP KJ. 数据之魅：基于开源工具的数据分析［M］. 北京：清华大学出版社，2012：19.

② 欧阳正宇. 丝绸之路非物质文化遗产旅游开发 RMP 分析［J］. 干旱区资源与环境，2012，26（12）：203-208.

作为一种特殊的中华民族文化资源，其数量和类型受到自然、社会和文化等环境因素的制约。我国国土面积为 960 万平方公里，是世界国土面积第三大的国家，疆土辽阔、资源丰富、地貌复杂、气候类型多样，存在着多种多样的生态环境类型。各种类型的生态环境为少数民族非遗的孕育和发展提供了基础和挑战，同时，决定着我国少数民族非遗的类型和数量分布。

首先，生态环境决定着中国少数民族非遗的数量分布。河流塑造适合人类生育和繁荣的自然环境，与此同时，也给少数民族非遗的形成和发展提供了绝佳的条件。中国少数民族非遗的高密度核心区和 1 个次级密度核心区主要分布在长江和黄河的中上游流域，这些流域拥有丰富的水利资源、生物资源和适宜的气候条件，能够满足当地人们生存的基本要求，因此，河流区域少数民族非遗项目数量分布密度最大。其次，生态环境决定着少数民族非遗的类型分布。“北人擅骑、南人擅水”，北方地区的御术马术类体育非遗项目明显多于南方地区，而水上活动类多分布在南方地区。我国南北地区的地形、气候和自然资源有很大的差别。我国西部和北部地区主要存在着游牧民族特有浓厚的游牧文化，在南部和东部更多的存在着农耕民族代表文化。

另外，少数民族非遗的分布受到地势地貌的影响比较大。喀斯特地貌在中国的分布广泛，云南东部、贵州和广西所占的面积最大；西藏和北方一些地区也有喀斯特分布。热带和亚热带喀斯特主要分布在广西，高原喀斯特大部分分布在贵州、云南和西藏地区，四川、云南和西藏等高海拔地区主要是高山喀斯特。喀斯特地貌一般高低不均匀，峰峦林立，通常能见到的地表有石林、溶沟等形态。这些区域以高原、山地为主，给生活在当地的少数民族创造了一种封闭型的自然环境，很难受到外界文化的冲击和接触，为当地的少数民族原始非遗的完整保存并继续传承下去创造了良好的自然环境。我国中原和东部地区的少数民族非遗项目数量非常少。首先，因为我国中原和东部地区的少数民族人口数量少，人口比例上，汉族人数量多。其次，中原和东部地区的地势地貌以平原为主，生活在此区域的少数民族处于开放型的自然环境中，当地的少数民族非遗很容易受到外界文化的冲击。随着时间的推移，外界文化使少数民族文化内容淡化，逐渐失去原始文化特色。

（二）多民族共同聚集区和原始艺术的丰富性

新疆维吾尔族自治区位于我国西北部，有 12 个历史久远的原住少数民族，包括维吾尔族、哈萨克族、回族、柯尔克孜族等，除了原住民族之外，现在还有东乡族、壮族、撒拉族、藏族、彝族、布族、依族、朝鲜族等其他少数民族。新疆从古自今就是多民族共同生活的区域，在广阔辽远的土地上生活着 55 个民族，各少数民族拥有独特的原始艺术和文化风格，随着政府和有关部门挖掘当地少数民族非物质文化遗产工作的进展，越来越多的少数民族非遗项目类型展现在我们面前。与此同时，不同少数民族之间存在一定的非遗项目申报的竞争，促使当地非遗项目数量的增加。因此，新疆国家级少数民族非遗项目数量是最多的。如表 10-4 所示。其中有些非遗项目同时被其他少数民族共有，因此没被列入到表中。例如，花毡、印花布织染技艺，诺如孜节，阿凡提故事和西王母神话等。虽然新疆少数民族非遗项目很多，但由于地广人稀，因此，新疆国家级少数民族非遗分布密度较低。南方的贵州、广西和湖南也是少数民族主要聚集区，拥有大量的少数民族原始艺术，由于地狭人稠，国家级少数民族非遗分布密度很高（图 10-4）。

表 10-4　新疆少数民族非遗数量一览

民族	非遗数量	民族	非遗数量
维吾尔族	35	回族	2
哈萨克族	17	塔塔尔族	2
蒙古族	13	乌孜别克族	1
锡伯族	7	达斡尔族	1
柯尔克孜族	5	满族	1
塔吉克族	5	俄罗斯族	1

我国总共有 5 个少数民族自治区，30 个少数民族自治州，120 个少数民族自治县，占少数民族非遗项目数量的绝大部分。民族自治区域可以反映该地区的民族分布状况。少数民族自治地方的民族聚集程度高，小孩从出生那天起，在浓厚的民族文化与传统习俗的熏陶中长大，深知自己的民族身份，认同代代相传的传统文化。大家共同生活在一起，一代接一代地保护与传承

本民族文化遗产。在这样的环境中生活的少数民族文化很难被汉化趋同，保存少数民族非遗的机率大。

（三）政府重视程度和市场的推动作用的差异性

在少数民族非遗分布中政府和市场的作用不能忽视的。各省对少数民族非遗的重视程度不一样，在少数民族自治地方政府对少数民族非遗的重视程度较高。因为，首先，当地的少数民族聚集度高，人数相对多，少数民族非遗代表当地政府的一种特色。其次，1982 年《宪法》的第 4 条规定："各少数民族聚居的地方实行区域自治，设立自治机关，行使自治权。各民族自治地方都是中华人民共和国不可分离的部分。"1982 年《宪法》第三章"国家机构"的第六节"民族自治地方的自治机关"增加了一些关于民族区域自治制度的规定。主要内容包括，民族自治地方人大常委会主任或副主任一职应由少数民族公民担任，自治地方行政长官应由本民族公民担任，自治机关在国家领导下，民族地区政治、经济、文化事业皆享有高度自主性等。由少数民族组成的领导层大力支持当地少数民族非遗的保护、评定与申报工作，推进民族文化事业的发展。政府对少数民族非遗的重视程度在少数民族地区政府间有可比性。由于少数民族的人数少、聚集度低、规模小等众多原因，非少数民族地区政府的关注明显会比少数民族地区的低。

我国现阶段很重视产业结构升级和优化，国民经济计划由第一产业转向第二产业，进而完成向第三产业的发展和升级。习近平总书记强调，"要加快发展现代文化产业，推动文化产业结构优化升级，发展骨干文化企业和创意文化产业，培育新型文化业态，扩大和引导文化消费，推动文化产业成为国民经济支柱性产业。"① 文化产业是第三产业必不可少的重要要素之一。政府能充分发挥市场的作用，对少数民族非遗进行产业化，合理开发，发展旅游业。随着产业化的进行和旅游业的开展，当地居民可以提高收入，与此同时，政府也提高财政收入。进而非遗的挖掘工作得到了当地少数民族更多地重视和政府的财政支持，促进非遗的申报进程，最终达到非物质文化遗产的循环

① 中共中央宣传部组织．习近平总书记系列讲话重要读本［M］．北京：学习出版社，2016：207-208.

动态保护。

小　结

中国国家级少数民族非物质文化遗产的类型结构具有以民俗、传统舞蹈和传统音乐项目为主，以传统技艺和民间文学项目为次，传统美术、传统医药、传统体育、游艺与杂技、传统戏剧和曲艺类项目稀缺的结构特点。我国国家级少数民族非遗在各省的分布不均衡且民族文化差异显著，并呈现组团状分布的特征。区域分布特征表现为：一是从地域分布来看，西南、西北地区项目分布最多，东北地区项目相对较多，华南、华中地区次之，华北和华东地区项目稀少；二是从南北方向看，南方非遗项目总数比北方稍多；三是从东西方向看，东部非遗项目总数明显比中部和西部少，西部地区非遗项目最多，中部地区次之。中国少数民族非遗形成了 1 个高密度核心圈，2 个次级核心圈和 2 个小核心圈。影响中国少数民族非遗空间分布的主要因素有：首先，生态环境决定着中国少数民族非遗的类型和数量分布；其次，多民族共同聚集区和原始艺术的丰富性，在一定程度上影响非遗项目分布密度和数量；再次，政府重视程度以及市场的推动作用的差异性等因素会影响我国少数民族非遗的空间分布。

少数民族非遗代表少数民族长久历史中的生活方式、知识体系，是国家和民族创造力的证明，其中蕴藏着民族传统文明的根源。保护少数民族非遗关系到国家或地区社会优秀文化的延续与现代和谐社会的建设。随着经济迅速发展与现代化推进，古老的、独特的、稀有的少数民族文化开始呈现在眼前，与现代社会发生碰撞，相当一部分民族文化受到了的剧烈冲击，面临着生存与发展的困境。本研究的主要目的是为中国少数民族非遗的保护传承与合理开发提供参考。少数民族非遗更多是被少数民族自治区、县申报，因此，要对这些地区进行有针对性的非遗传承保护。本研究只相对关注国家级少数民族非遗项目空间分布和结构类型，未来需要加强对少数民族非遗项目挖掘、申报和评定效率的研究。

第十一章　丝绸之路经济带政府门户网站可访问性

少数民族自治县政府门户网站的服务水平对于丝绸之路经济带的建设具有重要的作用，同时对少数民族自治县政府的行政管理创新也有着重要意义，而满足网站的可访问性标准则是政府门户网站提供在线公共服务的前提。采用 WAG2.0 级别 A 的网站可访问性国际标准，评价丝绸之路经济带上的69 个少数民族自治县政府门户网站的可访问性情况；并以此为因变量，以经济发展水平、人口总数为控制变量，分析府际竞争对政府门户网站可访问性的影响。基于实证结果，对如何改善丝绸之路经济带上少数民族自治县的政府门户网站建设提出了措施建议。

第一节　研究背景与方法

一、研究背景和相关概念

（一）研究背景

对政府门户网站可访问性水平的研究有着重要的实践意义。随着中国服务型政府建设的深入，从中央到地方的各级政府都在积极推进电子政府建设，实现以公共服务为目标的政府改革，许多地方政府已经开始着手建设公共服务导向的电子政府，其中在线公共服务的提供尤为重要。丝绸之路经济带作为中国政府在新形势下提出的一项重大战略，对沿线地区的经济和社会发展将会带来重要影响，同时也需要沿线各级政府在公共服务的提供方面改进效率，提升质量。中国作为一个多民族国家，少数民族地区政府的在线公共服务水平对于实现“四个全面”战略布局和建成现代化国家产生着重要影响。而县级政府作为中国政府层级中公共服务最前线的政府，其在线公共服务水平的高低严重制约着中国政府在线公共服务水平。而政府门户网站的可访问性作为政府提供在线公共服务的第一步和重要窗口，其水平的高低直接制约着政府在线公共服务水平的发展。

由于政府网站的重要性与前瞻性，它已经成为一个重要的研究主题，从学者的研究来看，学者马亮在《电子政务发展的影响因素：中国地级市的实证研究》一文中得出结论：政府资源和能力、府际竞争和府际学习的区域扩散效应及上级政府的压力与政府网站的发展水平具有显著的正相关。而汪玉凯教授的《中国政府门户网站建设及其评价》较早对中国政府门户网站建设的情况做了研究，提出“如何加强对政府门户网站的评估，建立科学的测评体系，解决政府门户网站发展中存在的问题，成为我国电子政务建设中一个不容忽视的问题。”学者刘新苗在《民族地区电子政务发展存在的问题及对策分析》一文中研究了民族地区电子政务发展中存在的问题。学者李广建等在《基于 WCAG2.0 的中国城市政府网站可访问性评价研究》一文中研究了中国 37 个主要城市的政府网站的可访问性现状。但是上述文献的焦点主要集中在电子政务等宏观领域，对于电子政务发展的第一步——政府门户网站的可访问性问题则并未提及，有的虽然已提及可访问性问题，但其研究对象集中在市级政府，主要是省会城市和东部城市，对于少数民族地区和县级政府则并未提及，对于研究县级政府门户网站可访问性的文献相对较少。本文采取定量分析的研究方法，采用了 WAG2.0 级别 A 的网站可访问性国际标准，评价了丝绸之路经济带上的 69 个少数民族自治县政府门户网站的可访问性情况；并以此为因变量，以经济发展水平、人口总数为控制变量，分析府际竞争对政府门户网站可访问性的影响。

（二）相关概念定义

关于门户网站的含义，《新中国 60 年新词新语词典》的解释是，以搜索引擎为核心，在网站引申出各式各样的服务，由这些服务构成的完整的服务网络。《网络社会学词典》的解释分为广义和狭义两种解释，广义的解释：这里是一个应用框架，它将各种应用系统、数据资源和互联网资源集成到一个信息管理平台之上，并以统一的用户界面提供给用户，使企业可以快速地建立企业对客户、企业对内部员工和企业对企业的信息通道，使企业能够释放存储在企业内部和外部的各种信息。狭义的解释：所谓门户网站，是指通向某类综合性互联网信息资源并提供有关信息服务的应用系统。而在本文中我们定义的政府门户网站主要是指各级政府的门户网站，由此可以连接到本级政府下属各机构和部门的网站。网站可访问性的基本含义是保障残障人士能够方便地利用一个网站，即残障人士能感知、理解、浏览网站及其内容，并能与网站进行交互。这里的残障人士既包括视觉、听觉、肢体、言语、认知、神经系统存在缺欠的残疾人士，也包括由于年龄增长而出现相关障碍的年长人士。虽然网站可访问性是立足于残障人士的需求而提出的，但是，其作用远不仅于此，它同样对普通用户也具有重要意义。网站可访问性的核心及精髓在于使得网站及其系统能灵活地满足不同用户的需求、偏好和使用环境，例如，较慢的网络连接速度、嘈杂的环境、过暗或过亮的光线、不同类型的浏览工具等对网站访问的影响，都属于网站可访问性的考虑范围。因此，我们在本文中对网站可访问性的定义是对网站及其信息易于感知、易于操作、易于理解并在异常情况下可持续提供服务的普适性要求。本文中的府际竞争是指政府之间以辖区利益最大化为目标，围绕各种有形或无形资源而开展竞争，包括直接竞争和间接竞争、横向竞争和纵向竞争。

二、方法论

（一）文献综述及假设

关于研究政府门户网站可访问性的文献有很多，综合中国知网的查阅结果自 1999 年到 2015 年间，共有 42 篇文献研究政府门户网站的可访问性。其中，学者郭金兰在《中国政府网站可访问性现状》一文中研究了中国政府网站可访问性的现状，提出了其应该作为政府门户网站绩效评估过程中的指标之一，并且要提高政府门户网站的可访问性技术，更好地提供在线公共服务。

学者李广建等在《基于 WCAG2.0 的中国城市政府网站可访问性评价研究》一文中基于 WCAG2.0 的网站可访问性标准，利用 Achecker 检测工具对中国副省级以上的 37 个城市的政府网站做了可访问性评价研究，得出中国的主要城市政府网站首页的可访问性错误较多，首页的可访问性问题较为突出。学者马亮在《电子政务发展的影响因素：中国地级市的实证研究》一文中基于政府创新扩散理论并采用中国地级市政府数据对电子政务发展水平的影响因素进行了实证研究，研究发现，除公众压力的影响不显著外，府际竞争、府际学习、上级政府压力、政府资源与能力等因素都同政府网站发展水平呈显著正相关关系；此外，人均地区生产总值、人口规模、城市行政级别等因素也与政府网站发展水平有显著正相关关系。

基于上述文献分析，本文将对丝绸之路经济带上的 69 个少数民族自治县的政府门户网站的可访问性情况进行描述性统计分析，并以府际竞争为自变量，以经济发展水平、人口总数为控制变量，探究府际竞争对政府门户网站可访问性的影响分析。本文提出假设如下。

在控制经济发展水平、人口总量的前提下，同一地级市内临近区县的政府门户网站的可访问性水平越高，所在少数民族自治县的政府网站的可访问性水平越高。

（二）变量设定及数据来源

本章选取丝绸之路经济带上的少数民族自治县政府门户网站作为研究府际竞争对政府门户网站可访问性影响的研究对象，理由有三点：①“一带一路”战略作为国家全面改革和对外开放的重要战略之一，其沿线地区的政府信息化水平和在线公共服务水平能否适应一带一路战略的要求将对这一战略实施的成功与否产生重要的影响；②与省级、市级政府相比，“一带一路”上的 69 个少数民族自治县的样本量较大，能够满足统计分析要求，有利于对文章提出的研究假设进行检验，因此，在数据库建设和统计分析方面具有一定的优势；③少数民族地区的经济和社会发展一直是国家关注的重要命题，而针对少数民族地区在线公共服务水平进行的研究，能够真实地了解少数民族地区的政务信息化现状，对于制定少数民族地区的政务信息化政策提供相关支持。作为一项探索性研究，本文首先进行横截面研究，并在未来条件成熟时开展纵贯研究。

对于政府门户网站的可访问性水平，本文将以政府门户网站的可访问性错误数作为因变量，可访问性错误数越多，可访问性水平越低。结合之前的文献研究，本文选取的测评工具为 Achecker Web Accessibility Checker，评价标准为 WAG2.0 标准。AChecker 是一个开源网络可访问性评价工具，选取 Achecker 工具的主要原因之一是 Achecker 可以按 WCAG2.0 标准进行测评，适宜做较大规模的网站测评。Achecker 将网页在技术层面上不符合 WCAG2.0 标准的错误分为三种类型："错误""可能错误"和"潜在错误"。考虑到"可能错误"和"潜在错误"中涉及的大量与网页编码相关问题，不具可参考性，本文只选取测评结果中的"错误"部分做分析。分析过程中对可访问性错误数进行了对数化处理，使之值更小且易于解释分析结果。

为了衡量府际竞争对政府网站发展水平的影响，本文结合已有相关研究和因变量的设定，将少数民族自治县所在地市的其他区县政府网站可访问性出现错误数量的均值作为衡量指标。其值越小，说明其他区县政府门户网站的可访问性水平越高，表明城市政府面临的竞争压力越大，为获得比较竞争优势而采用政府创新的可能性也更强。分析过程中对府际竞争值也进行了对数化处理，使之值更小且易于解释分析结果。

为了控制其他因素对政府网站发展可访问性水平的影响，本文设置了如下控制变量：

首先，地区经济发展水平可能是影响政府信息技术创新的重要因素。本文在模型中控制了经济发展水平。经济发展水平通常采用县级 2014 年人均地区生产总值（GDP）来衡量，并进行了对数化处理，使之值更小且易于解释分析结果。

其次，组织规模作为反映组织资源状况的重要指标，与政府门户网站的可访问性水平息息相关。为此，本文控制了县级人口总数，采用辖区 2014 年末人口总数进行衡量。

本文的数据来自调查的一手数据和公开的二手数据，可以确保数据来源的可靠性和研究结论的可重复性。因变量政府门户网站的可访问性错误数和自变量府际竞争值的数据来自 Achecker Web Accessibility Checker 工具基于 WAG2.0 标准的检测。控制变量人口总数和人均 GDP 的数据均来自最近年份的《中国县域统计年鉴》和《中国民族地区统计手册》等统计资料和研究报告。

第二节 分析、讨论与发现

一、结果分析

表 11-1 政府门户网站可访问性问题数分布情况

问题数	全样本		有效样本	
	数值	比例	数值	比例
0~100	30	43.5%	30	48.4%
100~200	21	30.5%	21	33.9%
200~300	6	8.7%	6	9.7%
300~400	3	4.3%	3	4.8%
400 以上	2	2.9%	2	3.2%
未有政府门户网站	7	10.1%	0	0
总计	69	100%	62	100%

表 11-1 从数量和比例上对丝绸之路经济带上的少数民族自治县政府门户网站可访问性问题数总体情况做了简要概括，由表中数据可知，其中有新疆塔什库尔干塔吉克自治县等七个少数民族自治县没有自己的政府门户网站，所以本研究的有效样本数为 62。从 62 个有效样本中我们发现，丝绸之路经济带上的少数民族自治县政府门户网站可访问性问题数大部分少于 200，少于 200 个问题的县占比 82.3%。有两个县的政府门户网站可访问性问题超过了 400 个，占比 3.2%。

表 11-2 描述性统计结果

	人口总数（万人）	人均 GDP（元）	可访问性问题数	府际竞争
样本数	62	62	62	62
最大值	84.9708	288301	1995	639
最小值	0.8927	4335	0	0
平均值	27.491134	26651.24	154	241
标准差	17.9302411	39252.983	294.375	193.121

表 11-2 报告了变量的描述性统计分析结果。可以看到丝绸之路上各少数民族自治县之间的政府门户网站可访问性出现的问题数差距较大，可访问性水平差距较大。水平最佳的政府门户网站可访问性出现的问题数为 0，通过了 WCAG2.0 标准的 Achecker Web Accessibility Checker 的检测，共有云南玉龙、云南峨山、甘肃肃南、青海互助等 4 个少数民族自治县通过了检测，而水平最差的云南漾濞县则出现了 1995 个问题。样本中可访问性问题数的标准差为 294.375，说明存在较大的变异和解释空间。

表 11-3 相关性分析结果（取对数）

	人口总数（万人）	人均 GDP（元）	府际竞争	可访问性问题数
人口总数				
人均 GDP	-0.694 * *			
府际竞争	0.094	0.018		
可访问性问题数	0.349 * *	-0.359 * *	0.445 * *	

* * Correlation is significant at the 0.01 level (2-tailed).

表 11-3 报告了变量之间的相关关系。与本文的预期一致，府际竞争均与政府网站可访问性水平呈显著正相关关系。而作为控制变量的人口总数与可访问性问题数呈显著正相关关系，与可访问性水平呈显著负相关关系，而经济发展水平则与可访问性问题数呈显著负相关关系，与可访问性水平呈显著正相关关系，而从自变量之间的相关关系来看，人口总数与经济发展水平呈显著负相关关系，府际竞争与人口总数和经济发展水平的关系并不显著，不存在多重共线性的问题。上述研究发现表明本文提出研究假设得到了初步验证。

表 11-4　回归分析结果（取对数）

	模型 1	模型 2
人口规模	0.382（0.332）	0.203（0.298）
人均 GDP	-0.585（0.433）	-0.768（0.387）*
府际竞争		0.507（0.124）***
R^2	0.148	0.338
F 值	5.129***	9.888***
样本数	62	62

注：回归系数在括号外，标准误在括号内。*** p<0.01，** p<0.05，* p<0.1。

表 11-4 报告了各个回归模型的主要分析结果。M1 为未加入自变量府际竞争的回归模型，主要是人口规模和经济发展水平对可访问性问题数的影响，其拟合优度相对较低，仅为 0.148，而 M2 为加入了自变量府际竞争之后的回归模型，加入了自变量府际竞争后的 M2 的拟合优度有了较大的提高，拟合优度为 0.338，并且 M1、M2 模型 F 值都通过了统计显著性检验（p=0.000），这说明府际竞争对政府门户网站的可访问性水平的影响得到了较好的解释。

分析显示，所在地级市内其他县政府门户网站的可访问性平均发展水平同少数民族自治县政府门户网站的可访问性发展水平正相关，且在回归模型中均通过了 99%的统计显著性检验，说明府际竞争与政府门户网站的可访问性水平呈显著正相关，表明府际竞争假设得到了支持，实证检验通过了研究假设。

从控制变量来看，分析显示，在加入了自变量府际竞争的 M2 中，人均 GDP 与政府门户网站的可访问性问题数在 90%的显著性水平上呈显著负相关关系，与政府门户网站的可访问性水平在 90%的显著性水平上呈显著正相关关系。这说明区域经济特征在较大程度上影响政府门户网站的可访问性水平，经济发展水平较高的少数民族自治县政府门户网站的可访问性水平更高。而人口总数则对政府门户网站的可访问性水平的相关关系并不显著，说明人口规模与政府门户网站的可访问性水平之间的关系在统计学意义上并不显著。

二、讨论与发现

本文采用中国丝绸之路经济带上的少数民族自治县截面数据对政府门户

网站的可访问性水平进行了研究，重点分析了府际竞争对政府门户网站可访问性的影响。实证结果表明，在控制人口总数和经济发展水平的情况下，府际竞争同政府门户网站的可访问性水平显著正相关，从而支持了本文提出的研究假设。

正如前文所述，中国政府网站的发展水平展现出低均值和高方差两个方面的特征。一方面，政府网站虽然高歌猛进、快速发展，但就平均水平来看，仍与发达国家之间存在明显的差距；另一方面，政府网站的发展水平在各级各地政府网站之间存在较大的差距，且短期内很难消除。中国政府网站发展的低均值与高方差这两个特征同时存在，政府内部因素会强化不同政府间的差距，而如府际竞争类的外部因素则会推动特定地域内政府门户网站协同发展。本文的研究发现证实了这一判断，由此启发未来研究在考察政府网站等政府治理创新的采用和扩散时，要重视府际竞争这一重要因素。

本文的研究还发现，作为控制变量的辖区经济发展水平同政府门户网站的可访问性水平显著正相关，表明经济发展水平越高，政府门户网站可访问性问题数越少，可访问性水平越高。而人口规模则与政府门户网站的可访问性水平相关性并不显著，由此可以看出，在丝绸之路经济带上少数民族自治县中，人口规模与政府门户网站的可访问性水平之间关联度并不大。

第三节 结论与政策建议

一、结论

政府门户网站的可访问性水平如何？究竟府际之间的竞争对政府门户网站的发展有没有影响？针对上述具有重要理论价值和现实意义的研究问题，本文采用中国丝绸之路经济带上的少数民族自治县政府截面数据对政府门户网站的可访问性水平及与府际竞争之间的关系进行了实证分析。从丝绸之路经济带上的少数民族自治县政府门户网站可访问性的评价结果来看，有云南玉龙、甘肃肃南等四个少数民族自治县通过了政府门户网站可访问性的检测，通过率为6.25%，有云南澜沧、新疆塔什库尔干等七个少数民族自治县没有自己的政府门户网站；其他少数民族自治县的政府网站共出现了9564个首页错误，在错误数的分布上，有1~100个首页错误的少数民族自治县数最多，共有26个，其次有21个少数民族自治县出现了101~200个首页错误，而云南南涧和漾濞两县的首页错误超过了1000个。政府门户网站的可访问性影响因素的相关分析结果显示，府际竞争的区域扩散效应促进了政府门户网站可访问性水平的提高。对于丝绸之路经济带上的少数民族自治县来说，“一带一路”战略的建设与发展为这些少数民族自治县的发展带来了机遇与挑战，提高丝绸之路经济带上少数民族自治县政府门户网站的在线服务水平显得迫在眉睫。

二、政策建议

本文的研究具有重要的政策启示，主要表现在以下几个方面：第一，政府门户网站的可访问性作为电子政务发展的第一步，有赖于政府的大力投入和系统管理，因此，丰富的政府资源和优良的区域环境是其发展的重要前提，而改善行政环境也与电子政务发展息息相关；第二，丝绸之路经济带上的少数民族自治县的政府门户网站可访问性水平参差不齐，政府需要加快电子政务的发展以应对“一带一路”战略带来的经济和社会发展的要求；第三，基于府际竞争的扩散效应，地方政府在发展政府门户网站时，会根据其他地方政府的整体表现选择竞争对象，中央或省级政府可以在区域中心县或重点县选择试点，利用政策、资金和技术的扶持，提高其政府门户网站的可访问性。

第十二章　中—俄—中亚关系中的跨界河流治理

跨界水资源问题已成为影响国家关系的重要因素。中国、俄罗斯与中亚互为邻国，相互间存在多条跨界河流，由水资源污染和用水争端引起的国家矛盾直接威胁着地区的安全与稳定。近些年来，中国、俄罗斯与中亚国家相互间加强区域内外的合作，在解决跨界河流争端问题方面取得了显著的成果，对维护地区的安全与稳定起到了重要的促进作用。特别是上海合作组织与“新丝绸之路经济带”的提出，为解决该区域的跨界河流问题提供了重要平台。

第一节　中—俄—中亚跨界河流利用争端

据不完全统计，目前全球共有263条跨界河流，其中由3个或3个以上国家共享的就有155条。目前由于全球气候变暖和环境污染，以水资源为核心引起的国际冲突日趋频繁，水资源特别是跨界水资源的激烈争夺现已成为影响地区和平与国家关系的一个重要诱因。

近几年来，中国的周边国家安全形势不容乐观，特别是美国“重返亚太战略”的实施，对中国东部海上安全造成严重威胁，因此中国西部地区的稳定显得尤为重要。2013年，中国国家主席习近平在哈萨克斯坦纳扎尔巴耶夫大学演讲时提出建设“新丝绸之路经济带”的宏伟设想，突出了俄罗斯和中亚地区在中国外交战略中的地位。中国、俄罗斯与中亚五国互为邻国，相互之间都存在着跨界河流争端问题，问题的处理将会影响相关地区的社会经济发展及区域稳定。

一、中—俄—中亚跨界河流利用中存在的问题

（一）额尔齐斯河与伊犁河流域

1. 水质污染

早在苏联时期，额尔齐斯河的水质就遭到污染。在 1946—1969 年，苏联在今哈萨克斯坦北部地区进行了地上和地下核试验。其中，由于地下核试验放射物不易于消散，相比地上核试验危害更大，这强烈干扰了当地的水文地质情况：一方面，影响到当地大气降水量；另一方面受到放射污染的水源和地质元素不断的循环，使得很多冰川（河流源头）受到污染，并且地下核试验的污染循环路径很难监测到。除此之外，二战时期，苏联生产了大量的军事武器，并转移到额尔齐斯河上游的列宁诺戈尔斯克、乌斯季卡缅诺戈尔斯克和塞米巴拉金斯克市，给当地环境带来了巨大的压力。①

现在河流最主要的化学污染源则来自当地的工业废水，它的危害比放射性元素的危害更大。沿岸的塞米巴拉金斯克和乌斯季卡缅诺戈尔斯克从 20 世纪 50 年代开始就发展重工业，但是技术落后，产生了大量的有毒工业废物，仅乌斯季卡缅诺戈尔斯克就往额尔齐斯河中排放了约 3000 万吨有毒废物。下游俄罗斯流域的水污染也很大程度上来自哈萨克斯坦沿岸的重工业工厂：乌斯季卡缅诺戈尔斯克镇的铅锌厂和钛厂，列宁诺戈尔斯克的金属厂，东哈萨克斯坦化工厂，AKSUS 钛合金工厂以及热电发电厂。②

伊犁河是哈萨克斯坦境内污染最严重的跨界河流，随着经济的发展，生活污水、工业废水以及农田矿化水的排量不断增多。每年约有 7.7 亿 m^3 受到农药、化肥和重金属污染的废水注入巴尔喀什湖。光伊犁哈萨克自治州的 4 个制糖厂、5 个亚麻厂、6 个皮革厂和 4 个毛纺厂在内的工商企业，每年的工

---

① Hrkal Z., Gadalia A., Rigaudiere P. Will the river Irtysh survive the year 2030? Impact of long-term unsuitable land use and water management of the upper stretch of the river catchment (North Kazakhstan) // Environmental Geology. 2006.

② Vinokurov I., Zherelina V., Zanosova V. Transboundary Water Problems in The Basin of the Irtysh River // Netherlands. 2005.

业废水排放量达到3500万吨，而生活污水年排放量竟达到8000万吨，① 并且也存在大量未经达标处理的污水直接排入河中的现象。伊犁河流域有着丰富的矿产资源，但是由于开采技术较为落后单一，附近的溪流受到污染。在新疆境内，伊犁河流域附近大小景点200多个，由于垃圾和污水处理等基础设施建设不完善，直接导致河水的人为污染。同时河谷湿地萎缩严重，80年代末还有300多万亩，而进入90年代，湿地面积仅存93万亩，大多被开垦成了农田，或开沟挖渠变成荒碱滩。

2. 水量利用、分配不合理

哈萨克斯坦境内48%的地表水来自跨界河流，其中来自中国的流量就占到了42.6%，在伊犁河和额尔齐斯河方面，70%的水量集中在中国一方，并且中国处于河流的上游，中国对跨界河流的利用对哈萨克斯坦来说至关重要。从2000年到2010年，哈萨克斯坦 GDP 年均增长8%，经济的高速发展也加大了对水资源的需求量。而在中国，为了解决北疆地区油田勘探开发和沿线农业综合开发的水源问题，促进相关工业的发展，维护社会稳定，中国政府在“九五”期间制定并实施了“引额（额尔齐斯河）济克（克拉玛依）”工程，基本解决了克拉玛依市的缺水问题。并且，中国新疆的人口数也不断上涨，对水的需求也相应增加。从水利部近几年的统计数据来看，新疆的水利投资和建设都有大幅度增长，农田灌溉面积逐年增加，到2007年建成大中小水库达到492个。在伊犁河，中国建造了13个水库和59个水电站，使流入哈萨克斯坦的水量减少，巴尔喀什湖（水量70%~80%来自伊利河）的水位下降。

二战前，额尔齐斯河在俄罗斯境内的流量约每秒500立方米，但二战后一系列大型水库在河流上游建成。到1960年，最大的 Bachtama 大坝投入使用，蓄水量能达到额尔齐斯河年径流量的两倍。影响额尔齐斯河水量的另一个威胁是卡拉干达运河的开凿，该工程于1962年开工到1974年结束，该运河需从额尔齐斯河调水，每秒15立方米，有效缓解了哈萨克斯坦中部的缺水

① 王珍．伊犁河流域水资源开发利用问题研究［J］．伊犁师范学院学报（社会科学版）．2007，(3)：48-49.

状况。

3. 生态环境的破坏

在伊犁河流域，由于林地和草地不断被农耕和城市占用，使得湿地面积萎缩；家畜业的快速发展造成草原的退化、植被的锐减、土地的荒漠化；矿产的开采污染了附近的溪流，严重的影响到人们的饮水源头；河流的污染导致生物多样性减少，水鸟不在，渔民的非法捕捞使珍惜鱼种面临灭顶之灾。伊犁河75%~80%的水量最终流入巴尔喀什湖，近几年由于沿岸国家对河流的开发利用，注入湖中的水量减少，湖面下降，湖水含盐量上升，国际社会越来越担心巴尔喀什湖重蹈咸海的悲剧。额尔齐斯河流域的生态环境问题也不容小觑。四季超载放牧形势严峻，草场退化、沙化问题严重，河谷林的破坏加重使形势恶化；流域内灌溉技术落后，导致土地次生盐碱化；非法捕捞和渔业水域的污染，导致渔业资源下降；流域内淡水湖如古伦古湖面积的减少对周围气候产生影响，影响了大气的循环，气候干旱。

（二）阿姆河与锡尔河流域

1. 河流的污染

从20世纪50年开始，苏联为了发展中亚农业，毫无节制地滥用锡尔河和阿姆河的河水，农药和化肥的大量使用也使得土壤和河水受到污染，据统计阿姆河的污水现已占其总流量的35%，乌兹别克斯坦和塔吉克斯坦境内排向河流、湖泊和水库的污水也占到其流量的40%以上。① 土库曼斯坦的土壤含盐量高，每年都需要进行洗田，洗田需要大量的淡水资源，而土壤中的化肥、农药及盐成分对水资源进行二次污染，再度排放到河水中。据监测，两河地表水80%~90%的污染来自工业、公用设施（住房）、和农业，并且由于污水处理厂的电力和效率不足，不能完全处理和纯化排入的污水。② 锡尔河的水也已经“中毒”，水质已经不适用于农业与渔业；在哈萨克斯坦与乌兹别克斯坦交界处，河中发现了高浓度的重金属如汞、铅、锌、铜、铬、镍、钼。

---

① 张渝．中亚地区水资源问题［J］．中亚信息，2005．（10）：10．

② Таджикистан 2002, Водные ресурсы : Факторы воздействия [EB/OL] . http://enrin. grida. no/htmls/tadjik/soe2001/rus/htmls/water/press. htm.

塔吉克学者 Abduvahhob Vahhob 认为，锡尔河 75%以上的水资源用于农业，其中约有 153000 立方米的污水又再次返回用于农作物的灌溉，这不仅造成水体和土地资源的二次污染，而且使得河道淤积，给各种传染病的流行（如疟疾、伤寒等）提供了“温床”。①

2. 跨界水资源的分配不均

阿姆河与锡尔河的上下游国家水量分配极不平均，上游国家水量丰富，而下游国家水量极度缺乏。在锡尔河流域，上游吉尔吉斯斯坦占到水量的 75.2%，下游的乌兹别克斯坦占 15.2%，哈萨克斯坦占 6.9%，塔吉克斯坦占 2.7%。在阿姆河流域，74%的流量集中在塔吉克斯坦，8.5%的流量在乌兹别克斯坦，剩余的 13.9%的流量在境外的阿富汗和伊朗。

哈萨克斯坦和乌兹别克斯坦是锡尔河流域农业比较发达的国家。在哈萨克斯坦，农业占国民经济的比重是 6%，而乌兹别克斯坦却达到了 22%。在锡尔河流域，费尔干纳村占乌兹别克斯坦国土面积的 8.7%（$39000km^2$/$447000km^2$），沿岸生活着 50%的国家人口；而在哈萨克斯坦，20%的国家人口生活在锡尔河流域，所占国土面积的 12.6%（$344600km^2$/$2724900km^2$）。② 据相关专家推测，到 2020 年，乌兹别克斯坦人口有望比 1991 年增加 60%，但是哈萨克斯坦在农业发展方面却没有面临人口压力，因为在接下来的 10 年中，哈萨克斯坦将会减少约 16%的农业人口。以上种种使乌兹别克斯坦在水资源分配利用方面要比哈萨克斯坦敏感。目前，主要的农业区也是人口聚集、民族政治不稳定的地区，主要集中在乌兹别克斯坦的费尔干纳村庄和哈萨克斯坦的南部的锡尔河流域。当初发展经济的举措导致现在该地区出现很多社会、经济及环境问题。

3. 生态环境的破坏——咸海的干涸

阿姆河与锡尔河流域另一重要的生态危机是咸海的干涸。有专家预测，咸海到 2020 年或将完全消失，这一悲剧完全是人为原因造成的。上世纪 50

① Ядовитые воды: Самая длинная река Средней Азии оказалась отравленной [EB/OL]. http://lenta.ru/articles/2015/04/08/syrdaria/.

② Bernauer T., Siegfried T. Climate change and international water conflict in Central Asia // Journal of Peace Research. 2012.

年代开始，苏联为了发展两河沿岸经济，实施“白金计划”，希望棉花能成为苏联的重要出口产品，阿姆河与锡尔河流域是传统棉花种植区，需水量大，为了灌溉，苏联政府将部分阿姆河与锡尔河改道，据估算当时大约每年有20~60立方千米的水被分流至咸海附近的沙漠地区，使河水注入量越来越少。加之技术不过关，很多水利设施漏水严重，造成河水的大量浪费，现在乌兹别克斯坦只有12%的设施是防漏水的。除此之外，有些苏联专家的理念也不正确，他们认为反正咸海的水也是被蒸发掉，不如用来灌溉利用，在这一观念的影响下，棉花种植面积不断扩大。从1960年开始，咸海周围的农田从450万公顷扩大到了近700万公顷，每年都会有平均60多立方千米的水被引到陆地，这导致咸海的海平面以平均每年20厘米的速度下降，从1970年到1980年，下降的速度激增至每年50~60厘米，1980年，水位的下降速度暴增至每年80~90厘米。[①] 1987年，咸海分成南北两部分；到了2003年，南咸海分成了东西两部分；而到了2014年1月，东咸海已经完全干涸，咸海不复存在。

咸海的干涸不仅带来严重的环境问题，而且间接影响到人类健康。干涸后的咸海积存下大量盐尘，湖底形成裸露的沙漠，肆起的沙尘暴裹挟盐尘散布到中亚地区，使生态环境恶化，土壤盐碱化严重，土地无法耕种。据咸海基金会官网的数据显示，咸海每年将产生近5000吨盐尘。人体吸入含有盐尘的空气，各种疾病随之而来——癌症、肾病、慢性支气管炎的发病率提高。

（三）跨界河流争端对国家关系的影响

中国是额尔齐斯河与伊犁河的发源国，由于地理位置的优势，近年来随着经济的增长，用水量的增加，中国政府对跨界河流境内流域段进行了开发，引起了周边国家的担忧。一些国家和媒体相互配合，制造“中国水威胁论”，认为中国正在利用所掌握的水资源制衡周边国家；中国处于一些跨界河流的上游，工业的发展和过度用水将会造成水污染和生态危机；甚至有些非政府组织也参与进来，呼吁干涉中国的用水行为。而且，近年来越来越多的中国

---

① 曲浩然，Kvitlauk. 咸海的临终遗书——和世界第四大湖说再见［J］. 环球人文地理，2014（23）：51.

公民迁入俄罗斯与哈萨克斯坦，当地居民认为中国公民在与他们争夺工作机会和生存资源，在国内已有“中国人口威胁论”，再加上河流的污染，极易与历史问题相结合，产生对中国的仇视。早在2006年，俄罗斯就开始出现有关“到2015年中国本身及其南亚和东南亚的周边国家将急剧增加对水的需求，中国是这一地区的水源国，跨境水资源将成为中国未来手中的一件有效工具，中国将利用它来制约亚洲”的言论。①“美国之音”也曾指出，中国在新疆额尔齐斯河的过度用水，将会给下游的哈萨克斯坦和俄罗斯带来负面影响，可能会导致生态灾难。

在跨界河流问题上，哈萨克斯坦不信任中国，对中国的想法也极为负面。中国处于河流上游，并建立了多座大坝，哈方认为这无异于中国扼住哈方的脖颈，对其“水敲诈”：中国控制了哈萨克斯坦的供水，中国以“自认为的合适数量”向哈方供水，中国把水作为中哈间合作的一项筹码。除此之外，哈萨克斯坦认为现在中国新疆汉族居民人数不断增多，并且汉族居民擅长传统农耕，农业需水量大，还喜欢用除草剂，这使河水受到污染。而且，在问题谈判中，中国一直坚持双边谈判，反对中—俄—哈三边谈判；除此之外，俄罗斯在调节中哈跨界河流问题谈判中也建议双边谈判，态度偏向中国，这种举措更加剧了哈萨克斯坦对中国的不信任。

中亚五国由于地理环境因素，属于贫水国，而在21世纪，淡水资源也已成为稀缺资源。水资源和能源资源日益成为影响伊斯兰极端主义的不稳定性因素。在中亚，上下游国家经常为水资源发生争端，水资源安全已经成为促进合作和诱发冲突的双刃剑。苏联解体后，吉尔吉斯斯坦国内能源需求量增加但难以应付与国际接轨的能源价格，于是增加托克托古尔水库的放水量增加水电，这影响到了锡尔河下游乌兹别克斯坦的径流量。1998年，两国达成协议，乌方向吉方提供天然气，吉方要在春夏季增加放水量。2000年，乌兹别克斯坦停止向吉尔吉斯斯坦供应天然气，而吉方为了缓解用电需求，增加了对托克托古尔水库的放水量，造成乌方大面积棉田被淹。乌兹别克斯坦作为回应，在两国边境增加了军事部署，并进行了针对夺取托克托古尔水库的

① 李志斐．跨国界河流问题与中国周边关系［J］．学术探索，2011（1）：29.

军事演习。吉方声称，水库一旦被炸毁，费尔干纳州将被淹没。① 虽然结果两国保持了理性，没有让事态进一步恶化，但是这次事件增加了两国间的裂痕。乌兹别克斯坦在中亚水资源争端中冲突比较多，它与邻国塔吉克斯坦也有很深的用水矛盾，以至于水资源冲突影响到两国正常的外交关系。在阿姆河流域，乌兹别克斯坦处于下游，塔吉克斯坦在上游，塔方的用水直接制约乌方的发展。2010 年，乌方为了表达对塔方的不满，单方面停止了两国间的铁路运输，随后两国边境发生泥石流冲毁了在乌境内的连接两国的铁路，但是乌兹别克斯坦没有采取任何措施。塔吉克斯坦提出由塔方出资修复被冲毁铁路，但是条件是要恢复两国的铁路运输，但被乌拒绝，使得塔方的经济民生急需物资严重积压。塔吉克斯坦不得不向联合国和欧安组织需求帮助。可见，中亚地区的用水问题已经严重影响到中亚地区的国家安全和国家间关系。

二、解决中—俄—中亚国家在跨界河流争端存在的难题

1. 国际法的缺陷

在一条跨界河流中，往往存在先开发国和后使用国，先开发国往往以“先占主义”理论对后开发国家对河流的利用加以指责。先开发国绝大多数处于河流下游，由于地势平坦，农业、工业发展相比上游国较为发达。后开发国家虽然在地势方面不利于河流的开发，但是它始终处于可以控制下游国家水量的有利位置。上游国合理、适量的开发利用河流是无可非议的，但是如果上游国出于自身国家利益考虑，过量使用河水，污染河流，这将对下游国的正常需求造成强烈的冲击。考虑到既得利益受到影响，下游国经常对上游国开发河流行为进行指责。“先占主义”来自于美国的水权理论，是在水资源缺乏的美国西部确立的，许可权利所有者对水资源进行有益利用。② 美国曾经用这一理论反对加拿大对河流的开发。哈萨克斯坦也对中国近年来对额尔齐斯河和伊犁河的开发利用表示担忧。

“主权原则”概念的不明确性也不利于问题争端的解决。在国际法中，

---

① Битва за воду в Центральной Азии. <http://www.fundeh.org/publications/articles/48/>.

② 郝少英．论国际河流后开发国家的权利与义务［J］．河北法学，2012（7）：89.

主权概念包含对内享有最高权威，对外享有最高的独立自主权。一国对流域内的河流进行开发利用是一国主权范围内的事，是不受别国干预的。但是跨界河流由于其河水的流动性和循环性，使得国际法对跨界河流的主权范围很难进行界定，甚至它的所有权也难以进行衡量。河流的使用不应损害别国的主权，上游国经济的发展和对土地的开发必然对下游国造成影响，但这又很难在国际法上进行量化界定。而且，国际法要求公平正义原则，但这在河流水量方面无法进行操作实施。在中亚，国家的产水量和用水量明显相悖。

国际法要求“条约必须遵守原则”。中国没有签署《国际水道非航行使用法公约》和《跨界水道和国际湖泊保护与利用公约》，因此，在发生污染和威胁到其他国家跨界河流利用问题时，国际社会就不能用相关法律对中国的用水行为进行制裁。这也是许多邻国对中国跨界河流利用行为表示担忧的原因之一。

2. 邻避心理的影响

在国际关系中，维护国家权力和利益是每个国家永恒追求的目标，虽然有些协议或谈判有利于问题的解决或冲突的缓解，但是很多时候，国家从“保护主义”出发，选择不作为来最大程度地维护本国利益。中国在处理与哈萨克斯坦跨界河流问题时，就受到邻避心理的影响，特别是针对在河流水量分配问题上，中国考虑到经济发展和日常生活对水资源的依赖，中国一直保持的是消极态度，不愿与哈萨克斯坦进行谈判。而哈萨克斯坦在经济方面对中国依赖度很高，最终也不得不与中国妥协。中国也是考虑到自己的国家利益没有加入到《国际水道非航行使用法公约》和《国际跨境水资源使用条约》，中国一旦加入这些条约，中国的用水行为就会受到限制，而且还得为下游国做出一定补偿，并受到国际社会的监督。

在河流利用方面，虽然每个国家都意识到生态环境的可持续发展很重要，但“公地悲剧”愈演愈烈，面对相关国家不负责任的用水行为，许多国家的行为也会变得自私。水资源作为一种公共资源，具有公开性和非排他性，流域内的相关国家均有共享水资源的权利，但是水资源从短期看，具有质量和数量的制约，不能过度使用和污染。上游国家的拦蓄调节行为，必然影响下游国家的取水和用水，下游国家不得不修建更多的水坝来应对用水紧张问题。例如，在锡尔河流域，光从各级支流中引出的灌渠就有 700 多条，锡尔河从 1974 年开始就成为一条不是常年流水的河。

3. **大国势力的介入**

由于中亚地区地缘政治的重要性，加之拥有丰富的油气资源，这一区域一直是大国势力争夺的重点。当中亚国家间发生跨界水资源争端时，它们有时会寻求西方大国的援助，希望在节水环保方面与大国达成合作关系来缓解水资源冲突，而这恰恰成为西方国家干预中亚地区事务的借口，目的是扩张其在中亚地区的战略空间，并不能解决中亚国家的跨界河流争端。

1997 年，日本桥本内阁提出“丝绸之路外交”构想，加强与中亚国家的联系。由于日本与中亚五国地理位置距离较远，宗教文化差异也比较悬殊，所以日本的“丝绸之路外交”进展缓慢。但是，日本与中亚五国已在 2004 年建立了“中亚+日本”机制，日本向中亚国家提供援助，帮助中亚国家在铁路、公路、电力等方面的基础设施建设，这为日本在中亚赢得了良好的口碑。与此同时，2011 年，美国提出了“新丝绸之路计划”，也对中亚国家的基础设施建设进行援助。俄罗斯参与了对塔罗贡电站和吉卡姆巴拉金斯克电站的投资；欧盟对中亚的水资源与社会经济发展给予极大关注，并制定了详细的发展报告。①

西方大国势力的介入，在一定程度上并不能助于争端的解决，反而间接挑起事端，例如，哈萨克斯坦与乌兹别克斯坦在中亚地区领导权的争夺。中亚国家只是西方大国在该区域的一枚战略棋子，把跨界河流争端作为一个切入点，激化中亚国家间的矛盾，提高军事冲突的可能性，降低民族凝聚力，以实现其在中亚的政治架构。如果中国处理与哈萨克斯坦水资源问题不当，会使美日欧等国趁虚而入，利用中国与邻国水资源的矛盾来插足中亚事务，拓宽它们在中亚地区的战略空间，影响中国在中亚地区的外交和国际形象。

---

① 焦一强，刘一凡．中亚水资源问题：症结、影响与前景［J］．新疆社会科学，2013（1）：83.

第二节 平台建设：跨界河流争端解决机制

一、上海合作组织

解决中—俄—中亚国家关系中跨界河流争端的问题，需要借助一个各国都接受的合作平台来协调各国的利益诉求。成立于2001年的上海合作组织，中国、俄罗斯、哈萨克斯坦、吉尔吉斯斯坦与塔吉克斯坦都是其成员国，该组织自成立以来合作范围不断扩大，由安全领域向经济领域延伸。跨界水资源的合作既是经济领域的重要内容，也属于非传统安全的重要一部分，在跨界水资源利用开发制度不完善的前提下，依靠上海合作组织这个平台作为问题解决的保证是极为必要的。

中、俄、中亚国家拥有相似的地理环境和气候条件，国土相连，但是政治制度不同、文化背景不同、经济发展程度也不同，导致各国在跨界河流问题上的利益诉求也不同。上海合作组织强调“互信、互利、平等、协商、尊重多样文明、谋求共同发展”的合作理念，对各国在跨界河流问题上的合作起到了重要的指导意义，有利于实现跨界河流利用、开发的可持续发展。2001年9月，在成员国总理会议上，六国商讨了水资源合理利用问题，并在2002年6月的圣彼得堡峰会上，各国签署《上海合作组织宪章》，使组织在环保合作上进入一个新的阶段，宪章指出当前目标是专门设计资源合理分配利用的方案，把计划付诸实践，还要求各成员国对区域内的紧急环境事件形成预防机制，以及国家间应当互相协助来解决事件导致的不利影响。① 2003年9月，在北京召开的总理会议上，批准了《上海合作组织成员国多边经贸合作纲要》，提出各成员国应注意通过合作来保护区域内的生态平衡，并把水利合作放在重要位置，同时注重相关人员的培训工作，加强在预防和援助方

① 余建华．上海合作组织非传统安全研究［M］．上海：上海社会科学院出版社，2009：32.

面的合作。2004 年通过的《塔什干宣言》则明确了各成员国在气候环境合作方面的实施细则，提出要改善环境合作途径，使科研机构着手研究水资源利用的方法，以拓宽各方环境合作的领域，增强各国环境合作的积极性。2005 年 10 月，莫斯科总理会议通过了 2003 年的《上海合作组织成员国多边经贸合作纲要》，在咸海生态情况监控、环境紧急状态的通报、部门人员能力培训和完善预测系统等方面制定了多项明确措施。① 在会议中，乌兹别克斯坦总理建议对本区域内外的环境问题进行全面的评估，以便在相关领域进行合作；为促进跨界水资源的利用，哈萨克斯坦总理建议建立水能源财团，而塔吉克斯坦总理建议成立水能源系统。在 2007 年，《比什凯克宣言》建议六国加强信息的互通，重视紧急事件的预防与合作，降低危险程度。2009 年，六国通过《卡捷琳堡宣言》提倡用清洁型新能源代替传统能源，重视由人为原因所造成的环境灾害，鼓励各种保护环境的方式。虽然目前上海合作组织还没有形成成熟的跨界河流争端问题的解决机制，但是各国所达成的共识和协定越来越具体，越来越具有针对性，有助于问题的解决。

二、新丝绸之路经济带

“新丝绸之路经济带”讲求开放包容、共商共建、互利共赢的核心理念，兼顾各方利益，协商制定区域内的发展战略和协定，体现各方诉求，共建政治沟通、道路连通、贸易畅通、货币流通和民心相通的“五通”建设。它以中国为发端，俄罗斯为中枢，中亚为核心区，在这三者中间有很多跨界河流、水系，不仅涉及河道、水道相通，地理、生活相联、人心相通，而且跨国界河流的分配、利用和开发涉及每个流域国的国家权益，国家间采取的行动和措施会影响到国家间的关系、周边安全环境和地区的稳定和平，从而影响到丝绸之路经济带的建设。经济建设和生态文明建设同步进行，是中共“十八大”提出的经济建设根本方针，也是中国对外经济合作的指导原则，② 生态环境的可持续发展是共建“新丝绸之路经济带”的自然基础。咸海生态危机

① 余建华．上海合作组织非传统安全研究［M］．上海：上海社会科学院出版社，2009：322.

② 徐海燕．咸海治理：丝绸之路经济带建设的契入点［J］．国际问题研究，2014，(4)：83.

已经影响到全球的气候变化，并且盐碱沙尘对周围国家的环境和人们的生活产生不可逆的影响。我们可以将咸海的环境治理作为“新丝绸之路经济带”在环境建设方面的一个切入点，增进中国、俄罗斯与中亚国家的信任与合作。

咸海的治理在很大程度上需要中亚农业的现代化。中国的生态示范农场经验可以应用于中亚国家。具体实施办法是，在一片耕地上建立风电站和太阳能电站，将洁净能源用于打井、灌溉和耕作，把生态农业基地发展为农工综合体，同时开办农产品加工厂、“膜下滴灌技术”设备生产线等。[①] 2003年4月，新疆天业公司与中国国家节水灌溉工程技术研究中心在塔吉克斯坦633公顷的耕地上进行为期近三年的棉花种植“膜下滴灌技术”示范实验，与当地常规灌溉和种植方式相比节水60%，并与乌兹别克斯坦、哈萨克斯坦、巴基斯坦和蒙古国签订了合作协议。[②] 这一方面促进了中亚节水农业的发展，另一方面也促进了我国节水灌溉企业成功走向国际市场；既充实了“新丝绸之路经济带”的建设内容，也为中国带来了巨大的商机。滴灌技术是一个大型出口项目，每年能增加25亿美元的出口额，除此之外还需要配套的打井和风力设施的建设，可以促进我国相关产业的发展。而且，设备的运输也有利于促进沿途国家交通基础设施的建设。总之，中国参与咸海治理可以一举两得。

小　结

跨界河流的分配、利用和开发涉及每个流域国的国家权益，国家间采取的行动和措施会影响到国家间的关系、周边安全环境和地区的稳定和平。中国在处理与周边国家跨界河流问题时可以借助于上海合作组织这个多边合作平台，发扬丝路精神——合作共赢、和谐互利、包容式发展，本着建设丝绸之路经济带的胸怀和战略眼光，处理好中国与俄罗斯、中亚、印度、巴基斯坦等丝绸之路经济带沿途国家的跨界河流、水源问题，妥善解决中国与这些国家在跨国河流上的争端。中国政府必须高度重视，高瞻远瞩，不可为蝇头

① 徐海燕．咸海治理：丝绸之路经济带建设的契入点［J］．国际问题研究，2014（4）：91.

② 石河子天业国际国际合作项目通过验收．<http：//bt. xinhuanet. com/2005 - 12/29/content_5927152. htm>.

小利而斤斤计较。在处理这些问题的时候，中国政府必须坚持“好邻居、好伙伴”和“睦邻、安邻、富邻”的外交原则和“亲诚惠信”的精神，通过和平友好、平等协商、互利互让共赢共荣的方式，与周边国家共同构建合作与协商机制，体现中国是一个负责任、有担当、讲诚信的大国。目前，中国与周边国家在跨界水源和漂流问题上总体关系发展良好，特别是西北方向。中国可以利用跨国河流的问题来增进与中亚国家、俄罗斯在经济、政治、安全领域的合作，包括非传统安全的合作，从而有利于推动丝绸之路经济带的建设。

第四编

社会保障战略与政府治理现代化

第十三章 需求—供给视角下北京住房保障政策分析

在新制度经济学视角下，保障住房构成制度需求—供给的市场体系。基于北京市D街道2008—2015全样本数据，从申请保障性住房的类型分布、申请家庭收入水平分布、家庭人口结构、配租配售户型分布、申请家庭数量变迁5个维度进行测评。研究发现，北京“四房合一”并轨公租房政策改变了北京住房保障政策的内在逻辑：保障结构由“以售为主”转向“以租为主”，阻断了产权房带来的超额福利，进而导致申请家庭数量显著下降。现行北京保障住房供给由于层次设计不科学，形成内夹心层与外夹心层的保障空白。针对差异化需求，政府应通过供给侧制度创新，构建流动的梯度供应体系，使被保障家庭能随着收入变化在保障体系内自由流动，以最大程度满足困难家庭住房需求。

第一节 研究背景与文献综析

一、研究背景

“居者有其屋”是社会主义国家住房建设的目标。多层次全覆盖的住房保障体系既是保障民生的需要，也是市场经济运行的安全阀、社会发展的稳定器。中国保障住房政策与经济体制在改革开放进程中共同变迁、相互调适、协同发展。随着经济基础由计划经济向社会主义市场经济变迁，中国住房保障制度从经济适用住房为主体的单一保障形式，发展形成廉租房、限价商品房、公共租赁住房共同构成的多层住房保障体系。

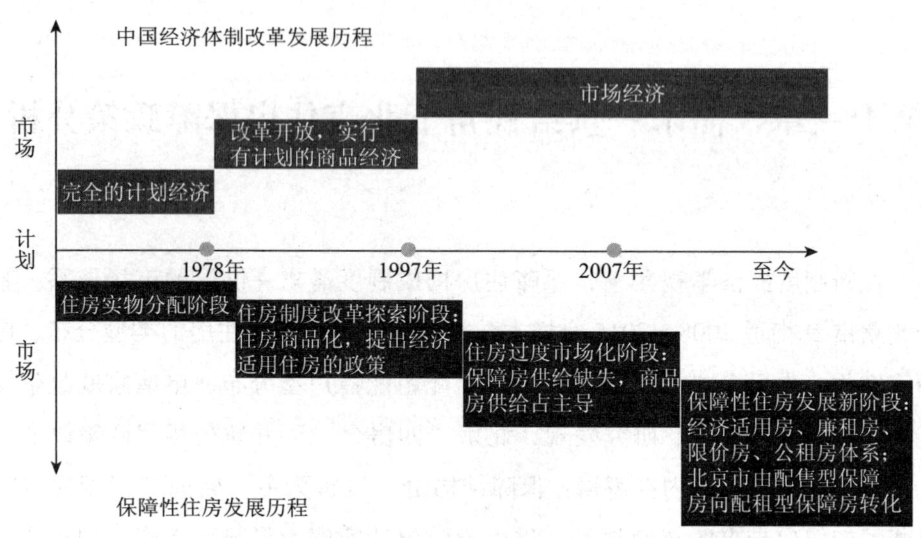

图 13-1　中国保障性住房变迁

伴随着市场经济体制改革，中国住房保障制度变迁主要经历了三个阶段：实物分配阶段、市场化阶段、市场供应为主—住房保障体系为辅的阶段。国家在计划经济体制下实行福利住房实物制度，政府与单位共同出资提供福利住房，直接供应给住房困难职工。但是，传统住房实物分配存在诸多缺陷：覆盖面窄、供应渠道单一、政府负担过重、分配不公平。

随着改革开放与经济体制变迁，中国城镇住房制度相应进行改革与调整，逐渐实现住房商品化。《国务院关于继续积极稳妥地进行城镇住房制度改革的通知》（1991）与《国务院关于深化城镇住房制度改革的决定》（1991）两个文件明确要求建立两个体系：一是以中低收入家庭为对象的经济适用住房供应体系、二是以高收入家庭为对象的商品房供应体系，从而初步确立了经适房为主的住房保障制度，形成了“市场归市场、保障归保障”的双轨住房制度。

随着社会主义市场经济的深入发展，国家在 1998—2007 年推行住房货币化体制改革：住房主要由市场供应。随着商品房价格飙升，城镇困难家庭难以通过市场满足住房需求。政府因而启动了住房保障与住房市场化并行的政策模式，国家在2007年之后逐渐建构了廉租住房、经济适用住房、限价商品房、公共租赁住房的多层住房保障体系。

研究聚焦于三个核心问题：①随着经济体制变迁，探索当代中国住房保障体系变迁的内在逻辑？②基于需求侧的测量，探讨当代中国保障住房供给结构能否有效满足民众需求，进而探索供需失衡的原因？③如何通过供给侧制度创新，实现需求与供给之间均衡？这三个问题的回答需基于北京市政策实践，通过科学方法加以检验与论证。

二、文献综析

（一）海外研究

海外学者从多学科与多视角对“保障性住房”（affordable housing）展开一系列研究。戴维·当尼逊在《住房政府》（1967）中提出，根据政府住房保障责任与担负作用，政府的住房政策中的角色主要分为三种角色：雏生型（embryonic）、社会型（social）、全面责任型（comprehensive）。这三种模式都在不同阶段存在，并随着经济不断发展与政府对住房市场的干预程度，呈现出递进趋势。① Maclennan（1982）认为政府对住房市场进行必要干预，是因为土地和住房市场的运行效率不高，住房市场的信息不对称、寻购和交易成本高、存量住房的异质性等因素。② 戴尔瑞（D. Arcy，1999）和基欧（Keogh，1999）认为土地和住房都具有公共物品的特性，国家实施有效的干预政策可以体现土地的社会属性、提升公共资源配置效率，增加社会福利。③ 贾尔思特（Galster，1997）认为：当住房市场中住房需求受到价格影响明显时，房租补贴比实物分配更有效率。在房屋供给量充足的住房市场中，应当选择以货币补贴中低收入家庭的方式来替代政府直接提供保障性住房。④

① Donnison D. V. The Government of Housing［M］. Harmondsworth：Penguin，1967：100.

② Maclennan D. Housing Economics：An Applied Approach［M］. Harlow：Longman，1982：88.

③ D. Arcy，Keogh G. The Property Market and Urban Competitiveness：A Review［J］. Urban Studies. 1999（36）：917-928.

④ Galster，G. Comparing Demand Side and SupplySide Housing Policies：Market and Spatial Perspectives［J］. Housing Studies，1997（12）：56-61.

（二）国内保障住房政策研究

近十年来，保障住房受到政府、社会与学界的广泛关注，国内学者从不同学科视角对保障住房政策进行研讨。郑永年从公共政策视角展开分析，认为："住房政策不只是经济政策，房地产不能仅仅是经济政策的一部分，更重要的是社会政策的一部分。把房地产视为经济政策，其 GDP 功能被凸显，而其社会功能就被忽视"。① 易宪容则探讨了住房公共政策的理论基础，"住房公共政策是指政府与公民就住房公共利益通过一定程序共同做出决策的选择，并通过国家公权力来调整与解决住房公共利益的过程。它的实质是通过住房公共政策程序正义来调整与平衡住房市场各当事人之间的利益关系。中国住房公共政策是建立在居民居住权天赋性、党的宗旨人民性及土地国有性的三大原则上"。② 郭巍青认为："我国住房政策欠缺社会政策思维和混合福利思维，而仅有经济政策思维和简单福利思维"。③ 娄成武从中央与地方政府关系视角分析保障性住房政策过程，分析了保障性住房政策制定过程中中央部门间的讨价还价、政策执行过程中地方政府及其职能部门、开发商等组织之间的利益结盟与变通策略。研究发现："保障性住房与民生密切相关，却积累了太多的历史赊账；中央与地方政府间的非合作博弈是影响保障性住房政策过程及政策结果的重要因素"。④

已有研究在理论积累丰富的成果，但与已有研究不同的是，从理论视角上，本文将住房保障的需求侧与供给侧相结合进行双向分析。制度需求—供给的动态均衡构成研究的理论框架。在实证基础方面，从"北京市住房保障信息管理系统"中提取、运用最新的数据展开研究。

---

① 郑永年. 住房政策不只是经济政策［N］. 光明日报，2010-07-11（6）.

② 易宪容. 中国住房市场的公共政策研究［J］. 管理世界 2009（10）：41-47.

③ 郭巍青. 重新建构政策过程：基于政策网络的视角［J］. 中山大学学报（社会科学版），2009（3）：166-168.

④ 谭羚雁，娄成武. 保障性住房政策过程的中央与地方政府关系——政策网络理论的分析与应用［J］. 公共管理学报. 2012（1）：52-63.

第二节 理论视角与研究方法

一、理论视角：制度需求—制度供给的动态均衡

需求—供给理论源于微观经济学，它通过生产者和消费者的双向分析以实现市场的供需均衡。制度也是一种特殊公共产品，新制度经济学将制度的需求—供给纳入学术分析范畴。制度需求与制度供给之间的非均衡构成制度变迁的诱因，在特定制度环境中，当制度供给不能有效满足制度需求，而且这种制度需求存在着潜在利润，制度变迁（创新）便会启动，"如果预期净收益超过预期的成本，一项制度安排就会被创新。"① 新制度经济学使用需求-供给和成本-收益经济分析方法来解析制度变迁。

新制度经济学基于罗纳德·科斯的交易成本理论，"将制度因素内生化，专门考察制度对经济发展的影响与作用"。② 新制度经济学从交易成本视角解释制度变迁，代表人物有R·H·科斯、A·A·阿尔钦、H·登姆赛茨、E·G·菲吕博腾、S·配杰威齐、张五常等人。科斯认为在"产权明确的情况下，如果交易成本为零或小到可以忽略不计，市场机制可以把外部性内在化，使资源得到最优配置，这是科斯第一定理。如果交易成本不为零或者不是小得可忽略不计，那么合理的制度选择就可以减低成本，使外部性内在化以使资源得到合理配置"。③ 交易费用的存在意味着社会整体经济效率不会自动达到最优，因此政府需要通过有效制度创新，优化公共资源与私人资源的配置效率。

---

① ［美］诺思．经济史中的结构与变迁［M］．上海三联书店，1991：225-226.

② ［美］埃里克·弗鲁博顿，［德］鲁道夫·芮切特．新制度经济学一个交易费用分析范式［M］．姜建强译．上海：上海三联出版社，上海人民出版社，2012：9.

③ ［美］R. H. 科斯（Coase，R. H.），［美］阿尔钦（Alchain A.），［美］诺斯（North D.）．财产权利与制度变迁—产权学派与新制度学派译文集［M］．刘守英，等译．上海：上海人民出版社，1994：132.

在新制度经济学视角下，保障住房构成制度需求—供给的市场体系。保障性住房作为一种公共物品，如果其供给结构、种类和数量与社会需求不相符，就会导致公共资源浪费。有效制度供给的影响因素较多，包括："制度设计成本、实施新制度的预期成本、现行制度安排、法律制度、公众的理解程度，决策群体预期的收益"。① 由于制度供给和需求受到诸多因素影响，因此一旦某些因素发生变化，制度安排就会产生动态变化，进而导致制度变迁。随着保障住房需求的日益增长，在潜在制度收益的诱导下，政府与企业开始逐渐进入这一场域，形成交互而又持续不断地创新。随着经济体制由计划经济向社会主义市场经济变迁，我国住房保障制度发展形成廉租房、限价商品房、公共租赁住房的多层住房保障体系，以逐渐实现制度需求—供给之间的均衡，达到"居者有其屋"目标。

表 13-1　中国住房保障政策的变迁（1949—2016 年）

阶段	时间	相关政策	住房政策供给重点	政策特点
住房实物分配阶段	1949—1977 年		住房实物分配	政府、单位共同出资提供福利住房，直接供应住房困难职工
住房制度改革探索阶段	1978—1997 年	1. 1991 年国务院发布《国务院关于继续积极稳妥地进行陈真住房制度改革的通知》，以及《国务院关于深化城镇住房制度改革的决定》两个文件确立了政府建立以中低收入家庭为对象、具有社会保障性质的经济适用住房供应体系和以高收入家庭为对象的商品房供应体系。 2. 1994 年《城镇经济适用住房建设管理办法》	经济适用房	首次提出经济适用房的政策概念，并提出加强对经济适用房的建设管理

① ［美］奥斯特罗姆，等．制度分析与发展的反思问题与抉择［M］．王诚等译．北京：商务印书馆，1992：126-133.

续表

阶段	时间	相关政策	住房政策供给重点	政策特点
住房过度市场化阶段	1998—2007 年	1. 1998 年国务院发布《关于进一步深化城镇住房制度改革加快住房建设的通知》。明确指出停止住房实物分配，逐步实行住房分配货币化。文件首次提出建立和完善以经济适用住房为主的多层次城镇住房供应体系 2. 1999 年建设部发文《城镇廉租房管理办法》对廉租房开发、建设、购买做了具体的规定 3. 2003 年国务院下发《关于促进房地产市场持续健康发展的通知》。提出调整住房供应结构，逐步实现多数家庭购买或承租普通商品住房 4. 2004 年《经济适用住房管理办法》，明确了经济适用住房的性质、申请、审批级上市交易的条件	商品房	国家住房供应重点从经济适用房转向普通商品住房。保障房供给缺失，商品房供给占主导地位
保障性住房发展新阶段	2007 年至今	1. 2007 年国务院发布《关于解决城市低收入家庭住房困难的若干建议》。文件提出发展廉住房作为住房报站的重点 2. 2007 年住建委《经济适用住房管理办法》调整购房对象为城市低收入家庭，明确提出建立经适房的准入和退出机制 3. 2009 年住建部、发改委、财政部联合发布《关于印发 2009—2011 年廉租住房保障规划的通知》，指出要在三年内完成 709 万套廉租住房建设，其中 2009 年要新增廉租住房 177 万套 4. 2010 年国务院下发《国务院办公厅关于促进房地产市场平衡健康发展的通知》首次提出限价商品房和公共租赁住房 5. 2010 年建设部等七部门联合制定《关于加快发展公共租赁住房的指导意见》 5. 2011 年“十二五规划刚要”提出要逐步使公租房成为保障性住房的供应重点	经济适用住房、廉租住房、限价商品房、公租房供应体系	保障性住房的政策从配售型保障房向配租型保障房转化，北京市实行“租售并举，以租为主”的保障房供应体系

现行保障性住房的政策供给对社会低收入家庭实行“托底”，这是社会保障制度延伸到住房领域的体现。但是，保障住房供给结构能否精准有效地满足社会民众需求结构？如何通过供给侧制度创新实现需求与供给之间的均衡？这需要基于地方政府政策实践，运用科学方法对需求侧与供给侧进行测量、检验与分析。

二、研究方法：案例研究与定量分析

复合案例研究。北京市保障住房政策实践构成案例分析。之所以选择北京作为案例，一是因为首都保障住房政策对全国实践具有示范效应；二是因为研究者任职于北京市住房保障管理部门，具有获取信息天然优势。但是，不同于一般案例分析，北京住房保障制度研究形成复合案例结构：国家政策设计为第一分析层面，北京市政策实践构成第二分析层面，北京市丰台区 D 街道的政策实施为第三分析层面。这三个层面的政策供给既存在自上而下政策统一性，也存在着政策统一前提下各自探索。研究通过层层深入地案例分析，将基层需求数据与国家宏大政策进行对接与比较，通过量化分析观察制度需求与制度供给之间的互动。“倘若走马看花，‘到外只问一下子’，那便是一辈子也不能了解问题的深处。这种研究方法显然是不对，我们研究城市问题，也是和研究农村问题一样，要拼着精力把一个地方研究透彻，然后于研究个别地方，明了一般情况，便很容易了。”①

全样本数据收集与定量分析。数据收集没有采用抽样调查，而是通过“北京市住房保障信息管理系统”提取数据，进而形成局部的全样本数据。在大数据时代，调查数据的优势逐渐丧失，因为大数据分析不再满足于基于抽样的民意调查，“当数据处理技术已经发生翻天覆地变化时，在大数据时代进行抽样分析就像在汽车时代骑马一样。一切都改变了。小数据时代的随机采样，最少的数据获得最多的信息。而全数据模式，样本 = 总体”。② 大数据时代基于总体样本将碎片化民意信息整合起来，形成系统、综合性、动态、可

① 中共中央文献研究室．毛泽东农村调查文集［M］．北京：人民出版社，1982：56.

② ［英］维克托·迈尔-舍恩伯格，［英］肯尼思·库克耶．大数据时代［M］．杭州：浙江人民出版社，2013：23.

视化的整体信息。

研究者在数据收集方面存在天然优势，研究者任职于北京市丰台区D街道住房保障办公室，可直接从“北京市住房保障信息管理系统”中提取研究原始数据，这从源头上保障了数据的信度与效度。由于此数据库并不对外公开，因此一般理论研究者难以从住房保障信息管理系统获取数据。研究者作为项目管理者，直接参与了北京经济适用房、廉租房、公共租赁房的资格审核、房源摇号、公租补贴等实施工作，不仅收集了大量第一手资料，而且使研究更能贴近政策实践。

第三节 北京市政策实践：需求—供给与失衡

一、北京市政策实践：需求—供给分析

新制度学派代表人物道格拉斯·C. 诺斯、L. E. 戴维斯，T. W. 舒尔茨，V. W. 拉坦“试图建立一个专门的、逻辑的关于制度的产生、成长、成熟、衰亡的理论框架。”① 为什么制度变迁会发生？因为诸多外在性变化（技术、市场规模、收入预期、价格、情报、游戏规则）促进了利润形成，但又由于规模经济要求、外部性内在化的困难、厌恶风险、市场失败及政治压力，这些潜在利润无法在现行制度安排结构内实现。在此情况下，现行制度安排下的某些主体为获取潜在利润，就会组织集体行动克服障碍，促进制度创新。“中国的住房制度改革是渐进式的，渐进式的房改避免了激进式改革中因利益关系迅速调整而引发的社会震荡，较好地实现了房改深化、经济发展和社会稳定的共同目标。”②

---

① ［美］R. H. 科斯（Coase，R. H.），［美］阿尔钦（Alchain A.），［美］诺斯（North D.）. 财产权利与制度变迁—产权学派与新制度学派译文集［M］. 刘守英，等译. 上海：上海人民出版社，1994：175.

② 李培. 中国住房制度改革的政策评析［J］，公共管理学报，2008（3）.

（一）四房合一：北京保障住房供给政策变迁

北京住房保障制度变迁构成持续渐进的帕累托效率改善过程。北京市住房保障从廉租房、经济适用房制度，到限价商品房、公共租赁住房的制度变迁，受到了经济增长、产权变化、社会发展、资源配置效率诸多因素的交织影响。北京保障住房制度变迁经历了制度均衡到不均衡再到均衡的演变过程。以经济适用房制度为例，它在建立之初有效解决了困难群众住房难题，但由于建设规模小、准入标准高、房源供应不足等问题，其制度绩效不断递减，最终与社会需求不相适应。而公共租赁住房制度则进一步优化供给效率。

北京市现行廉租房、公共租赁房、经济适用房、限价商品房等住房保障政策实施时间不一、适用范围交叉，从而导致政策实施的诸多问题：保障房适用范围存在叠加，制度体系缺乏阶梯性与连贯性，申请程序复杂烦琐。这不仅导致政策实施的混乱，也给政府监管带来难度。新制度经济学认为：制度变迁源于制度不均衡，当一个社会中制度供给小于需求时，就出现了制度不均衡。当居民利益需求在现行制度下得不到满足时，就产生了对新制度的需求。

表 13-2　北京保障性住房：类型与结构

申请条件	廉租房	经适房	限价房	公租房
申请人	低保、低收入	①年满 18 周岁 ②且具有完全民事行为能力人 ③单身需年满 30 周岁	同经适	①廉租、限价、经适轮候家庭 ②京籍年满 18 周岁 ③外地来京需有稳定的工作年限
家庭成员	①配偶 ②未成年子女 ③成年但因残疾或重大疾病不能独立生活的子女 ④父母双亡由祖父母或外祖父母监护的未成年人或不能独立生活的孙子女或外孙子女	①配偶 ②未成年子女 ③成年但因残疾或重大疾病不能独立生活的女子 ④父母双亡由祖父母或外祖父母监护的未成年人或不能独立生活的孙子女或外孙子女	同经适	①配偶 ②未成年子女 ③已成年单身子女

续表

申请条件	廉租房	经适房	限价房	公租房
申请人户口情况	本市城镇户籍	本市城镇户籍满三年	本市户籍、农业户口应是征地拆迁家庭	本市城镇户籍、非京籍需有稳定工作年限
婚姻情况	离婚原则满三年	离婚原则满三年	离婚原因满三年	
收入情况	1 人—11520 元及以下	1 人—22700 元及以下		
	2 人—23040 元及以下	2 人—36300 元及以下		
	3 人—34560 元及以下	3 人—45300 元及以下	3 人及以下—8.8 万	3 人及以下—10 万
	4 人—46080 元及以下	4 人—52900 元及以下	4 人及以上—11.6 万	4 人及以上—13 万
	5 人—57600 元及以下	5 人—600000 元及以下		
资产情况	1 人—15 元及以下	1 人—24 元及以下		
	2 人—23 元及以下	2 人—27 元及以下		
	3 人—30 元及以下	3 人—36 元及以下	3 人及以下—57 万	
	4 人—38 元及以下	4 人—48 元及以下	4 人及以上—76 万	
	5 人—40 元及以下	5 人—48 元及以下		
住房情况	7.5m^2 及以下	10m^2 及以下	15m^2 及以下	15m^2 及以下
优先条件	申请实物配租： ①60 周岁以上老人 ②重残人员 ③患大病人员 ④承租危房 ⑤已列入拆迁范围发布拆迁公告 ⑥享受低保两年以上	申请优先： ①60 周岁以上老人 ②重列人员 ③患大病人员 ④经济适用房建设用地涉及的被拆迁 ⑤重点工程、旧城改造、风貌保护涉及的被拆迁家庭 ⑥优抚对象和承租危房的家庭 ⑦复原军人	申请优先： ①60 周岁以上老人 ②重残人员 ③患大病人员 ④优抚对象及军队复原、转业干部 ⑤解危排险、旧城改造、环境整治、保障性住房项目和市重点工程所涉及的被拆迁或腾退家庭 ⑥经济房转限价房家庭	申请优先： ①60 周岁以上老人 ②重残人员 ③患大病人员或做大手术人员 ④优抚对象及退役军人 ⑤省部级以上劳动模范 ⑥成年孤儿

续表

申请条件	廉租房	经适房	限价房	公租房
特殊情况	重残家庭 1 人户按 2 人计算	重残家庭 1 人户按 2 人计算		
保障方式	租金补贴/实物配租	出售	出售	出租
产权归属	政府	有限产权	有限产权	政府

针对这种现象，北京市在 2013 年构建了“四房合一”住房保障体系，统一廉租房、公租房、经适房和限价房的申请受理，实现“四房”合并申请、审核、分配。原申请经适房、两限房、廉租房家庭可选择公租房过渡，等到有经适房、限价房的房源再进行意向性登记。“四房合一”改变了北京住房保障政策的内在逻辑：保障方式从“以售为主”转向“租售并举、以租为主”，通过大力发展公租房以最大限度盘活存量资源，提高保障房利用效率，扩大保障覆盖面，实现住房保障的可持续发展。在“四房合一”住房保障政策实施之后，北京保障房源不再由各区县各自筹集，而由市住建委在全市范围统筹规划、资金统筹使用。居民申请时统一申请标准、简化申请手续、统一审核分配，提高了申请审核的效率，促进了房源的合理配置。

在“四房合一”住房保障体系下，北京市提供了一系列保障性住房。2015 年，北京市保障性住房共实现新开工 108438 套，其中，公租房 20330 套、经济适用房 2099 套、限价房 42902 套、棚户区改造定向安置房 43107 套。基本建成 81558 套，其中，廉租房 267 套、公租房 9284 套、经适房 8645 套、限价房 8407 套、棚户区改造定向安置房 54955 套。① 在保证供给基础上，北京市积极完善分配管理措施。2015 年累计受理申请家庭 19313 户，同比下降 31%；审核通过家庭 11960 户，同比下降 46%。累计启动各类保障房分配 77754 套，其中公租房 21003 套，配售型房源 56751 套。“十二五”期间，全市共配租配售各类保障房 227141 套。②

① 数据来源：北京市统计局 国家统计局北京调查总队．北京市 2014 年国民经济和社会发展统计公报［EB/OL］．北京市统计信息网，2015 - 02 - 12http：//www. bjstats. gov. cn/tjsj/sjjd/201511/t20151123_ 321114. html.

② 数据来源：北京市住房和城乡建设委员会．北京保障住房报告［EB/OL］．http：//www. bjjs. gov. cn/publish/portal0/.

现行“四房合一”供给体系能否充分满足基层民众的需求？这需要对基层民众需求进行测量与评估。当政府所提供保障房的类型、数量与住房困难家庭的需求不相符合，就会导致供需失衡与公共资源的浪费。北京市丰台区D街道构成测评单元，研究者从“北京市住房保障信息管理系统”中直接提取D街道申请家庭的原始数据。该数据不是抽样，而是构成D街道所有申请家庭的全样本数据，这构成理论与制度分析的坚实基石。

（二）需求测量：北京丰台区D街道的需求分析

丰台区D街道位于北京市东部，总面积13.2平方千米，常住户52102户，常住人口11.22万人，占全区常住人口232.4万人的5%。研究数据来源于“北京市住房保障信息管理系统”，D街道的需求测量（2008—2015）可从五个维度展开。

第一维度：申请保障性住房的类型分布。丰台区D街道常住人口52102户，申请保障房家庭共4760户，占总家庭数的9.1%。共有2264户家庭获得限价商品房购买资格，占所有申请家庭的48%，占比最高。1777户家庭获得了经济适用房的购买资格，占比37%。387户家庭获得了廉租住房资格，占比8%。334户获得了公租房资格，占比7%，占比最低。

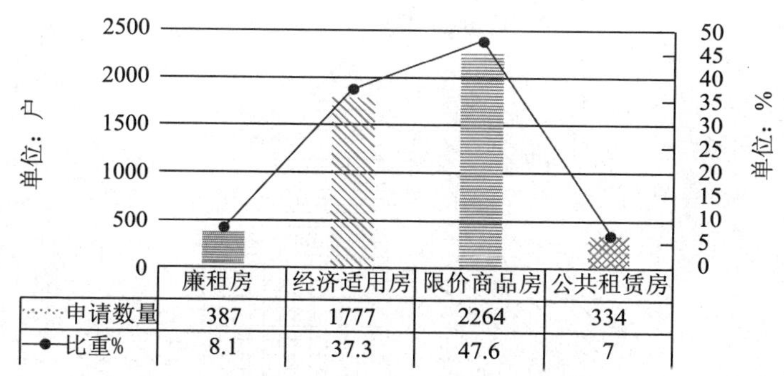

	廉租房	经济适用房	限价商品房	公共租赁房
申请数量	387	1777	2264	334
比重%	8.1	37.3	47.6	7

图13-2 申请保障性住房的类型分布（2008—2015年）

第二维度：经济适用住房、限价商品房、廉租房、公租房收入水平分布。从廉租房申请家庭来看，人均收入580元以下家庭占比92.6%，这基本符合了廉租房为保障最低收入人群的政策设计。从经济适用住房申请家庭来看，人均收入 580 元以下家庭占比 27.4%，占比最高。从收入来看，这部分申请家庭应属于廉租住房保障范围，但却被纳入其经济能力所难以支付的经济适用住房。从公租房申请家庭来看，人均月收入 2400 元以上家庭占比 43.1%，占比最高。但是，由于公共租赁住房补贴条件为：人均月收入 2400 元以下，这导致将近一半申请家庭无法获得公租房补贴，这在一定程度上说明北京公租房补贴政策标准不够科学。

表 13-3　申请家庭收入水平分布（2008—2015 年）

人均月收入	经济适用住房		限价商品房		廉租住房		公共租赁住房	
	户数	占比（%）	户数	占比（%）	户数	占比（%）	户数	占比（%）
580 元以下	396	27.4	135	7.2	252	92.6	20	6.0
580~760 元	190	13.1	58	3.1	16	5.9	31	9.3
760~960 以下	257	17.8	77	4.1	4	1.5	6	1.8
960~1200 元	273	18.9	141	7.5	0	0.0	36	10.8
1200~1800 元	309	21.4	515	27.3	0	0.0	40	12.0
1800~2400 元	28	1.9	490	26.0	0	0.0	66	19.8
2400 以上	0	0	475	25.2	0	0.0	144	43.1

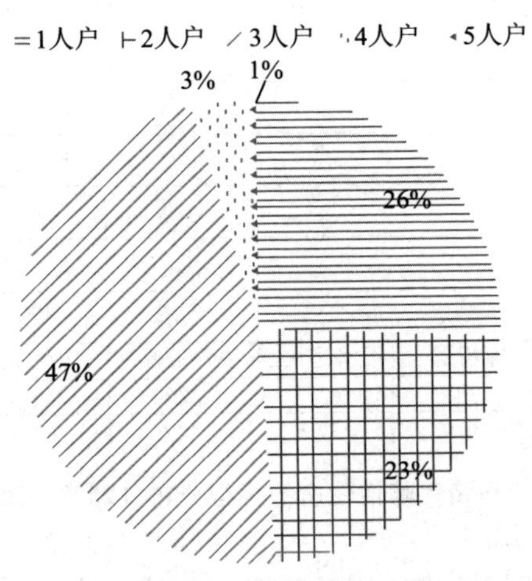

图 13-3　申请家庭的人口结构（2008—2015 年）

第三维度：申请家庭人口结构。从申请家庭人口结构来看，3 人户家庭占比最高，达到47%。其次为1人户家庭，占比为26%。再次，2人户申请家庭占比为23%。4人户申请家庭与5人户申请家庭占比最低，分别为3%、1%。由此可见，在保障性住房的需求结构中，3口之家对保障性住房的需求最为强烈。3人户家庭结构主要体现为：夫妻两人和子女共同申请，仅有3户家庭为祖孙三代所组成的申请家庭。

第四维度：配租配售户型分布。配租配售户型主要包括：一居室、两居室、三居室、四居室。一居室配租配售比例最高，达到2528套，占比50%以上。两居室1288套。三居室45套。四居室为0套。从保障房类型来看，只有廉租房的一居室供给略低于二居室，其他保障性住房的一居室户型供给均显著高于其他户型。为什么导致这种现象？这是因为根据当前北京市保障性住房政策，1人户家庭和2人户家庭配售和配租一居室，这导致一居室的需求数量激增。但是，当年轻夫妻生育之后，会迅速由两口之家转化成三口之家，现行分配设计未能满足居民的动态需求。

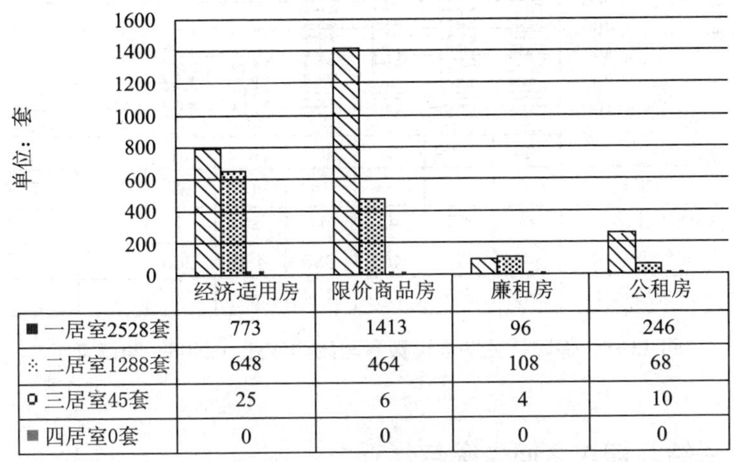

	经济适用房	限价商品房	廉租房	公租房
一居室2528套	773	1413	96	246
二居室1288套	648	464	108	68
三居室45套	25	6	4	10
四居室0套	0	0	0	0

图13-4 保障性住房的户型分布（2008—2015年）

第五维度：保障住房申请家庭的数量变迁。从保障性住房申请数量来看，在2008年到2015年期间，申请家庭数量总体上呈现了显著下降趋势。①从经济适用住房来看，经适房申请家庭的下降最为显著。主要原因在于：北京2013年实行“四房合一”，逐渐取消经适房，这导致经适房申请规模不断萎缩，申请家庭大幅下降。②从限价商品房来看，限价商品房的需求在 2010 年出现一个小高峰，当年申请家庭达到 464 户，随后呈下降趋势。③从廉租房来看，廉租房的申请数量一直保持基本稳定态势。

这说明制度设计能对居民行为产生显著影响。2013 年北京市开始正式实行“四房合一”并轨公共租赁住房政策，直接导致申请家庭的数量与结构发生显著变迁。D 街道 2015 年保障房的申请家庭仅为 77 户，不到 2008 年申请家庭的十分之一。这说明：一方面，随着保障住房政策实施，相当一部分低收入家庭的住房问题已通过保障体系得到了解决。另一方面，公租房实行租赁制度，每年对居民收入进行动态审核，申请家庭并不能拥有房屋产权。公租房阻断了产权房带来的超额福利，进而导致北京市保障性住房的降温。

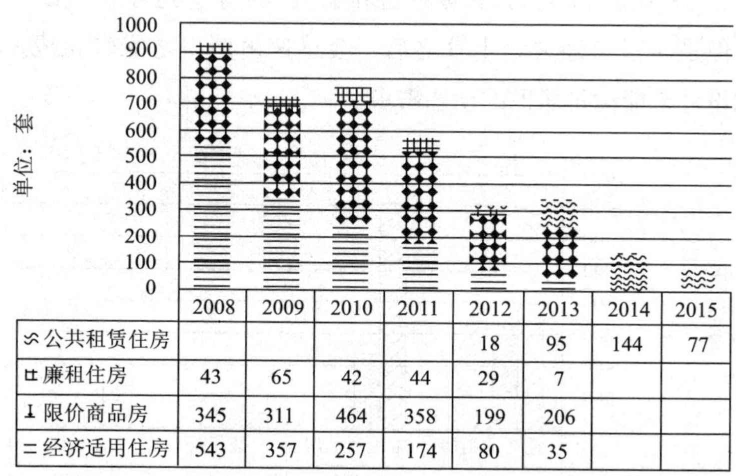

	2008	2009	2010	2011	2012	2013	2014	2015
公共租赁住房					18	95	144	77
廉租住房	43	65	42	44	29	7		
限价商品房	345	311	464	358	199	206		
经济适用住房	543	357	257	174	80	35		

图 13-5　保障性住房申请数量与结构变迁（2008—2015 年）

二、供给与需求之间失衡与分析

需求—供给之间失衡是制度创新的源动力。保障性住房作为一种公共物品，其数量与质量受到供需求双方共同影响。D 街道五维度需求测量发现：现行北京保障住房供给并未能精准满足基层社会需求，形成供给与需求之间失衡，政策设计需进一步科学化。

（一）供给层次设计不科学：内夹心层与外夹心层

在北京市现行住房保障供给体系中，经济适用房、公共租赁住房、廉租房、限价商品住房的准入条件皆以人均月收入、人均住房面积、家庭资产为标准。但是，由于经济适用房、限价商品房、廉租房、公共租赁住房划分标准不科学，导致双重保障断层，形成“内夹心层”与“外夹心层”。

表 13-4　内夹心层与外夹心层

保障房	年收入上线	人均月收入	保障对象	保障方式	政策性补贴
外夹心层					
公共租赁住房	10 万元以下	2777 元	城镇低收入群体	配租 60 平米以内	补贴比例 10%~50%
限价商品房	8.8 万元以下	2444 元	城镇中低收入群体	配售	购房单价 15000~21000 元
经济适用住房	4.53 万元及以下	1258 元	城镇中低收入群体	配售	购房单价 6182~9780 元
内夹心层					
廉租房	3.45 万元及以下	960 元	城镇最低收入群体	实物配租或租金补贴	补贴比例 70%~95%

内夹心层。内夹心层是指没有资格申请廉租房，又无能力购买经适房的城镇家庭。以北京市廉租住房和经济适用住房的审核标准计算，对于 3 人户申请家庭，廉租房月收入上线为人均 960 元，经济适用住房的收入上线为 1258 元，两者仅相差 298 元。从理论上讲，3 口之家只要符合：人均收入在 1258 元之下，住房面积 10 平方米以下，资产不超过 36 万元，就有资格购买经适房。但从实际支付能力来看，这部分人群基本无能力购买经适房，从而构成了住房保障的“内夹心层”，即没有资格申请廉租房，又买不起经适房的家庭。家庭收入数据分析发现：经适房申请家庭人均月收入 580 元以下占比 27.4%，为经适房申请家庭的最大群体，但以城市最低收入购买一套经适房显然难以实现。

外夹心层。与内夹心层不同，“外夹心层”指既不符合经济适用住房、限价商品房标准，又无力通过市场购买商品房的城镇居民。这类家庭往往是收入略超过保障标准，其收入上涨空间有限，却被隔离在保障性住房的门槛之外。以北京市一个3口之家为例，申请保障性住房的人均月收入上限是2777元，根据北京市薪资水平报告测算，2015年北京市月平均工资是6906元，2000~3000元收入水平占11.1%。保障性住房收入档次设计过低，使大量中低收入人群被阻隔在保障房制度之外，形成外夹心层。总之，保障供给层次设计存在不科学，导致内夹心层与外夹心层，“内夹心层”买不起经适房、限价房。“外夹心层”买不起商品房又无资格进入保障房体系。

此外，北京保障房不仅选址较为偏远，而且公共配套设施滞后，这导致“保障房社区居民居住空间和社会地位的双重边缘化，引发或加剧了社会分层的标签化、贫困的聚集与再生产、纵向社会流动不畅等问题，最终成为居住隔离现象的催化剂”。①

（二）公租房政策设计不科学

北京公租房政策设计不科学，首先体现为供给与需求脱节。北京市公租房的配租对象主要为廉租房、经适房、限价房的“三房轮候家庭”，三房轮候家庭的需求主要为政策购房，这与公租房供给并不匹配，从而导致公租房出租率偏低，资金收入难以为继，制约了公租房可持续运营。有学者通过定性分析和模糊评价法针对停建经适房转而发展公租房的现象进行研究，研究发现：“如果不能引入有效的激励机制和完善监管手段，采用公租房并不能消除经适房原有的大部分缺陷，除一定程度上抑制腐败和扩大了保障范围之外，甚至有可能恶化住房保障水平”。②

第二，租金设计不科学。北京公租房定价机制按照“略低于同地段、同类型住房的市场租金水平”确定。目前，北京市公租房租金基本比同地段市场租金低10%，以西三环未山苑公租房项目为例，租金为每平方米41元，以3口之家计算，60平方米两居室租金总计每月2460元，租金水平明显高于公

① 赵聚军．保障房空间布局失衡与中国大城市居住隔离现象的萌发［J］．中国行政管理，2014（7）：85-90.

② 张齐武．经济适用房还是公共租赁房？—对住房保障政策改革的反思［J］．公共管理学报，2010（4）：86-92.

租房对象群体的承受能力。

第三，租金补贴设计不科学。北京市公租房设计了补贴机制，人均 2400 元以下申请家庭可享受政府公租房补贴，补贴具体分为三个档次：人均月收入 1800~2400 元为 10%补贴，人均月收入 1200~1800 元为 25%补贴，人均月收入 1200 元以下为 50%补贴。若以一人户计算，公租房面积为 30~40 平方米，租金约为 1230~1640 元每月，若申请家庭收入在 2500 元，无法得到租金补贴，房租占其收入的 50%~65%。若此户家庭人均月收入为 1200 元以下，可享受 50%补贴，金额为 615~820 元。即使享受补贴，该户家庭租金仍然占收入的 50%~68%。公租房政策旨在解决北京市低收入家庭住房，但其租金水平过高，租金补贴金额少，使中低收入家庭面临租不起公租房的困境。D 街道现有 343 户获得公租房资格。在正在等待房源的家庭中，人均月收入在 2400 元以上的家庭有 144 户，占全部家庭的 43. 1%，无法享受补贴。人均月收入在 1800~2400 元家庭有 66 户，占全部家庭的 19. 8%，仅能享受 10%补贴。这说明补贴设计不科学，覆盖面过于狭窄。

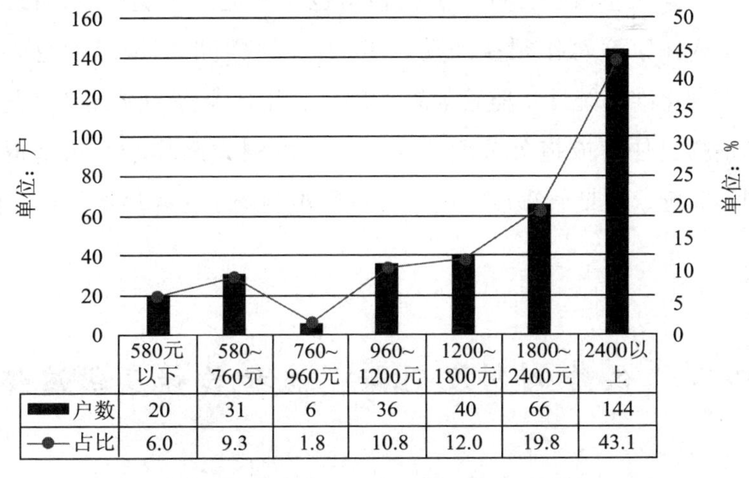

	580元以下	580~760元	760~960元	960~1200元	1200~1800元	1800~2400元	2400以上
户数	20	31	6	36	40	66	144
占比	6.0	9.3	1.8	10.8	12.0	19.8	43.1

图 13-6　D 街道公租房申请家庭的人均收入分布（2015 年）

（三）准入不完善、退出机制失灵

准入机制不完善。北京市保障住房申请条件以收入水平、资产、家庭住房情况为标准，但由于居民收入多元化，难以统计隐性收入，非工薪阶层收入结构难于查明。资格审查主要依靠查验身份证、户口本、收入证明等纸质证明为主，资格审查没有形成与社保、银行、房产等信息平台的联动，这导致审查力度明显不足，难以对居民收入动态监测。信息不对称导致保障对象错位，政策实践出现：有些住房困难家庭无法获得保障性住房，而有些表面收入低但隐性收入高的家庭通过“搭便车”通过资格审查，获取了保障性住房。这导致保障住房分配不公，政策设计在政策实施中发生了扭曲。巴尔和哈罗认为：住房供给结构存在着社会排斥性：商品房进入途径是收入和财富。公房进入途径是需要和等待的能力，“那些不能等的人，自愿妥协的人，被认为不能交房租的人，没有资格住公房的人，和没有被房管部门注意到的人，以及不能列在住房单子上的人（如残疾人、特定的宗教群体或精神病人），他们被排除在外。”①

退出机制失灵。当居民入住配售型保障性住房之后，随着其收入水平不断提高，已超出保障范围，但由于僵化的保障方式，配售性保障房难以退出，导致保障房资源大量流失。同样，公租房也存在退出机制失灵，按照政策规定，公租房入住家庭每年须参加动态审核，但政府部门缺乏信息共享平台，难以对收入变化准确统计，监管效果不理想。超标家庭为继续获得超额福利，往往选择不腾退住房或拖欠公租房租金，政府同样面临着无法清退的困境。退出机制不完善、后期管理成本高、清退困难制约了保障房的可持续性发展。

第四节　供给侧制度创新：流动的梯度供应体系

针对差异化需求，政府应通过供给侧制度创新，优化供应结构，使保障房供给结构与需求结构达到均衡状态，发挥制度最大效率。

---

① 李斌．社会排斥理论与中国城市住房改革制度［J］．社会科学研究，2002（3）：107.

一、构建保障房分层供给体系

分层供给体系基于保障家庭的收入水平和住房需求的动态增长，优先解决低收入家庭的住房困难，在此基础上解决中低收入住房困难家庭，构成覆盖住房困难家庭的阶梯式流动的住房保障体系。

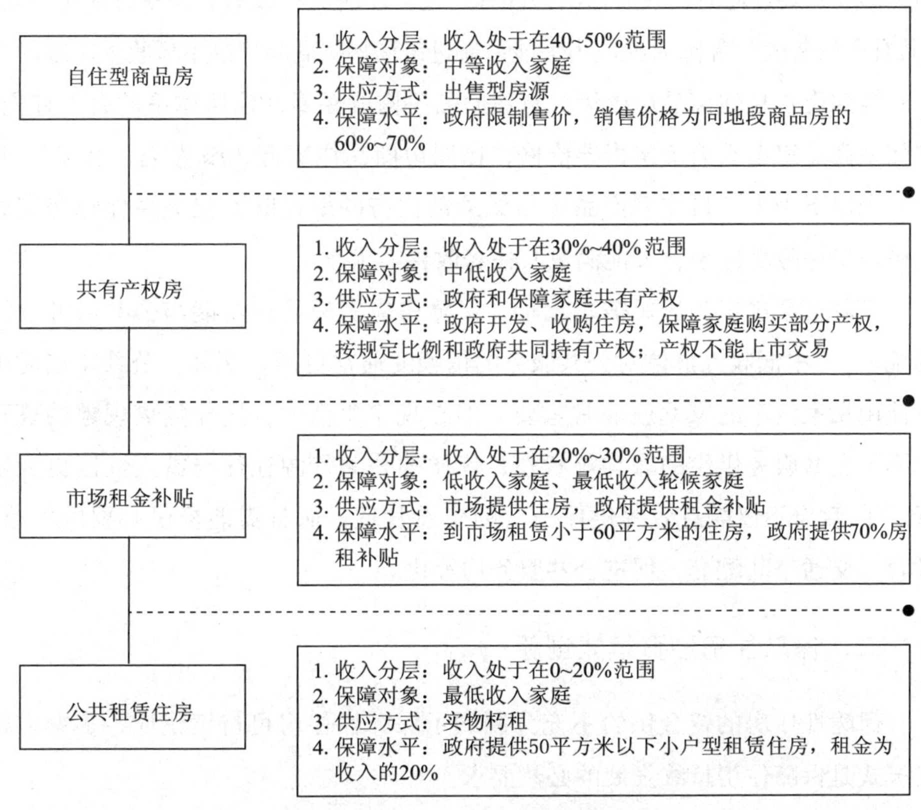

图 13–7 保障房分层供给体系设计

第一类：基础保障：公共租赁住房。科学调整公共租赁住房的供应对象，确立以城市最低生活保障家庭，低收入家庭、收入略高于低收入的“夹心层”为供给对象。政府作为公共租赁住房的供给主体，应严格控制公租房面积与租金水平，使公租房承担起保障住房体系中“保基本”功能。

第二类：市场租金补贴制度。市场租金补贴制度指符合公租房条件的家庭在轮候期间先通过市场租住房屋，政府给予一定比例的补贴。市场补贴制度可缓解公租房房源筹集的压力，通过货币补偿的形式帮助轮候家庭在市场中先行解决住房。市场补贴和公共租赁住房的互相转换使保障房供应更加灵活多样，切实满足住房困难家庭在各阶段的住房需求。

第三类：保障性住房："共有产权型"保障房。当低收入家庭的收入有所增加，形成购买意愿时，政府可出售部分产权，使居民和政府共同享有住房产权。"共有产权制度"保障对象应为无能力通过市场购买商品房的中低收入家庭。

第四类：自住商品房政策。自住商品房构成保障性住房体系的有力补充。自住型商品房由政府确定指导价格，比周边商品住房低30%左右，套型以90平方米以下为主。自住型商品房与保障性住房的衔接既能促进原保障房家庭积极退出保障房体系，又能满足其住房改善需求。

随着社会进步与居民需求增加，保障房应实现居住功能与公共服务功能的统一，"中低收入群体对公共服务的依赖度通常更高，例如，公共交通对于不使用私家汽车的家庭就非常重要。但在现实生活中，居住隔离现象的蔓延加剧了公共服务供给的非均等状态，优质的公共资源往往与富人社区更为接近。"① 政府不仅需有效提供保障房的建设管理，而且需能提供必要的医疗、教育、交通公共配套，促进公共服务均等化。

二、保障住房融资模式创新

保障性住房的资金供给不充分制约了保障性住房可持续供应，多渠道融资模式是保障住房持续发展的必然要求。

第一，建构统一的住房保障基金。当前保障住房的资金来源较为分散，主要包括：中央财政的各类保障性住房建设专项辅助资金、财政转移支付金、地方政府配套资金、住房公积金增值收益、国有土地出让净收益10%、保障房出售的资金回笼等，但是，这些资金来源不稳定、没有统一的标准和规范。政府应将现有分散保障性住房财政资金整合，设立住房保障基金，形成稳定、

① 赵聚军．保障房空间布局失衡与中国大城市居住隔离现象的萌发［J］．中国行政管理，2014（7）：85-90.

规范、透明、统一的住房保障财政资金。整合后的住房保障资金，将保障房建设年度目标和财政资金纳入地方政府财政预算，其他资金来源按比例统一划拨到住房保障基金，实行预算管理，形成规范持续的资金来源，为保障住房建设的可持续发展提供资金保障。

第二，建设保障性住房融资平台。借鉴国际保障性住房建设的融资模式，探索公共资本与私营资本相结合的融资渠道，通过 BOT 与 PPP 模式吸引社会资本加入保障房建设。BOT（build-operate-transfer）融资模式即建设—经营—转让，由政府向私人企业授权，允许其在一定时期内筹集资金建设保障房并管理、经营该项目，当特许经营时间结束后，保障房交给政府经营和管理。PPP（Public Private Partnership）融资模式即公私合营，政府与私营企业合作，建设公共租赁住房，政府给予私营公司长期特许经营和收益权，逐步建立“企业建房、居民租房、政府补贴”的公共租赁住房投资建设和运营管理模式。

第三，完善住房公积金制度。住房公积金制度是重要的住房保障制度，“住房公积金作为长期缴存住房储金，具有互助性和保障性，通过公积金贷款和公积金增值收益两个渠道支持保障性住房建设，能够有效地实现长期性、连续性、低成本和可控性”。① 但在实施过程中，公积金使用规定了住房贷款月支出需占收入的50%以下。对于没有固定工作、收入不稳定的保障对象而言，这种制度安排排斥了多数中低收入家庭。公积金制度应成为中低收入群体享受保障性住房的金融支持工具，其缴费率应根据收入水平等实行动态管理。保障住房的对象是社会弱势群体，收入水平较低，公积金政策应向中低收入家庭倾斜，建立保障性住房与个人公积金贷款的定向衔接，提高保障住房家庭的贷款比例和金额，并可便利化支付公租房租金。

三、科学设计公租房租金水平和补贴覆盖面

“住房政策的制定应当建立在正确判断住房矛盾的基础上，处理好政府履行公共服务职能与住房市场化、消费属性与投资属性、社会功能与经济功能

① 蒋和胜．十二五以来我国保障性住房资金来源渠道分析［J］．宏观经济研究，2016（4）：31-35.

的关系。"① 北京市公租房按照保本微利原则，综合考虑承租家庭收入水平和同等条件房屋市场租金水平，按一定比例下浮确定租金，公租金约为同地区市场租金的70%~80%。以"远洋沁山水"公租房项目为例，租金标准为每月每平41元，市场租金49元每平方米。一居主力户型建筑面积约47平方米；二居主力户型建筑面积约68平方米。以此计算，一居室租金约1927元，两居室租金约2788元。（市场租金3332元）。但是，北京市公租房租金水平相对较高，租金补贴范围过窄，导致公租房入住率偏低。

第一，政府应降低公租房开发建设成本。政府可直接划拨公租房建设资金，降低公租房成本，从而降低公共租赁住房的租金水平。香港《房屋条例》规定：公屋租金水平由房屋会规定，不能超过租户家庭收入中位数的10%，约为市场价格的30%。根据国际经验，房租/收入比25%~35%为居民可以承受范围，一旦超过35%则表明房租压力过大。建议减少公租房面积，降低公租房成本，降低租金水平，以体现公租房"保基本"功能而非改善功能。

第二，规定商品房配建公共租赁住房。商品房建设项目按要求配建一定数量公租房项目，产权属于开发商，政府部门负责分配和后期管理，这将有效降低单独建设公共租赁住房的成本，有利于降低公租房租金。

第三，提高公租房租金补贴的覆盖面。建议对最低保障家庭，政府直接规定家庭收入的20%作为租金，其他住房困难家庭和"夹心层"以家庭收入的30%作为租金，不再额外提供补贴。租金补贴政策则针对特定人群（60岁以上老年人，患有重大疾病人员，残疾人家庭，失独老人等人群），这些确有困难且收入增长可能性不大的困难群体可享受国家一定比例补贴，以缓解住房困难。

四、流动的梯度供应体系

新制度经济学认为：交易费用存在的主要原因在于产权模糊。产权模糊导致"外部性"与"搭便车"，"当人们之间在产品的归属、使用权和受益权

---

① 冯俊．当前城镇住房矛盾与对策［J］．管理世界，2014（5）：54-59.

等方面产生争议时，需要通过谈判或经过外部权威的裁决来解决。”① 保障性住房不应是“终身制”住房机制，享受保障性住房的家庭，如果收入增长超过保障性住房准入标准，或收入降低负担不了现有住房支出，都应通过相应程序安排在保障体系中自由流动，或退出保障房体系，或匹配与其需求相应的保障房。

完善退出机制。退出机制是保障性住房的有效约束机制。北京市保障性住房管理体制中，保障房退出机制缺乏具体明确的操作规范。对于违反保障性住房使用，骗租，骗购的行为，清退和回收住房缺乏法律依据，因此迫切需要健全保障性住房的法律体系、规章与政策措施。在依治管理的基础上，完善保障家庭的信用审查平台，将保障家庭信息与社保、银行、房产信息平台联动，动态准确地掌握家庭隐形收入，为保障房管理提供信息基础。强化保障性住房监管，形成日常监管，动态监督和不定期抽查相结合的监管体系。成立专门后期管理部门，并依托物业、居委会、产权单位等部门，对入住使用情况进行定期巡查，对转租、空置行为登记备案，并解除租赁合同收回房屋。

构建流动的梯度供应体系。在住房保障后期管理中，一些保障家庭收入虽已超过保障标准，但拒不腾退，因为腾退住房意味着住房福利断裂。对于不符合保障性住房标准但拒不接受腾退的家庭，政府管理部门在实践中难以强制执行，因为虽然其收入增加，但也难以通过市场解决住房问题，这构成住房保障管理的难点。这就需要建立流动的保障住房梯度供应制度，使保障家庭能随着收入变化在保障房体系内自由流动。居民住房需求随着收入增长呈现梯度变化。当入住公租房的低收入群体随着经济改善，收入提高，可申请购买公租房部分产权。政府应通过提供低息购买贷款，购房税减免等形式促进购买，而部分产权出售所获资金可持续运用于保障住房供给。这将显著提高保障住房资源的配置效率，最大程度地满足困难家庭的住房需求。总之，保障住房后期管理既要完善保障住房退出机制，也要使保障对象能随着收入变化在保障体系中自由流动，这是保障性住房可持续运行的关键。

---

① ［美］R. H. 科斯（Coase，R. H.），［美］阿尔钦（Alchain A.），［美］诺斯（North D.）. 财产权利与制度变迁—产权学派与新制度学派译文集［M］. 刘守英，等译. 上海：上海人民出版社，1994：175.

第十四章　北京市公共租赁住房后期管理研究

公共租赁住房简称公租房，是有别于廉租住房、经济适用房、限价商品住房的一种新型保障性住房。它是时代的产物，根据2012年5月28日住房和城乡建设部令第11号《公共租赁住房管理办法》的定义，公共租赁住房是指限定建设标准和租金水平，面向符合规定条件的城镇中等偏下收入住房困难家庭、新就业无房职工和在城镇稳定就业的外来务工人员出租的保障性住房。随着北京市公共租赁住房的大力发展，公租房后期管理问题日益显现，加强公租房房源的后期管理势在必行。

第一节　研究背景与研究方法

一、研究背景

公共租赁住房是在政府的主导和扶持下，积极调动社会力量向社会公众提供的具有保障性质的租赁型住房。国家领导人对保障性住房安居工程高度重视，特别强调公共租赁住房的发展和重要性。发展公租房是对国家“双轨制”的住房供应体系的补充完善，在“双轨制”供给体系下，经济适用房和廉租房只能解决部分城市中低收入者的住房问题，大量的城市中低收入者成为“夹心层”。

北京市于2008年开始启动公共租赁住房发展，近年来不断完善住房保障体系，大力推进公租房发展，积极探索、创新公租房的管理模式和运行机制，仅“十二五”期间北京市共建设公共租赁住房15万套。如此大规模的兴建，必然引发诸多财政和建设的问题，但最突出的问题，无疑是如此大规模、大体量兴建之后所带来的后续管理的问题，如公租房承租人的准入与退出的问题，公租房社区和物业管理的问题，公租房房源后期处置问题等。因此，针对北京市公共租赁住房后期发展过程中可能遇到的问题，我们一是要学习和借鉴国内外其他发达地区对于公租房后期的管理理念和管理经验，二是要结合北京市市情制定符合北京市发展规律的公共租赁住房后期管理对策。所以，预测和理顺北京市公租房后期管理中可能遇到的问题，并分析、制定出可行的对策和管理模式，对北京市保障性住房体系建设及公租房的发展运营有着重大的理论和现实指导意义，该项研究工作也是伴随着公租房大量兴建背后所不能规避的一项非常必要而紧迫的任务。

二、研究方法

本研究主要针对北京市公租房后期管理问题，通过预测并分析北京市公共租赁住房后期管理中可能遇到的问题，借鉴国内外在该方面的管理实战经验，以具体某一区县公租房后期调查分析为案例，探究出一套符合北京市市情的公租房后期管理机制。

第一，文献检索法。文献检索法主要运用于国内公共租赁住房后期管理具有代表性的城市研究、国外相关先进经验研究及公租房具体实施方面研究。对相关书籍、国内外相关的学术论文及期刊进行收集和整理，通过对文献的分析，为北京市公租房后期管理机制的设计提供理论依据。

第二，访谈法。通过对公租房小区的承租户及市区两级住房保障管理部分的专家、领导和具体工作人员的访谈，对现阶段北京市公共租赁住房后期管理过程中出现的问题进行梳理，更直接地了解北京市公租房后期管理整体情况。

第三，个案研究法。以北京市大兴区某公租房小区为案例，通过调查该小区内公租房承租家庭满意度，分析研究公租房社区管理方面不合理的因素，从而为制定合理的后期管理机制提供现实依据。

第二节　理论基础

一、社会保障理论

社会保障（Social Security）一词最早出自美国1935年颁布的《社会保障法》。美国1999年出版的《社会工作词典》将社会保障定义为："一个社会对那些遇到了已经由法律做出定义的困难公民，如年老、生病、年幼或失业的人提供的收入补助"。西方社会保障理论经历了一个从否定社会救济到主张社会福利的思想发展过程，第一个阶段是产生阶段，具体内容包括三个方面：英法古典经济学家否定社会救济制度作用的社会保障思想、德国历史学派提倡国家福利的社会保障思想、福利经济学关于福利保障的思想；第二个阶段是形成阶段，它标志着福利型社会保障思想的确立，具体内容包括两个方面：凯恩斯主义的福利保障理论、"福利国家"论者的社会保障理论；第三个阶段是多样化发展阶段，它表现为当代西方福利型社会保障制度改革理论，具体内容包括三个方面：新自由主义学派的社会保障理论、其他经济学派的社会保障理论、1998年诺贝尔经济学奖获得者阿马蒂亚·森的福利经济理论。我国参照的西方社会保障成功经验，开展国家保障型社会建设，随着保障性住房问题的日益突出，越来越多的家庭很难通过市场自身解决住房困难问题，对住房保障的关注度也越来越浓重，成为了社会保障范围内非常重要的组成部分，通过借鉴西方成熟的管理经验，对我国公租房后期管理的不断完善有着很重要的借鉴意义。

二、公平分配理论

西方国家对公平分配思想的认识经过了一个漫长的发展演变阶段。最早是古希腊，柏拉图在《理想国》中提出公平分配问题，强调公平即和谐。在柏拉图看来，各得其分且各安其分，整个社会便是一个公平的社会。当代西方公平分配理论代表人物罗尔斯认为正义的社会必须首先保证公民有公平竞争的机会，认为一个正义合理的社会分配制度，不是以牺牲一部分的利益来增加另一些人的利益，而只是在社会竞争和分配中保护弱者的利益。公平分配的理论同样适用于公租房后期对承租人准入和退出的管理有着深远的意义。

三、市场失灵理论

市场失灵理论认为：完全竞争的市场结构是资源配置的最佳方式；但在现实经济中，完全竞争市场结构只是一种理论上的假设，理论上的假设前提条件过于苛刻，现实中是不可能完全满足的。由于垄断、外部性、信息不完全及在公共物品领域，仅仅依靠价格机制来配置资源无法实现效率最大化，这样市场就失灵了。当市场失灵时，为了实现资源配置效率的最大化，必须借助政府的干预，政府在市场失灵领域和市场经济中的作用越来越重要，这也是公租房后期管理中政府对于房源配置和社区管理中需要加强管理的根本所在。

第三节　国内外公租房管理经验

一、美国公共住房管理模式借鉴

美国政府对于公共住房的管理模式是主要重点分析低收入群体的支付能力，并通过严格立法、推行住房的分类供应、加强社区管理和建立个人信用制度四个方面加强公共住房的后期管理。

1. 立法保障

美国非常重视立法建设，关于保障住房先后出台了《国家住房法》《住房和城市发展法》《住房法》《全国可支付住宅法》等一系列法律法规，确立保障住房事业的法律地位，以保障各项工作的有效落实。

2. 推行住房分类供应和补贴制度

美国对不同收入人群实施不同的住房政策，高收入群体通过市场自行解决住房问题，不在保障范围内；中收入群体提供保障住房，并对建设投资方提供补助；对于低收入群体提供住房标准较低的廉租屋，并通过发放“住房券”对低收入群体进行补贴。

3. 注重公共住房的社区管理

重视公共住房社区管理，积极调动社区中非政府组织共同参与社区的医疗卫生和物业服务等环节。

4. 建立个人信用制度

美国申请公共租赁住房的申请人在申请、复核和后期使用中都与公民个人信用制度相挂钩，保障了住房保障工作各个环节的真实性，当承租人收入超出承租标准时，如承租人退出房屋，其必须参与社区服务，并保证每周至少提供 24 小时的义务服务，否则将直接受到法律制裁。

二、韩国公共住房的管理模式借鉴

韩国国土面积仅 9 万多平方公里，但人数密度很高，2011 年韩国人口密度达到每平方公里 493 人，是个典型的地少人多的国家。从 20 世纪 60 年代韩国就因为土地资源紧张而重视住房保障工作，经过数十年的努力建设，国内住房紧张问题得到了有效缓解，预计到 2018 年将建成公共租赁住房 150 万套，据统计，现韩国境内长期租住的居民已达 106 万户。经过数十年的发展，韩国公共租赁住房结构已基本确立，主要分为“永租房”“公租房”和“国租房”三种，“永租房”租赁期限为 50 年，主要面向城市低保户等特殊困难家庭；“国租房”租赁期限为 30 年，主要面向城市中低收入家庭；“公租房”一般租赁期限为 20 年，面向中低收入家庭。总结韩国的公共租赁住房的发展经验可归纳为三个方面。

1. 健全公共租赁住房法律保障体系

韩国自 1972 年开始不断重视立法建设，先后颁布了《住宅建设促进法》《住宅银行法》《稳定劳动者居住和筹措购房资金支援法》《大韩住宅公社法》等一系列住房保障方面的法律法规，这些法律法规构建了完善的法律保障体系，为后期各项保障工作开展奠定了法律基础，为政府执行力增强了法律保障。

2. 设立专业的运营管理机构

为了更好地促进国内住房保障工作的开展，60年代初韩国就成立了大韩住宅公社，负责公租房日常事务工作，后期陆续又成立了韩国住宅银行与土地住宅公社等机构，保障组织机构建设，提高了住房保障工作效率，同时又使得公租房各方面的运营管理趋于专业化。

3. 加强保障住房工作的计划性和可持续性

为了保障公租房事业的可持续发展，韩国构建了住房发展综合规划体系和特定规划体系，并制定了从国土部门土地开发到规划、建设部门等一系列发展计划，从而确保公租房土地资源和住房资源的稳定性和循环性。

三、天津市公共租赁住房管理经验借鉴

天津市是我国北方经济中心，国际港口城市和生态城市，也是我国五大中心城市之一。“十二五”期间，天津市进一步加大政府对公共租赁住房的投入力度，加大建设规模，加大政策支持力度，期间共建公租房15万套、675万平米，总投资500亿元，土地供应340公顷，发放公租房补贴4万户。其在后期运营管理和退出机制方面的经验值得北京借鉴。

1. 运营管理

天津市公共租赁住房产权单位可以通过招标确定或指定具有房屋管理经验和良好社会信誉的单位作为公共租赁住房的经营单位，负责公共租赁住房的经营和管理。经营单位企业可直接或委托其他符合资质的企业对公租房项目实施物业管理和租赁管理，自行收取租金和物业管理费。租金收入全部纳入专户管理，接收管理部门和贷款银行监管。

（1）小区管理

公共租赁住房由所在区人民政府按照新建住宅小区管理要求纳入管辖范围，并组织区民政、房管、公安、市政、市容园林、环卫等部门以及街道办事处（镇政府）按照各自管理职责，对公共租赁住房小区实施社区综合管理。公共租赁住房小区须纳入社区居民委员会管理。

（2）产权单位可以委托经营单位管理公共租赁住房

产权单位与经营单位应签订委托管理协议，明确租金收缴、房屋修缮养护、房屋腾退等管理服务内容和标准。产权单位、经营单位不得改变公共租赁住房经营性配套公建的规划使用用途。

（3）租金和销售收入管理

公共租赁住房的租金收入、销售收入和经营性配套公建的租金收入专门建账，全部存入项目资金监管账户，用于偿还贷款本息、投资及其收益，支付维修管理费用、垫息和筹集房源款项等。

（4）保障对象的管理

运营单位应建立住户、住房档案，并将住户入住情况登记造册，及时了解和掌握公共租赁住房使用情况，发现违反规定使用公共租赁住房等情况，及时报告住房保障管理部门。承租人有义务配合经营单位、街道办事处（镇政府）、住房保障管理部门对公共租赁住房使用情况的核查工作。

2. 退出机制

目前全国各地公租房大多采取政府主导方式运作。由于各地尚未建立统一的社会信用体系，承租人如发生恶意欠租和拒不腾退住房的行为，没有强制措施进行制约。为此，天津市建立了公共租赁住房保证金制度。具体做法为：公共租赁住房承租人应交纳租房保证金。符合廉租住房租房补贴和公共租赁住房补贴条件的家庭，按照建筑面积每平方米 100 元的标准交纳租房保证金；符合廉租住房实物配租补贴条件的家庭按照有关规定执行；其他家庭按照建筑面积每平方米 200 元的标准交纳租房保证金。租房保证金标准可适时调整。

租房保证金由市国土房管局所属公共租赁住房管理单位专户存储，按照同期银行 1 年定期存款利率为承租人计息，未满 1 年的，按照同期银行活期存款利息计息。承租人腾退住房时，租房保证金可由产权单位用于抵扣承租人欠缴租金和违约赔偿，退还保证金剩余本息。

第四节 北京市公共租赁住房后期管理：问题及影响因素

一、北京市公共租赁住房后期管理现状

（一）机构设置

北京市现行的保障性住房管理机构是以建设系统（北京市住房和城乡建委委员会）为主，其他各部门协同开展工作。公共租赁住房作为保障性住房的一部分，后期管理工作主要由市住建委下设的使用监督管理处负责监管和总协调，其他各职能处室（综合处、标准信息化处、建设管理处、审核分配处等）相互配合，并组织、指导、监督各区县住房保障管理部门、产权单位或运营单位开展公租房后期使用管理工作。各区县也分别成立的住房保障事务中心，下设后期管理科对本区县公共租赁住房的后期使用进行管理，其他科室（资金管理科、综合科、审核配售科等）配合工作。

（二）管理体系

目前北京市公租房管理体系包括四个主要环节，分别为物业管理、准入与退出管理、社会管理和信息管理。

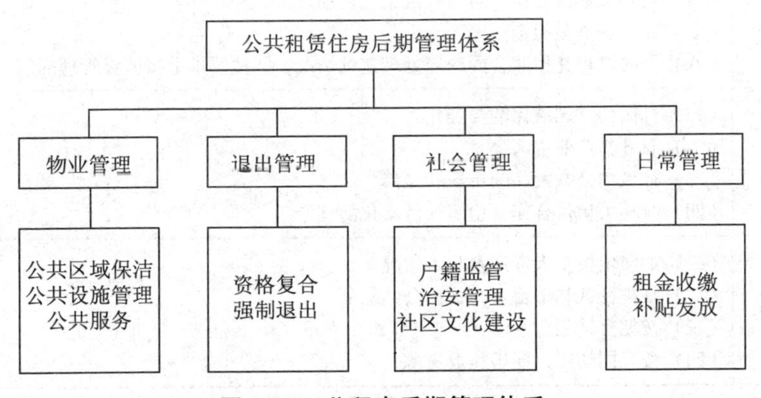

图 14-1 公租房后期管理体系

物业管理主要负责公共租赁住房公共区域保洁与公共设施管理，同时提供必要的公共服务。退出管理主要负责承租人资格复核、退出等资格管理。社会管理主要负责承租人户籍管理及社会治安管理等。日常管理主要负责定期租金收缴、补贴发放等日常操作管理。

（三）管理中各职能分配

公租房后期管理体系中涉及五个主体：政府、产权单位、运营管理公司、社区物业和承租户。具体职责如下：

表 14-1　公租房后期管理体系职能分配

责任主体	具体职责
政府部门	（一）立法 （二）依据相关法律法规制定实施政策 （三）建立公租房后期管理的各项标准 （四）购买运营和物业服务 （五）考核运营机构和物业公司服务质量 （六）对整个公租房后期运行进行监管 （七）对入住家庭定期复核资格 （八）对违规使用家庭进行处罚 （九）建立统一的信息管理系统 （十）其他政府应提供的公共服务
产权单位	（一）进行房产管理 （二）办理入住手续与运营管理公司签订租赁合同 （三）公共租赁住房自用和共用部位及设施设备的维修养护 （四）成立房屋租赁管理服务站负责收缴租金 （五）及时发现并按照合同约定处理违约情况，并按要求上报监督管理部门 （六）与相关单位合作，组织社区文化活动 （七）收取、催缴租金 （八）及时发现并按照合同约定处理违约情况，并按要求上报监督管理部门
物业公司	（一）社区公共区域保洁与美化 （二）召开物业业主大会 （三）社区内公共物品的更新和维修 （四）与相关单位合作，组织社区文化活动
承租家庭	（一）如实申报个人资产及收入情况 （二）维护社区和谐稳定，保护公共物品 （三）按期交纳租金 （四）按合同约定，期满腾退房源

（四）制度建设

北京市在公共租赁住房后期管理方面的研究和制度建设一直走在全国的前列，从2009年就陆续开始出台相关政策，不断对公租房后期管理的内容作出规定。2009年出台了《北京市公共租赁住房管理办法（试行）》（京建住［2009］525号），2011年出台了《北京市人民政府关于加强本市公共租赁住房建设和管理的通知》（京政发［2011］61号）对公租房的租赁管理及后续公租房的退出机制等内容都做了较为明确的规定。2012年出台了《关于加强保障性住房使用监督管理的意见（试行）》（京政发［2012］13号）提出了“谁持有、谁管理”的管理要求，提出应该由公租房产权单位承担保障房的管理责任。2013年出台了《关于加强本市公共租赁住房社会管理和服务的意见》（京建法［2013］19号）提出公租房应进行属地管理。同年又出台了《北京市公共租赁住房后期管理暂行办法》（京建法［2013］15号），正式提出公共租赁住房的后期管理。虽然近年来，北京市对于公租房管理以及后期管理的问题越来越重视，但是，具体来看以上出台的各项制度，大部分都是仅具有指导意义的政策，每个政策的出台都是在完善之前相关政策的部分内容，具体管理内容相对仍较空泛，还是要求各个地方政府要根据本地区的实际情况再出台更具体、更有针对性的实施细则。

（五）管理效果

目前北京市对于公租房后期管理方面从市级到各区县管理层级比较清晰，分管职责较为明确，公租房现有的各项政策为后期管理提供了良好的平台和坚实的法律依据，但管理体系尚不健全，各区县开展进度存在差异，管理流程和管理机制尚需优化。由于公租房在保障性住房体系中占有举足轻重的地位，如果公租房后期管理工作不到位很容易影响到整个北京市住房保障事业的建设。

二、燕保·高米店家园公共租赁住房项目现状调查

（一）燕保·高米店家园项目基本情况

燕保·高米店家园位于北京市大兴区景明路8号院，东临广茂大街，南邻

规划横四路，西为相邻用地，北邻景明路。该项目总用地面积 41788.34 平米，其中建设用地面积为 35056.81 平方米，代征道路用地 6731.53 平方米。总建筑面积 119160 平方米，其中地上建筑面为 98159 平方米，地下建筑面积 21001 平方米，容积率 2.8，绿地率为 30%。项目住宅为 5 栋，可配租房源 1814 套，其中大套型 1098 套（全部为二居室，面积区间为 58.03–61.95㎡，月租金价格为 2031.05～2168.28 元）；中套型 146 套（全部为一居室，面积区间为 45.84～50.26㎡，月租金价格为 1604.40～1759.10 元）；小套型 570 套（包含零居室和一居室两种户型，面积区间为 30.04～41.49㎡，月租金价格为 1051.40～1452.50 元）。周边交通：距离地铁 4 号线高米店南站 1.5 公里；紧邻京开高速，366 快车；631 快；848 路；849 路；849 路快；937 路；943 快；943 路；943 区间；968 路等多条项目可直达市区。小区内配套：配套商业、社区卫生服务站、社区服务中心、警务工作站等。周边公共设施：（1）教育资源：首师大附中大兴北校区；（2）休闲购物：世纪家家福连锁超市、绿地缤纷城购物中心；（3）医疗保健：北京大学肿瘤医院南郊分院、广安门医院南区、大兴人民医院、北京市大兴区红星医院。

租金标准：35 元/建筑平米·月（不分楼层、朝向），租金单价中包含物业费，不包含供暖费、水费、电费、燃气费、电话费、上网费、电视收视费及另行租赁家具等费用。

供暖方式：为小区集中供暖，30 元/建筑平方米·供暖季。根据北京市住房保障办公室和北京市保障性住房建设投资中心 2014 年 6 月联合发布的《关于房山金地朗悦等 7 个公共租赁住房项目的配租公告》，燕保·高米店家园优先面向大兴区参加意向登记的家庭配租。燕保·高米店家园于 2015 年 11 月完成首批大兴区选房家庭签约入住工作，首批签约家庭共计 417 户，已实际入住，该社区的日常运营管理由北京市建设投资管理中心运营管理部负责。

（二）问卷调查分析

问卷调查于 2016 年 2 月在大兴区燕保·高米店家园社区内进行，根据市建投中心运营管理部提供的入住租户信息，结合大兴区住房保障事务中心提供的相关信息，针对当时已入住的 417 户租户进行了随机取样，采取社区内发放问卷和少部分入户座谈相结合的方式，完成问卷调查共 110 份。承租家庭基本情况：

（1）男女比例及婚姻状况

在调查的受访者当中，其中男性共 131 人，占比 55.3%，女性共 106 人，占比 44.7%，男士人数相对较多。受访者中 62.7%为已婚人士，21.2%为未婚人士，11.6%为离异单身家庭，4.5%为丧偶的单身老人。

（2）受访家庭成员的年龄分布情况

表 14-2 年龄分布

年龄	人次	百分比	有效百分比	累计百分比
18 岁以下	52	18.1	18.1	18.1
18~24 岁	30	10.4	10.4	28.5
25~34 岁	62	21.5	21.5	50.0
35~44 岁	57	19.8	19.8	69.8
45~54 岁	39	13.5	13.5	83.3
55 岁以上	48	16.7	16.7	100
合计	288	100	100	

在所有受访家庭成员中，经统计平均年龄为 37.2 岁，其中 25 岁至 55 岁年龄段的受访者一般多为家庭里的核心成员，对小区的情况相对更加熟悉，对公租房的政策比较了解，为家庭的主心骨和顶梁柱，能够较好地反应出一个承租家庭的真实意愿，因此本次受访过程中主要针对的也是这类人群进行调查。从图表中可以看出，目前该社区居住人群应该基本都是以家庭为单位，人口结构相差不是很悬殊，25—34 岁人口相对较多，主要为在北京工作刚结婚的小夫妻。

（3）受访家庭中成员低保比例

表 14-3 受访家庭中成员是否为低保范围

是否为低保	人数	百分比	有效百分比	累计百分比
是	21	11.1	11.1	11.1
否	158	88.9	88.9	100
合计	189	100	100	——

经调查，社区家庭成员为低保范围的占比为11.1%，自廉租与公租房并轨后，廉租房家庭只能申请公租房。由于廉租家庭在承租公租房后可申请更多的政府租金补贴，因此廉租家庭承租公租房人群中也占有一定的比例。

（4）受访家庭成员平均月收入

表14-4 受访家庭成员平均月收入

收入	人数	百分比	有效百分比	累计百分比
1000以下	12	10.9	10.9	10.9
1000—2000	38	34.5	34.5	45.4
2000—3000	46	41.8	41.8	78.2
3000—4000	10	7.3	7.3	94.5
5000以上	4	5.5	5.5	100
合计	110	100	100	

在受访的家庭中，1000元以下的家庭基本都为低保家庭，其余大部分公租房家庭均为中低收入家庭，月薪在1000元至3000元的人员最多，占有绝大比例。虽然5000元以上的人数较少，但是绝大多少人对于月租金1000元的价格应该还是可以承受的。

（5）申请住房情况

表14-5 申请住房补贴情况

	是否申请		是否获批	
	人数	有效百分比	人数	有效百分比
是	67	60.9	59	88.1
否	43	39.1	8	11.9
合计	110	100	67	100

从统计表格可以看出，大部分人都申请了住房补贴，政府对于公租房的补贴范围占到了申请家庭的一半以上。但在申请住房补贴的家庭中，通过了解，有少部分人还没收到任何补贴，部分受访家庭有的补贴不能及时到位，政府在补贴流程和操作上还需要提高效率。

（6）居住满意度情况

表 14-6 居住满意度情况

	居住	百分比/%	物业	百分比/%	定价	百分比/%	管理	百分比/%
满意	38	34.5	15	13.6	8	7.3	27	24.5
较满意	55	50	23	20.9	34	30.9	42	38.2
能接受	10	9.1	62	56.4	65	59.1	30	27.3
不满意	7	6.4	10	9.1	3	2.7	11	10
合计	110	100	110	100	110	100	110	100

在受访者当中，承租家庭对公租房居住条件比较满意，对租金定价、小区物业和后期管理基本满足要求，只有6.4%左右的承租家庭表示对公租房不满意，说明公租房对于承租家庭来说提高了他们的生活水平。

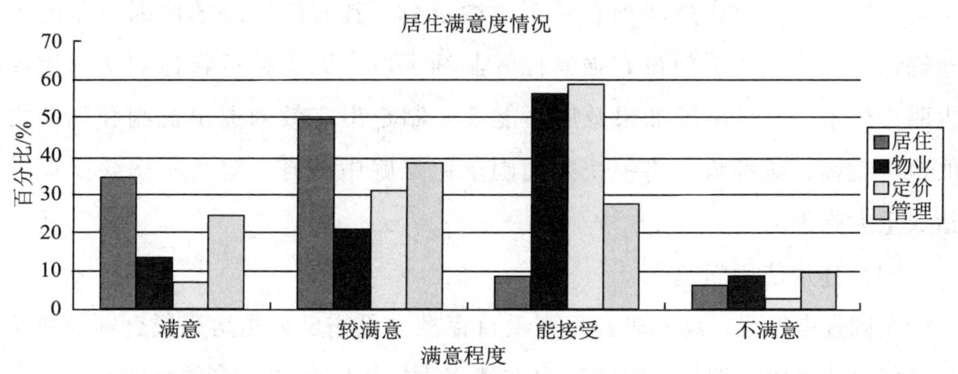

图 14-2 居住满意度

从上述统计结果显示，目前承租家庭对于小区的居住房屋大多比较满意，对于住房保障管理部门的政策、服务等管理也相对满意，相对来说对于小区的物业管理和房屋的定价只是属于能接受的范围，虽然直接选择不满意的人群较少，但是可以看出解决公租房后期管理中物业管理问题和房屋定价问题是目前影响公租房居住人群满意程度的重要环节。

（三）燕保·高米店家园项目后期管理问题分析

（1）房源空置问题

燕保·高米店家园公共租赁住房项目共计房源 1814 套，实际入住 417

套，入住率约为23%，闲置房屋数量约77%。虽然该项目后期会陆续将剩余房源对外其他区县继续进行配租，但是通过首次配租的入住率可以看出该项目入住意愿并不强烈，入住率不高，房源短期闲置现象较为突出，如不能尽快解决入住率问题，大量的房屋闲置势必造成国有资产和公共服务资源的浪费。该项目为大兴区第一个公租房配租项目，后续将陆续不断有新的公租房项目进行公开配租。

（2）租金收缴问题

北京公共租赁住房的租金收缴和租金补贴发放采取租补分离的形式，先由承租户缴纳当月租金，之后再对承租家庭进行租金补贴，对于个别困难家庭或因特殊原因先行支付租金存在困难的可以理解，但是如果出现承租户故意拖欠不缴纳租金，出现恶意欠租的情况就应值得警惕。目前高米店公租房项目中就有承租户明确表示不缴纳租金，其有恃无恐的原因就是因为他们认定政府执法部门没有强制性的制约手段，无法强行将他们从承租屋内驱逐出来。这种情况如果政府不能及时制定出有效的退出机制和强有力的执行流程，该种势头将很快在周围承租家庭中蔓延，对公租房整体运营造成重大隐患。

（3）违规使用问题

在调查中发现，高米店公租房项目存在少量违反公租房租赁合同及物业管理规定的现象，例如，有的租户在楼道内拉绳晾衣服，有的承租户因承租居室小，将家里闲杂物品摆在楼道内，占用公共区域，有的承租家庭将小型电动自行车不按停车位摆放，停在单元门楼道内等。对于此种情况，物业管理公司有的经过制止得到改善，有的多次劝说得不到效果，时间一长物业公司也是睁一只眼闭一只眼，对后期社区环境管理造成不少隐患。

（4）社区文化建设问题

由于公租房特有的租赁性质，不少承租家庭对社区建设和邻里之间的沟通表现得非常冷漠，不少家庭只把公租房当做自己的过渡房，不把公租房社区看做自己家的小区，不把目前的邻里当做自己可以朝夕相处的朋友，对社区活动漠不关心，参与度不高，整体社区文化建设得不到有效开展。

三、公共租赁住房后期管理问题

（一）退出管理问题

由于居民就业的多样化和家庭日常收入的多元化，加之个人相关收入信息制度不健全等原因，承租家庭收入的变动难以及时准确地把握，公共租赁住房准入资格认定存在偏差，入住后再定期进行复核资格难度较大。保障对象在收入和住房面积增加后如何能及时有序地主动上报或住房保障管理部门如何及时便捷地得到相关信息，使超出保障范围的承租家庭腾退出公共租赁住房亟待规范。虽然国家相关部委文件中规定公租房租赁合同期限一般为3至5年，承租人恶意欠租或租赁合同期满承租家庭拒不退出，国家法制和政策在该方面又缺少强制执行的手段，使得退出工作难以有效执行，后续政策还有待进一步完善。

（二）物业管理问题

由于公租房定位不高，建设成本的严格控制，居住时间一长，在建设质量上难免出现一些问题，如墙面部分剥落，屋内防水不达标，社区自行车和汽车规划车位不能满足承租群体需求等。承租户入住小区后，在小区内楼道或者消防通道随意摆放私家闲杂物品，在小区内乱停车，租金不按时交纳甚至恶意欠租等，使小区整体环境下降，和谐度大打折扣。

（三）社会管理问题

公租房承租人群的社会管理具体包括的内容涵盖户籍的管理，社会保障的管理，民政的管理和治安的管理等等多个方面，涉及政府行政部门繁多，是一项复杂而艰巨的系统性任务，需要政府各部门及社会各机构团体多方位的通力配合与协作才能得以完成。

目前我国仍然没有摆脱城乡二元体制，城市管理仍以户籍管理为基础，户籍管理问题基本可分为本地户籍与异地户籍问题，公租房承租人群的社会管理也是如此，而且本地户籍问题亦存在当地户籍跨区域租住公租房的问题。目前北京市公租房的户籍管理基本处于缺失状态，缺乏系统的分类管理。目前，北京市户籍管理采用“虚拟办事处”的形式，对搬迁到保障性住房的家庭，可以暂时保留其原始户籍。各区县分别成立了针对该部分家庭的户籍虚拟办事处，办公地点设在迁走家庭所在的住房保障小区，主要负责已迁走租户的个人信息、社会救济和社会福利等工作。但是虽然设立了虚拟办事处很好地解决了迁出户的户籍和养老社保等问题，缓解了财政压力，但也存在一些问题。首先，户籍问题没有解决。此种做法只能是一种临时性的做法，迁出居民的社保、养老等一系列工作均需回到原来区县办理，降低了工作效率，从长远来看，分割管理不利于居民生活的便利，也影响与当地的属地管理部门进行对接，不利于属地管理。其次，公租房租户户籍分散，不利于后期管理。公租房的租户可能来自于不同区县，面对多个区县的承租户，如果采取异地办理的管理模式，工作效率势必降低，加大后期管理难度。

（四）信息管理系统建设问题

目前，北京、重庆等少数地区已经建立相关的住房保障信息管理平台和管理系统，包括外部公众网和内部管理网两大体系。该管理信息系统与公安部门的户籍管理系统、民政部门的低保户管理系统、房管部门的产权产籍管理系统和住房公积金管理系统实现网络信息共享。全市住房保障全部可以实现网络服务和管理。但当前的问题是该网络仅局限于本地城市户籍，如果外来人口在多个城市申请保障性住房就很难监控，因此需要尽快建立全国联网的住房档案和住房保障管理系统。

四、公共租赁住房后期管理问题的影响因素

（一）法制因素

目前，国家还没有《住宅法》《基本住房保障法》或《住房保障条例》，地方政府出台的地方性法规没有上位法的支撑，立法层次不高，保障工作的开展缺乏法律保障。同时，国家对个人信用体系建设相对落后，公共租赁住房骗租、骗补现象、违规使用现象违法违规成本过小，使得公共资产不能得以充分发挥其社会保障的效用。

（二）前期规划因素

由于各级地方政府对于房地产及“土地财政”的高度依赖，在土地供应总量控制的前提下，地方政府不舍得将位置交通便利的地段作为公租房建设用地，因此造成了公租房在前期规划和建设选址上出现选址偏远，交通不便的情况，同时也就增大了公租房保障对象的交通成本和生活成本，直接影响保障家庭的生活质量，对于公租房的满意度自然就降低了。除了位置偏远问题，公租房项目在前期规划中也存在着体量过大的问题。北京集中建设的大体量公租房项目占北京市总体公租房数量的70%，带来的负面效应一是需要增加更多的配套设施建设，加大政府投资额度，二是加大了整个社区的管理难度，需要配备更多的管理资金和管理人员。前期规划因素直接影响着被保障对象的生活质量和生活成本，对于公租房后期的定价、配租起着关键的决定因素。

（三）定价因素

北京市住房保障办公室提出要求，公租房租金定价按照略低于同地段市场租金水平的原则制定公租房租金，基本界定租金价格为低于同地段市场的80%~90%的水平，但是尽管租金低于市场水平，但是保障对象对该价格的接受度低于政府预期，房源配租时出现“热建不热租”的问题，这反映了公租房定价与被保障对象群体对于公租房租金承受能力之间的矛盾问题。定价偏高，承租家庭可能因为租金承受不起而选择弃租，但是租金定价过低，有可能逼近甚至低于项目回收投资成本的底线，虽然房源出租率会提高，但是牺牲了投资者的利益，这也不符合市场经济规律，从长远角度来看也不利于公租房的健康、可持续的发展，使政府处于两难的境地。定价因素直接影响着公租房的入住与运营管理问题，但如何选择一个适中的定价方式，是需要政府进行更深入的研究。

（四）后期管理影响因素的定量评估分析——层次分析法

公租房后期管理涉及很多方面的问题，不同问题存在着诸多影响因素，在制定政策过程中，政府需要了解在公租房管理方面存在的问题及影响因素，了解每项因素的权重，对于这些因素，有针对性地制定相应政策。因此，本节将采用定性和定量有机结合的层次分析法对公租房的后期管理政策的影响因素进行评价。

1. 层次分析法的基本流程

层次分析法（The ananlytic hierarchy process）简 AHP，是由美国运筹学家托马斯·赛蒂（T. L. Saaty）在 20 世纪 70 年代中期第一次提出。它是一种定性与定量相结合的决策分析方法，能够将决策者对复杂系统的决策思维过程模型化、数量化的过程。应用这种方法，决策者通过将复杂问题分解为若干层次和若干因素，在各因素之间进行简单的比较和计算，就可以得出不同方案的权重，为最佳方案的选择提供依据。

层次分析法首先把问题层次化，在深入分析实际问题的基础上，按问题性质和总目标将此问题分解成若干层次，构成一个多层次的分析结构模型，分为最低层一般是供决策的方案、措施等，相对于最高层的相对重要性权值的确定或相对优劣次序的排序问题。第二步是构建两两比较矩阵，判断矩阵表示针对上一层次元素，本层次与它有关单元之间相对重要性的比较。一般对单一准则来说，两个方案进行比较总能判断出优劣，层次分析法采用 1—9 标度方法，对不同情况的评比给出数量标度。第三步是计算权向量并做一致性检验。对于每一个成对比较阵计算最大特征根及对应特征向量，利用一致性指标、随机一致性指标和一致性比率做一致性检验。若检验通过，特征向量即为权向量；若不通过，需重新构成对比较阵。最后一步是对所得出的值进行归一化处理，得出各个指标的得分，利用层次单排序的计算结果，进一步综合出对更上一层次的优劣顺序，就是层次总排序的任务。

2. 运用层次分析法评价公租房管理政策的实用性

政策有效性采用的定性与定量相结合的方法主要包括：神经网络分析法（SPSS）、层次分析法（AHP）、主成分分析（PCA）数据包络分析（DEA）模糊综合评价法等。本文拟采用层次分析法对公租房后期管理政策的效果进行评价，主要考虑一下几个方面：首先，层次分析法最大的优势体现在处理定性和定量相结合的问题时，可以把参与者主观判断和政策经验量化处理后加入到模型中去，使评价过程不但思路清晰明确也具有科学性。其次，采用层次分析法需要的定量数据较少，并且计算过程简便，结果清晰，便于实施操作，最后也能够直观地反映出政策实施的效果。本文通过用采层次分析法对前文中提出的政策建议的实施效果进行测量和评价，从而发现政策实施中的问题，以便实施中不断有针对性地进行改进。

3. 公租房后期管理政策评价的指标层次构建

总指标：本文的总指标为对公共租赁住房后期管理政策的影响因素分析。准则层指标：具体实施的主要措施集中在后期管理中的物业管理、退出管理和社会管理三方面，因此在准则层实施效果指标上分设了物业管理因素、退出管理因素和社会管理因素。

次准则层指标：

一是物业管理因素。物业管理方面涉及因素较多，政府要明确政府与物业各方的权责关系，明确各自的职责和义务，严格要求物业公司的服务水平，在制定政策过程中还要充分考虑承租户的居住感受，对于承租户的管理要重视租户自身的参与度，并引导和激励承租家庭遵守社区物业管理。因此在物业影响因素中共设了五项次准则层指标，分别为：物业权责是否清晰、承租户居住是否满意、物业服务公司的服务质量是否达标、是否引导承租户参与管理、是否引导承租户接受管理五项指标。

二是退出管理因素。长远看需要通过立法解决，短时间内可以通过引导，制定约束措施和奖励措施来进行管理。因此在次准则层分设了是否制定立法层面的强制约束、是否制定相关奖励机制和是否制定相关惩罚措施三个指标。

三是社会管理因素。首先社会管理最大的问题是人口的户籍管理问题，其次为整体社区的社会治安和整体社区的相关配套。因此在次准则层分设了社区人群户籍管理是否清晰、社区公共配套设施是否齐全和社区治安是否稳定三个指标。按照目标层、准则层、次准则层分层结构原理，构建公租房后期管理政策实施效果评价层次分析模型，见图 14-3：

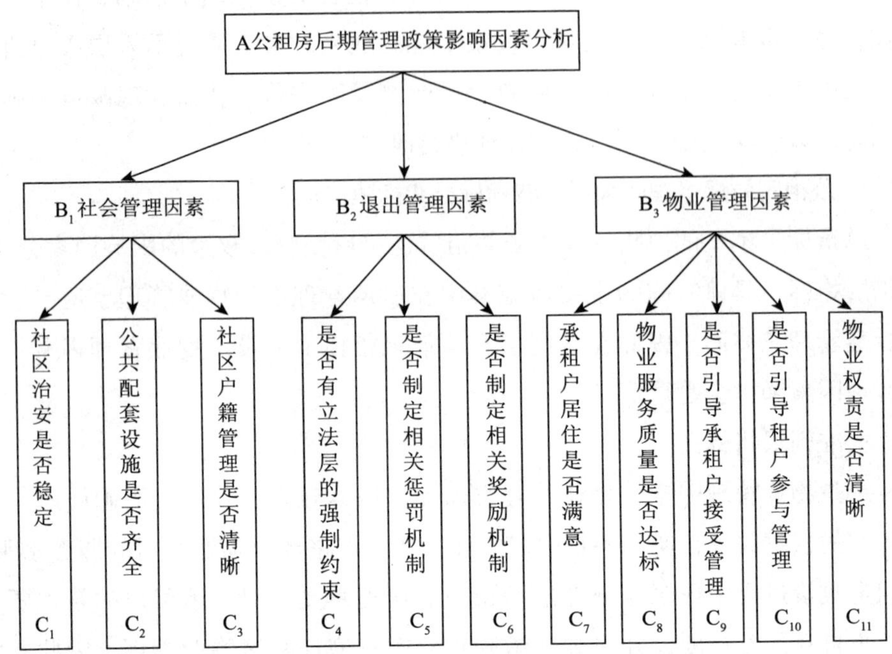

图 14-3　公租房后期管理影响因素层次分析模型

4. **构造指标判断矩阵及一致性检验**

通过咨询北京市住建委后期管理处及大兴区住建委住房保障事务中心、小区办工作人员，高米店公租房产权单位（北京市建投中心）、北京市发改委、规划委员会相关工作人员及通过在社区内随机采访承租家庭的方式，对各项因素进行打分，由于不同职能人员对公租房后期管理的认知不同，对各因素考虑的权重不同，通过收集数据进行统计、修正得到以下数据：

根据调查结果构建判断矩阵为

A	B1	B2	B3
B1	1	4	1/3
B2	1/4	1	1/9
B3	3	9	1
Σ	4. 25	14	1. 44

用和积法计算其最大特征向量：

A	B1	B2	B3	Σ
B1	0.23	0.28	0.23	0.74
B2	0.06	0.07	0.08	0.21
B3	0.71	0.64	0.69	2.04
Σ				2.99

对向量 W=（W1、W2、W3）t 归一化处理：

$$Wi = \frac{Wi}{\sum_{i=1}^{n} W} \text{（i=1，2…n）}$$

Wt=（0.25，0.07，0.68）

$W=(W_1、W_2、W_3)^T=(0.25，0.07，0.68)^T$

（BW）=

$$\begin{matrix} 1 & 4 & 1/3 \\ 1/4 & 1 & 1/9 \\ 3 & 9 & 1 \end{matrix} \times \begin{matrix} 0.25 \\ 0.07 \\ 0.68 \end{matrix} = 0.76 \quad 0.21 \quad 2.06$$

计算判断矩阵最大特征根 λ_{max}

$$\lambda_{max} - \sum_{i-1}^{n} \frac{(Bw)\ i}{n\ w_i} = 0.76/3 * 0.25 + 0.21/3 * 0.07 + 2.06/3 * 0.68 = 3.023)$$

C.I.=（λmax−N）/（N−1）=（3.023−3）/（3−1）=0.0115

根据平均随机一致性指标 R.I.

N	1	2	3	4	5	6	7	8	9	10
RI	0	0	0.52	0.89	1.12	1.24	1.32	1.41	1.46	1.49

C.R.=0.0115/0.52=0.022<<0.1

因此该矩阵具有满意的一致性。

对于隶属于 B 层的元素的权重及最大特征值的计算过程省略，计算结果如下。

B1	C1	C2	C3	权重
C1	1	1/3	1/8	0.082
C2	3	1	1/3	0.24
C3	8	3	1	0.67

上表中计算结果为

λmax＝3.002，C.I.＝0.001，C.R.＝0.0019<0.1

B1	C4	C5	C6	权重
C4	1	3	2	0.54
C5	1/3	1	1/2	0.16
C6	1/2	2	1	0.297

上表中计算结果为

λmax＝3.0092，C.I.＝0.046，C.R.＝0.0079<0.1

B2	C7	C8	C9	C10	C11	权重
C7	1	3	3	5	1	0.35
C8	1/3	1	1	3	1	0.14
C9	1/3	1	1	3	1/2	0.14
C10	1/3	1	1/3	1	1/2	0.09
C11	1	2	2	3	1/3	0.27

上表中计算结果为

λmax＝5.11，C.I.＝0.03，C.R.＝0.02<0.1

层次总排序

通过准则层Bj（j＝1，2，3）对目标层A的判断矩阵、子准则层Ci（i＝1，2，3，…，11）对准则层Bj（j＝1，2，3）的判断矩阵得出的特征向量，建立层次总排序权值表，见表14-7。

W＝W1＊0.25+W2＊0.07+W3＊0.07

＝（0.021，0.060，0.168，0.038，0.011，0.021，0.238，0.095，0.095，0.061，0.184）

表 14-7 政策实施效果因素排序

A	B1 0.25	B2 0.07	B3 0.68	权重
C1	0.082			0.021
C2	0.240			0.060
C3	0.670			0.168
C4		0.540		0.038
C5		0.160		0.112
C6		0.297		0.021
C7			0.350	0.238
C8			0.140	0.095
C9			0.140	0.095
C10			0.090	0.061
C11			0.270	0.184

从上述政策实施效果因素的排序看，物业管理因素的因素最大，后期退出管理的影响因素相对较小，政策制定过程中，影响意义最大的为在物业的后期管理中承租户居住是否满意，效果相对较小的为退出管理因素中是否有奖励措施，因此在公租房后期管理中要注重物业的管理，同时加强退出管理法律机制的建立。

第五节　公共租赁住房后期管理的对策

目前，北京市针对公租房后期管理只出台了暂行办法，各项政策尚处于探索之中，随着公租房的大规模配租，尽快研究确定一套完善的公租房后期管理制度十分紧迫和必要。

一、公共租赁住房后期管理定位及原则

（一）公租房的定位

公共租赁住房是在政府的主导和扶持下，积极调动社会力量向社会公众

提供的具有保障性质的租赁型住房，是保障性住房体系的核心。采用的政策手段是面向保障群体直接提供可租赁的住房，并通过各级财政的一定金额补贴提高受助群体的房租支付能力。

一是公租房的管理与服务标准应该定位在整个市场的基准水平，标准不能过高。公租房解决的是被保障家庭的基本居住需求，不是改善性或者追求高端享受的居住需求，过高的社会福利反而会带来大量的福利依赖性。而且公租房的运营在一段时期内仍然需要依赖各级财政的补贴政策，政府支付能力的强弱是政策制定过程中关键的约束条件。

二是公租房运营的根本目标是为了提高被保障对象这些中低收入家庭的生活水平，但是生活水平不仅仅表现为有房住或者承租房屋面积的大小，还需要提高社区的内部环境和氛围、承租人员的就业情况及政府所提供的基本公共服务水平。

（二）公租房后期管理的原则

《北京市公共租赁住房管理办法（试行）》中提出：“公租房的建设、分配和管理应遵循以下原则：政府支持、市场运作；多方建设，统一管理；公平公开、严格监管”。对于公租房后期管理，我们提出三项原则：

原则一：政府主导

公共租赁住房属于政府面向社会提供的社会保障和公共物资，单纯依靠市场自发性的发展不能充分发挥公租房作为公共物品的最大效应，要激发市场活力，发挥公租房的最大效应必须依靠政府部门主导。但政府主导不等于政府主办，在整个公租房后期管理中政府发挥主导作用可体现在三个方面：一是立法与政策的制定；二是后期管理体系的建设，三是对弱势群体给予特殊关怀。

原则二：市场运营

2012 年李克强副总理在考察北京市保障性住房工作时强调“保障房的运行管理，既要体现政府职责，又要发挥市场机制作用”。北京市公租房政策制定的原则之一就是“政府支持，市场运作”。政府不能既做“裁判员”又做“运动员”，凡是市场能够充分发挥作用的地方，应该以市场运作为主，不能全部都由政府部门直接运营。政府可以通过委托或者招标的方式从市场上购买服务，通过市场化的专业管理和社会服务保障公租房的可持续健康发展。

原则三：统一监管

为确保公租房后期运营管理能够有效开展，必须要做到统一监管，具体体现在四个方面：一是统一的行政管理机构。明确市、区、街道（镇政府）各级行政机关的具体职责，配备充足的管理团队和管理人员。二是统一的管理程序和服务标准。规范公租房管理的各项工作流程，制定合理的社区服务标准。三是统一考核标准。对运营主体实行统一的考核标准，制定统一的考核制度，保障公租房后期的管理水平。四是统一的信息平台。搭建全国的一体化网络化信息管理平台，将建设、民政、银行、司法、公安等部门全部纳入其中，信息共享，实行统一的动态监管。

（三）公租房后期管理的目标

公租房后期管理的目标可以细分为以下三个方面：一是资产管理，由政府投资建设的公共租赁住房的房产本身及附属基础设施等国有资产应实现最大化的保值增值。二是运营管理，公租房的产权单位或运营主体应通过各种市场化手段与运营运作模式的创新来保障公租房项目长期稳定运行的收支平衡，减少国家财政负担。三是社会管理，公租房社区的基本公共服务应做到全覆盖，服务质量不低于社会平均水平，并满足老年、残疾等特殊人群的服务需求。

二、公租房退出管理

（一）公租房退出管理的意义

公租房作为阶段性周转用房，退出机制与准入机制同等主要，只有准入机制与退出机制之间相互对应才能维护公租房合理的正常运转。为了使公租房运营实现良性循环，避免恶意欠租和拒不腾退等问题的发生，避免错位补贴的出现，维护社会公平公正，公租房后期管理必须建立一套切实可行的退出管理机制。

（二）公租房退出类型

公租房的退出主要包括三种，正常退出、强制退出和购买退出。正常退出即公租房承租人按照租赁合同，在期满后不再续租，并按照合同约定自行退出的情况。强制退出即公租房承租人在承租期间违反使用规定达到强制退出条件或在合同期满后拒不退出时，由公租房主管机关强制执行的情况。购买退出即承租人在符合一定条件下，依照相关法律法规规定，符合购买条件，购买现租住的公租房的情况。

（三）公租房退出问题原因分析

1. 缺少强制退出的立法依据

目前我国对于公租房的立法非常欠缺，对于需要强制执行退出的情况，只有通过法律手段才能得以有效实施，但因为公租房工作开展时间较短，我国在这一领域的法律体系尚不健全，立法层级低，权威性不够，缺乏纲领性的指导和具体的实施规则，各级地方政府根据其自身情况出台的实施办法约束力不强，致使公租房退出问题一直得不到很好的解决。

2. 退出政策可操作性差

公租房正常退出和购买退出相对简单，操作流程可根据各地区不同情况分别制定。但强制性退出的操作性存在很大问题，也是公租房运行过程中最难解决的问题之一。目前北京市乃至全国对于强制退出条件的设置存在很大差别，可操作性差，实施的效果不佳。

（四）公租房强制退出的建议

1. 尽快建立公租房的立法体系

国家立法机构要尽快建立公租房管理的立法体系，制定全国统一的公租房强制退出条例，细化强制退出流程，明确退出机制中对违反法律行为的法律责任和具体责罚方式，为地方政府强制执行提供法律保障，维护公租房的正常运转。

2. 建立公租房保证金制度

鉴于立法工作周期较长，不能满足当前公租房后期退出管理的工作需求，建议借鉴上述天津市公租房退出管理经验，在北京市设立公共租赁住房保障金制度，按照北京市实际情况，制定适当的保证金标准，并自收取保证金之日起按照银行同期利率为承租人计息。当承租人腾退住房时，再将租房保障金剩余本息退还给租户。在承租期间，如承租家庭违反租赁合同约定，出现转租、非法使用或到期拒不腾退等问题的发生，产权单位可以对承租人违约行为所造成的损失进行折价，并有权从之前承租人预交的保证金内直接扣除。通过建立保证金制度，既对自觉遵守合同约定的承租家庭不造成经济上的损失，又能对少数违约家庭起到一定的约束限制作用。

3. **建立适当的激励机制**

目前北京市对于公租房退出管理过程中对违反使用规定、恶意欠租和拒不退出家庭约定了相关的惩罚措施，如转租、转借、擅自调换、闲置、改变用途等违规行为及在房屋内从事违法活动的通过媒体公示，记入信用档案，5年内不得再次申请保障性住房等，但还没有设立激励机制，但从国外的部分管理经验来看，奖励机制与惩罚机制同等重要。对于整个租赁合同期内没出现任何违规使用问题及按期腾退的家庭应予以适当奖励，对于遵守使用规定的家庭可以按年度返还其5%年租金额的奖励，对于按期腾退家庭在其购买商品住房的过程中有优先购买权或免除一部分购房税费或奖励首付比例等优惠措施。通过奖励机制规范承租家庭的使用管理，既能让遵规守法的承租人得到真实的优惠，又能在一定程度上遏制部分违规行为的发生。

三、公租房物业管理

（一）公租房物业管理的指导思想

最初房地产市场引入物业管理是为了更好地解决小区房屋保养的问题，因此公租房物业管理的指导思想第一项应该就是管理好公租房本身及附属配套设施，其次公租房物业的管理还应充分发挥市场的作用，尽量减少政府的干预，第二项指导思想应该就是坚持市场化的发展。

（二）公租房物业管理分类

1. 集中建设的公租房小区

在集中建设的模式下，公租房小区管理相对简单，虽然公租房小区整体体量较大，但管理模式单一，物业公司对整个小区可以实行统一的管理。

2. 配建的公租房小区

配建模式下的公租房小区，由于公租房物业管理主要由整体小区选聘的物业管理公司承担，统一管理，公租房部分不单独聘用单独的物业服务公司进行管理，但是在物业收费和提供的服务上会有所差别。

3. 其他方式筹集的公租房小区

这类房源主要指政府通过收购或者长期趸租的形式，从其他类型的房源和不同的小区中租赁一部分住房，用于公共租赁住房使用。该部分公租房的总量较少，公租房房源相对分散，不适于单独管理，因此均由所在小区统一负责管理，这类房源由于在小区内所占比例过小，一般与小区内其他房屋的服务一致。

（三）公租房物业的管理职责

公租房在物业管理过程中涉及政府、产权单位、物业公司及承租家庭四个方面。首先政府对于物业管理有着监管的义务。产权人作为公租房物业管理中的投资方和甲方单位，享有房屋出租运营过程中的租金收益，对房屋维护和修缮承担相应责任，并按期支付物业公司的服务费用。物业公司则需要按照委托合同的约定做好服务工作，并获得相应的报酬。承租家庭负有按期支付租金的义务，并享有应有的社区服务。

（四）公租房物业管理的建议

1. 物业管理模式的建议

建议对于集中建设和趸租筹集的公租房小区建议采用统一的物业进行管理，具体可由政府聘请专业的物业公司进行管理。配建的公租房小区根据配建比例进行分类，配建比例超过 10%的小区，公租房管理施行单独的物业公司管理，配建比例低于 10%的小区，公租房采取整体社区的统一物业管理。

2. 物业服务费收取方式的建议

建议公租房采取全额租金的收取方式，即产权单位向承租户收取包括物业服务费、维修保养费等全面的运营成本租金，政府对收入达到一定保障范围的家庭可提供一定的租金补贴，承租户不再单独交纳水、电、气、暖等其他费用。具体方式如下：

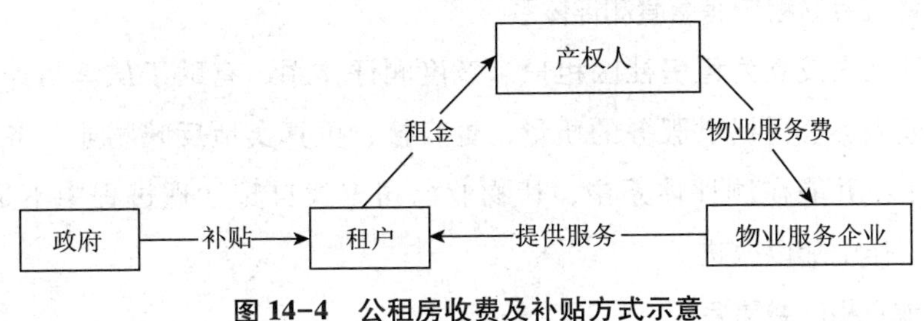

图 14-4 公租房收费及补贴方式示意

这种收费方式不但能减少收费次数、提高收费效率，同时，还能避开配建小区收费标准的争议，减少承租户与小区内商品房业主的摩擦。

3. 给予物业公司一定的优惠扶持

对于公租房的物业管理服务，物业公司的汇报利润相对较低，甚至有时会略有亏损。为了培养物业服务企业的积极性，政府应给予物业服务公司一定优惠政策，如免去小区内公租房部分的物业服务费的两税一费（营业税、城市建设维护税、教育附加费）等，同时可以考虑将小区内部分经营性公共设施和配套的经营权交给物业服务公司，并按照一定比例将经营收入分配给物业服务公司，弥补服务费用。

（五）公租房物业监管的建议

政府作为后期管理的主导部门和租金补贴的发放机构，对公租房小区后期的物业管理负有监督责任，建议分别设立对物业服务公司的监管机制及物业服务公司的管理测评奖惩机制。

1. 政府与物业公司明确责任

政府与物业公司要签订《经营管理目标责任书》，在责任书中规定物业公司每年需完成的服务目标、经营成本、维修服务、资金使用管理、居民满意度等情况，量化各项具体内容，形成以政府为主导的考核机制。

2. 建立对物业服务公司的奖惩机制

政府要建立对物业服务公司的奖励机制，设立公租房物业服务公司统一的考核办法，对责任书中目标完成优秀的物业公司，应按年度或季度给予适当奖励；对没能完成责任书中约定事项的物业服务公司给予适当惩罚措施。通过奖惩机制的设立来激励物业公司更好地提供优质服务。

3. 建立社区租户满意度测评体系

在社区内设立公租房社区租户满意度测评体系，有助于从承租人的角度感受物业服务公司提供服务的质量，更直接、更真实地反映物业服务公司的服务水平，并能在测评体系中，让物业公司查找自身管理过程中不足之处，在后续工作中加以改进。

4. 成立租户委员会

在社区内成立租户委员会，让承租户自身参与对公租房小区的日常管理，不但能真实反映租户的日常服务需求，同时也加强了物业的日常监管。

5. 加强公租房物业管理人员的专业培训

由于公租房与普通商品住房在房源性质及居住人群上存在差异，物业公司在后期管理中应进行合理的分类管理，住建委物业管理部门应会同住房保障管理部门加强对公租房小区物业公司进行专业知识的培训，强化“以人为本”的服务意识，提高管理人员专业素质，提高物业服务态度、服务效率和服务质量。

四、公租房承租人群的社会管理

公租房承租人群的社会管理是构建和谐社会的一项重要内容，对于保障对象的社会管理在廉租房、经适房和限价房中已有初步探索，随着公租房配租的全面推进，配租人群的不断壮大，社会管理显得越来越重要，需要政府提高重视和深入研究。

（一）公租房户籍管理问题分析

1. 本地户籍管理问题分析

承租户在入住公租房之后，其户口往往还是在原居住地的街道办事处，但此时原居住地已经没有了他的房产，造成了人户分离的状况，因此给这些人群带来了不少社会管理的问题。产生这类问题的原因主要有三个方面：

一是租户原居住地较迁入居住地位置优越，租户本人不愿意迁户。以北京东西城的市民为例，东城、西城具有基础设施完备、交通便捷、医疗和教育配套资源丰富等优势，让这些地区的人迁至其他远郊区县，绝大多数人是非常抵触的，但是选择不迁出，住房困难问题又很难得以解决。

二是即便这类人群愿意将户口迁至远郊区县，但是其他远郊区县同样不愿意接受这部分人群。原因是这些承租公租房人群本身收入水平不高，大量迁入远郊区县不但对于当地政府造成人员管理的负担，而且并不能拉动区域经济增长。从这个角度分析，低收入群体对于接受区县仍然是个包袱，所以迁入区县对待该部分人群的接受意愿一直不是很高。

三是如果租户选择迁户，那么其退出公租房时户口问题依然存在。一旦日后承租家庭因收入原因不再满足承租标准，再退出公租房后，该家庭户籍既不能留在公租房上，又没有其他住房落户，那么其户籍该迁至何处的问题仍然存在。户口难以转移，致使公租房承租人群的居住地和户口所在地不对称，直接影响承租户的社保、养老等管理工作的开展。

2. 异地户籍管理问题分析

对于外来务工人员及新就业大学生，北京市在公租房管理细则中规定外来务工人员在满足一定条件下可以申请公租房。这体现了我国和谐社会建设的主题，但是该类租户的管理，仍是流动人口管理的重要内容。

（二）公租房承租人群社会管理的长远发展

公租房社区承租人群的社会管理应该坚持属地管理的原则，长期的“人户分离”情况给民政和公安等职能部门带来很大困难，因此建议以地级市为基础，在全市范围单独建立统一的公租房户籍管理制度，各区县设立垂直的分支机构，为公安、民政提供相应数据资料，能够同时办理租户户口所在地在其他区县的相关事务，为租户的变迁提供便捷服务。引入独立的公租房户籍管理制度，同样有利于解决非户籍人口在租住公租房房源的户籍管理问题，全市范围内可按小区设置“集体户”的方式，将非户籍人群全部纳入该部分系统管理中，统一管理非本地户籍承租人群的社会管理工作。不但可以解决公租房承租人群户籍管理的混乱问题，降低政府的社会管理成本，还能提高社会管理的效率，可以看作为现阶段承租人群户籍管理的一个突破模式的尝试。

（三）公租房承租人群社会管理其他方面的建议

对于公租房承租人群的社会管理除了对承租户户籍的管理，社会管理问题等诸多问题，在这里就不进行逐一的分析，对于全面建设公租房社区的社会管理，提出两点建议：

1. 建议公租房社区引入社区民警

公安部门作为我国社会管理过程中的基础职能部门，其所属的派出所和社区民警在社会管理中起着举足轻重的作用，包括社区人员户籍管理、暂住证办理和维护基本的社区治安等工作，因此在公租房小区引入社区民警，让其充分发挥在社会管理中的作用有着深远的意义。同时，引入社区民警即将公租房社区一同纳入当地派出所的社会管理范畴，对于社区流动人口和社区治安方面的管理十分有益。

2. 建议加强社会化配套设施建设

由于公租房因为前期规划选址等因素的影响，大部分公租房的地理位置和周边配套设施没有达到理想的服务效果，加强社会化配套设施建设，提供基础的医疗、教育等各项服务，将很大程度上提高公租房的租住意愿，具体有两点建议：

一是在前期规划选址过程中选择沿轨道交通布局公租房。对于北京这样寸土寸金且城市化率较高的城市，短时间内配置大量优质的配套设施建设难度很大，虽然在交通便利的地段建设商品住宅固然能够提高政府财政收入，但公租房小区后期的配套设施建设也同样需要大量的政府投资予以支撑。沿轨道交通布局公租房能大大提高居民出行效率，能在一定程度上弥补公租房配套设施不全的缺陷。

二是配合城市人口疏解与高校及医院合作。随着北京市主城区的人口疏解工作，随着人口的疏解，城区内优质的医疗及教育资源同样有着配套的措施，纷纷在输入区县建立医疗及教育机构分院。公租房完全可以借助当下人口疏解的机遇，与城区高水平医疗和教育机构建立联系，同步规划、同步建设，为公租房小区提供优质的高水平配套服务。

第十五章　政策网络视阈下中国养老政策变迁

养老政策网络行动主体基于利益诉求、资源交换、政策偏好在政策网络中展开频繁互动，影响着网络关系及网络结构形态，进而影响着养老政策的落实。应创新平台整合多方利益打造一个多方相互依赖、稳定、良性互动的政策网络，对接多元养老主体需求，深化养老社会化市场化，从而促进养老政策的稳健发展。

第一节　研究背景与分析工具

一、研究背景

1999 年，我国 60 岁及以上老年人口占总人口比重达到 10.3%，标志着我国进入老龄化社会。① 老年人口数量多、增长速度快、少子化、未富先老及区域失衡是当前我国老龄化的主要特征。中国是人口大国，养老关乎国计民生和长治久安，时代背景下我国养老危机凸显。当前我国应对老龄化的物质、精神、制度等各项准备还不足够，全方位应对养老不仅压力巨大且时间紧迫，须未雨绸缪，切实加强养老政策研究。

我国养老政策从 1949 年起，历经五十余载的缓慢发展与调整，初步确立了以居家为基础、社区为依托、机构为支撑的养老服务体系。新中国成立之

① 国家应对人口老龄化战略研究总课题组．国家应对人口老龄化战略研究总报告［M］．北京：华龄出版社，2014. 2.

初，养老服务主要由家庭和政府承担，虽并未出台正式、明确的养老政策，但政府控制着养老资源的供给与分布，以集体供养的方式接收城市“三无”农村“五保”老人。1982 年起，我国政府开始关注老龄问题，并逐步成立从中央到地方的老龄工作网络。养老政策的重心一方面强调“增加对老年事业的投入”①，加强养老工作建设，另一方面把解决养老问题的视角从政府转向社会，“鼓励社会各方面投入”，以推动养老工作与经济、社会协调发展。

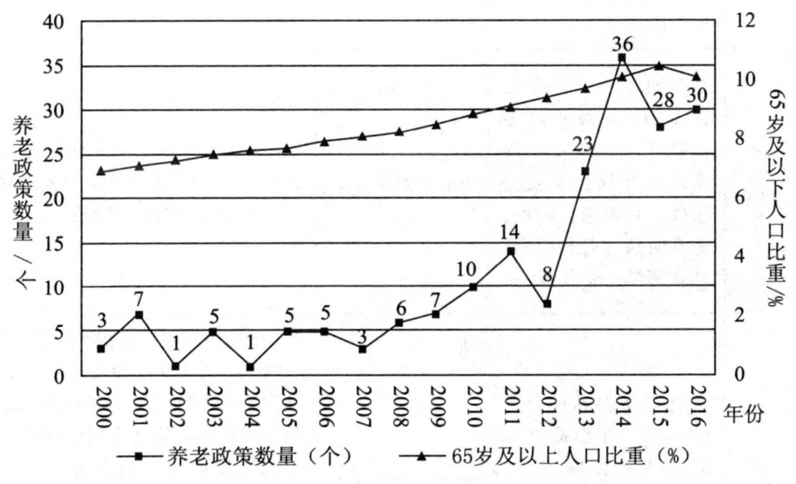

图 15-1 2000—2016 年中国国家层面养老政策文献分布

21 世纪以来，我国进入老龄化社会，党和政府对养老工作的重要性有了战略性认识，加强对养老政策体系的探索和建设，养老政策在数量和质量上有了实质性发展（图 15-1）。一方面根据国情与养老实践发展不断修正养老服务目标，同时通过税收优惠、补贴等手段引导和鼓励社会力量参与养老服务供给。2013 年后，“互联网+”理念被提出，养老政策逐渐丰富起来，开展试点创造出一批先进经验和经典经验，积极探索新型养老服务供给方式，将互联网思维、信息技术、人工智能引入养老服务领域，最大限度地支持养老服务市场主体创新发展，使服务项目在老年人居住、生活、就医、教育文化

① 1996 年颁布的《中华人民共和国老年人权益保障法》中提出，“各级人民政府应当将老年事业纳入国民经济和社会发展计划”。

等方面深入推进，扩大养老服务范围，提供多样化、个性化、高质量的智能养老服务。

表 15-1 我国养老政策的历史沿革

阶段划分	政策目标	政策工具	标志性政策
萌芽阶段（1949—1981 年）	无法定扶养义务人、无劳动能力的、无生活来源的老人在吃、穿、住、医、葬方面给予的生活照顾和物质帮助	管制型政策工具	《高级农业合作社示范章程》（1956）、《农村五保供养条例》、《中华人民共和国劳动保险条例》（1951）
形成阶段（1982—1998 年）	健全对老年人的社会保障制度，逐步改善保障老年人生活、健康及参与社会发展的条件，实现老有所养、老有所医、老有所为、老有所学、老有所乐	混合性政策工具	《中国老龄工作七年发展纲要（1994—2000）》（1994）、《中华人民共和国老年人权益保障法》（1996）
发展阶段（1999—2012 年）	建立多层次的社会保障体系，逐步提高对老年人的保障水平；建立和完善以居家为基础、社区为依托、机构为支撑的社会养老服务体系	市场性政策工具 动员性政策工具	《关于加快实现社会福利社会化的意见》（2000）、《关于加快发展养老服务业的意见》（2005）、《国务院办公厅转发全国老龄委办公室和发展改革委等部门关于加快发展养老服务业意见的通知》（2006）、《关于印发社会养老服务体系建设规划（2011—2015 年）的通知》（2011）《中华人民共和国老年人权益保障法》（2012 修正）、《民政部关于鼓励和引导民间资本进入养老服务领域的实施意见》（2012）
创新完善阶段（2013— ）	到 2020 年，全面建成以居家为基础、社区为依托、机构为支撑的，功能完善、规模适度、覆盖城乡的养老服务体系	市场性政策工具	《关于开展养老服务业综合改革试点工作的通知》（2013）、《关于开展国家智能养老物联网应用示范工程的通知》（2014）、《关于开发性金融支持社会化养老服务体系建设的实施意见》（2015）、《关于推进医疗卫生与养老服务相结合的指导意见》（2015）、《关于全面放开养老服务市场提升养老服务质量的若干意见》（2016）、《老年教育发展规划（2016—2020 年）》（2016）

本文就养老政策网络体系中存在哪些行动主体？彼此之间存在怎样的互动协作关系？养老政策网络行动者之间关系或结构对政策结果的影响如何？应构建一个什么样的政策网络才更合理？这一系列问题的回答将运用具有较强解释力的政策网络理论对中国养老政策进行深入剖析，为中国养老政策的改革与发展提供新的分析视角。

二、分析工具选择

当前学术界对我国养老政策的研究多集中于养老政策内容分析及政策评估等方面，鲜有关注养老政策领域内各个行动主体之间的动态互动过程。养老问题是一个包含人口问题、经济问题、社会问题和文化问题在内的复合性问题，具有长远性、广泛性的特点，且涉及利益群体广、冲突性强，其政策过程和政策结果受多方参与主体的影响。因此，理解和把握养老政策过程中多元行动者互动的网络特征极为重要。

政策网络理论兴起于20世纪70年代，并作为一种主流话语和研究范式进入西方国家政治学和公共政策领域。20世纪七八十年代，西方国家社会中公共领域和私人领域间界限模糊化特征日益明显，国家“政策主域”扩大与资源掌控的缺口致使政府治理超载从而不得不寻求传统层级控制之外的政策行动者资源共享与合作。政策网络理论在如此种种变化中得以产生和发展，并作为一种新的政策分析工具去解释跨政府、跨组织、跨部门的社会网络政策过程。政策网络理论在发展进程中，众多学者基于国别、时代、切入角度的差异对政策网络有不同的解读，主要围绕政策网络概念、网络类型、政策过程与政策结果预测等方面展开，其内核可总结如下：①政策过程中存在众多行动者，行动者之间基于资源依赖、利益诉求和政策偏好相互依赖；②行动者利益诉求具有多样性和不确定性，通过协作合作、利益博弈寻求共同网络目标；③政策网络形成的本质是行动者间因资源占有和交换需求形成的相互依赖关系。④不同的网络结构影响着政策过程及政策结果。①

① David Marsh and R. A. W. Rhodes, Policy Networks in British Government, Oxford: Clarendon Press, 1992.

从理论层面看，政策网络是一个研究政策过程中相互依赖的行动者之间正式和非正式关系的网络、以及网络结构特征对政策产生影响的理论。① 在政策网络这一视野下，行动者传统层级身份的束缚被打破，不再有等级身份与权威大小的差异，非正式参与者、非正式关系结构被纳入政策视野中。尽管行动者会因为自身角色、网络位置、参与意愿或能力对政策的影响力有所差异，但网络行动者参与政策的资格和权力被明确，其合法性与权威性并未有差别。政策网络理论折射出了公共问题复杂化、政策参与主体多元化及利益诉求纷繁化的现实需求，政策领域内行动方式与互动结构的边界被打破并不断向外围扩展，政策网络中众多行动主体之间现实利益的博弈的结果。

我国在过去三十年间展开了经济、行政等领域的改革，政府职能转变、公民社会的蓬勃发展推动了国家与社会相互协作关系的实现。当前我国处于社会转型阶段，我国政策过程中出现了公共问题复杂化、矛盾突出、利益分化等问题。国家为实现良治在解决公共问题过程中，逐渐注重社会参与公共管理的作用，与社会共同分享权利与资源。中国养老政策涉及经济、政治、社会、文化等多重方面，包含利益群体多、政策调适量大，中国养老政策过程中的复杂关系和问题决定了需采用新的理论研究范式去解决这一困境难题。借助政策网络的理论视角，可以透析中国养老政策网络中相关利益主体的互动与网络结构关系。因此，政策网络理论是一个科学的理论分析工具可对中国养老政策进行解读。

第二节　政策网络理论视角：行动者互动与网络结构

一、政策网络视阈下养老政策网络行动者分析

研究养老政策网络的前提是对政策网络的主体构成进行分析。中国养老

① 李玫，西方政策网络理论研究［M］. 北京：人民出版社，2013. 197.

政策的网络主体涉及到中央及地方政府、企业、社会组织、市民百姓、专家学者、媒体等与该政策有利害关系的个人或团体，这些个人或团体因法定权威、信息、技能、专业或资金等资源相互依赖并结成行动共同体。结合罗茨政策网络模型，根据养老政策的实际情况，依据政策参与者的利益取向、结构特征等几个维度，把养老政策网络划分为以下五类。①

表 15-2　养老政策网络模型

政策网络类型	组成部分	网络特征及角色分析	利益导向
政策社群	全国人大、执政党、中央政府及人民政协	稳定、垂直、相互依赖，成员严格限制，有限的平行意见，权威强势、网络紧密、封闭性较强	公共利益
专业网络	各级政府研究室、智库、社会组织、专家学者	稳定、垂直、相互依赖，成员严格限制，有限的平行意见	专业利益
府际网络	中央政府以外的各级地方政府	稳定，成员限制，有限的垂直相互依赖，广泛的平行意见	地方利益
生产者网络	福利院、托老所、养老机构	流动，成员限制，有限的垂直相互依赖	生产者利益
议题网络	专家学者、新闻媒体、居民百姓	不稳定，成员无限制，有限的垂直相互依赖	不确定利益

政策社群。中国养老政策网络中，政策社群是以国务院为核心，包括民政部、发改委、财政部、人力社保部等多个职能部门在内的国家机构。这些机构位于国家权力结构顶端，在养老政策的制定和执行过程中具有高度权威性，部门间保持频繁有序的互动，彼此间紧密型和互补性较强，因而在养老政策网络中发挥主导作用。2000—2016 年，中央层面以法律、决定、意见、决定等形式出台养老政策共计 192 项（参见表 15-3）。

① David Marsh and R. A. W. Rhodes, Policy Networks in British Government, Oxford: Clarendon Press, 1992.

表 15-3　2000—2016 年养老政策文件文种发布情况

名称	意见	通知	通报	决定	规划	公告	法律	办法	批复	函
数量	43	116	3	4	1	1	2	3	10	9
占比	22%	60%	2%	2%	1%	1%	1%	2%	5%	5%

数据来源：本文中的政策数据均根据国务院、民政部、人力社保部等官方网站中政府信息公开的政策文本统计整理而成。

其中，国务院作为政策社群的主导者，发布养老政策文件共 31 项，占发布总数的 16%，民政部作为养老工作的主要牵头部门在此期间出台养老政策 43 项，占总数的 22%；国家卫生计生委、人力资源和社会保障部等部门也频频制定多种政策，一些部门诸如商务部、国土资源部等参与深度不及主管行政部门，但在制定与养老工作相关的政策规章或工作部署方面就涉及本部门职权影响的事项提出意见和建议，与其他部委保持口径一致；此外，各部位合力支持养老服务发展迹象明显，多部委联合发布政策多达 64 项，占发布总数的 33%。种种体现出养老政策社群中行动者集合多元力量进行高质量的频繁互动，形成一致的价值认同和利益诉求。

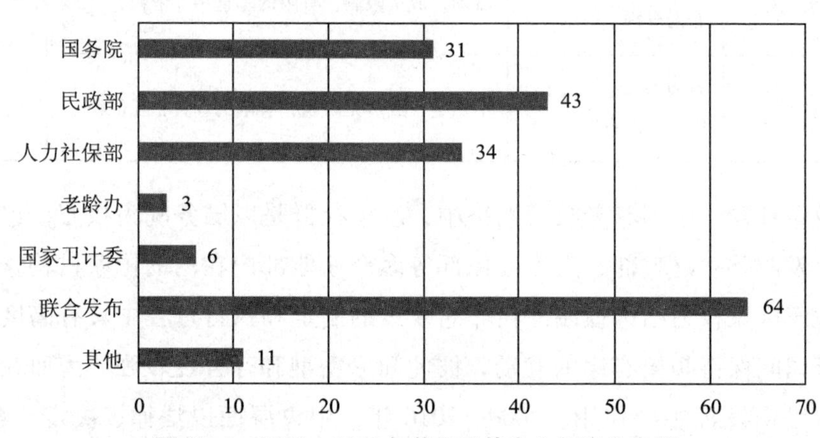

图 15-2　2000—2016 年养老政策发文部门分布图

专业网络。养老政策是一项涉及诸多领域的复杂行动，养老政策的专业网络包括国家机关职能部门下属的研究机构，以及活跃在经济学、管理学、社会学等各领域的专家学者。这些行动主体因具备教育知识背景和专业技能享有一定特殊话语权。专业网络作为养老政策社群的智库，在养老政策的出台、细化、反馈与完善各个方面为各级政府出谋划策。养老政策是一项涉及诸多领域的复杂行动，因此专业网络在制定研究方案、提供专业论证等方面建言献策，配合政策社群及府际网络行动。

府际网络。府际网络的行动主体作为中央政策的推行方和执行方，主要包括各级地方政府及地方人大常委。在养老政策变迁过程中，政策试点成为了中央政府推行新型养老方式的主要工具（如医养结合试点），这使地方政府更加频繁地参与到政策制定和实施过程中。一方面地方政府作为中央决策目标的代理人，负责中央养老利益分配方案的贯彻落实；另一方面中央政府赋予地方政府一定的裁量权，地方政府在制定政策时不可避免地代表自身利益诉求，表现出一定的自主性，两者间价值选择将存在些许差异，因此随着彼此之间互动的增加，中央和地方之间博弈也明显增多。可以认为，地方政府具有双重角色的特点，在所持有立场、政策执行策略选择、政策执行力度大小、配套政策选取等方面均对政策结果产生影响。

生产者网络。利益集团往往凭借自身的专业技能、知识权威、信息资源在政策过程中获得主动权和话语权。改革开放后，社会主义市场经济推动了养老市场的发展，养老产业逐渐兴起；2000 年以来，政府为缓解养老服务供需矛盾问题，其政策目标开始向市场倾斜，相关利益群体扩大。养老产业涉及健康管理、家政、康复、护理、文化、金融等多个领域，养老政策的出台对养老产业造成潜在的巨大影响。生产网络中的行动主体往往拥有丰富的行动资源（金钱、土地、人脉等），一方面利用自身经济实力和知识技能掌握并垄断一定信息，引导公众舆论与心理预期，抬高养老服务产品价格，另一方面在政治领域打入政策网络内层，游说当地政府表达自身利益诉求。生产者网络通常并不向政策社群明确其利益主张，往往凭借自身资源影响公众舆论，或与专业网络中的专家学者辩论，或与地方政府合作向政策社群施加压力。

议题网络。养老政策的议题网络由大众媒体、专家学者、市民百姓等多个行动主体基于对养老政策议题的兴趣、参与意识与专业知识随机组成。议题网络中成员群体庞大、但是参与主体复杂、价值偏好参次不齐，因此议题网络具有开放性虽高但整合程度低、稳定性差的特征。其中，大众媒体因平台具备话语权优势，是议题网络中的重要成员，包括官方媒体和非官方媒体。

官方媒体与政策社群的价值倡导一致，为其政策宣传、普及与解释；非官方媒体则持自身立场，追踪民意，捕捉大众信息需求。专家学者则通过研讨会、科研发表等形式发表各自见解，引起专业网络与议题网络的互动，并将研究成果推送到政策社群中从而成为养老政策过程的重要参与者。市民百姓作为养老政策的客体，养老意识随着养老文化的普及而逐渐提升，认识到养老并不是老年人的问题，而是每一位公民的老年期问题。养老需求是刚性的，因此这一群体在议题网络中是数量最为庞大、潜在力量最为巨大的行动主体。市民百姓往往会通过网络社交平台获得更多话语群，表达观点及寻求共识。在养老政策过程中，议题网络通常与专业网络、生产者网络交织一起，越来越受到核心行动主体重视。

二、养老政策网络互动关系分析

政策网络关系指的是行动者联盟在政策过程中协调或对抗的关系。政策网络关系决定于行动者的目标定位、资源交换和利益诉求。网络关系影响着政策网络结构和政策结果。厘清养老政策网络关系对养老政策网络研究具有重要作用。随着养老政策的推进，以下网络关系分外凸显（图 15-3）。

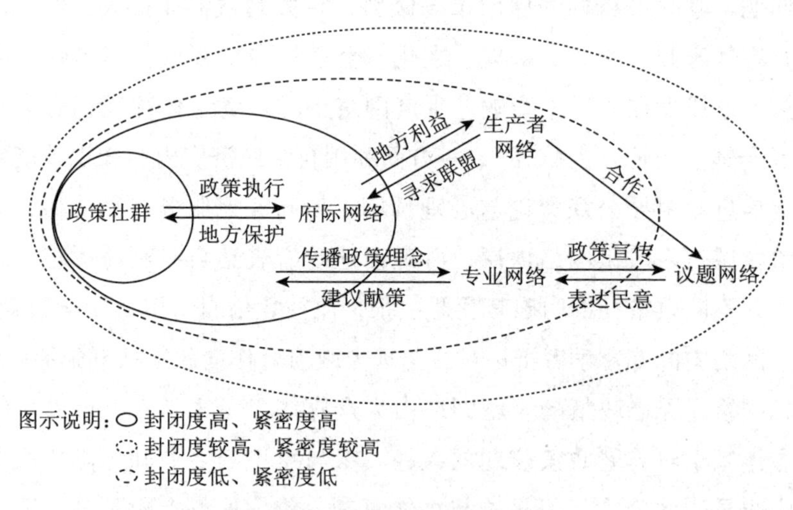

图 15-3　养老政策网络主体互动

首先，政策社群与府际网络间的合作与利益冲突。政策社群在政策制定上存在天然的权威和合法性，把握着公共政策的话语权，对政策过程和政策结果具有主导影响。养老政策关乎国计民生、关乎经济持续发展与社会和谐稳定，对于政策社群而言，立足全局，综合衡量老龄人口变迁、社会发展等各类因素，推进养老政策制定与完善是他们的职责所在。

新中国成立后，计划经济时代政府控制着养老服务资源的供给，政策权威自上而下发展，中央出台相关老年人供养办法措施，地方政府配合执行。改革开放后，政府养老资源整合能力不足，中央政府权威部分被市场经济牵制和分散，地方政府被赋予一部分权威，具备一定自主权，从单一政策执行者转变为执行者与制定者双重参与身份。对于地方政府而言，作为中央政策的直接执行者既要与中央保持步调一致，作为“经济人”又要维护地方自身利益最大化。因此，一方面，地方政府与地方生产者网络、议题网络合作，在研制政策方案时要去其他地方政府相博弈，寻求政策社群对自身的最大支持进而获得地方财政最大化；另一方面，由于存在行政审批难、融资建设资金不足、政策操作性不强等诸多问题，地方政府在政策执行上往往倾向于部分执行甚至替换性执行。

其次，政策社群与专业网络的合作。政府和行政机构在听证会和咨询调查中总是会求助于研究人员，研究在政策设计中成了一种具有决定作用的成分。① 改革开放以后尤其是 2000 年以来，国务院及相关职能部委养老资源整合不足、养老服务供给力不从心，政策社群权威合法性资源开始缺失。以政府为主的政策社群重新审视传统价值取向，开始与专业网络合作，通过专题研讨会、媒体宣传辩论等形式向议题网络传输养老政策主张及政策理念、交换信息，以从议题网络获取支持。近年来我国各地成立大大小小专家委员会、行业协会等组织，这一类组织往往就政府职能转变，提高养老服务质量和效率等问题为政府提供高层次咨询，特别是 2013 年以来全国各地就医养结合落地、养老机构改革与保障、社区养老等诸多问题逐一探讨。

最后，生产者网络与府际网络间联盟与合作。政策制定是一个高密集信

① Nathan, Richard, “Research Lessons from the Great Society”, Journal of Policy Analysis and Management, 1985, 2 (3) .

息型的过程，拥有信息的行动者通常会扮演重要角色。生产者网络往往凭借专业知识、技能权威，得到他人无法得到或是很少得到的信息，并且利用信息不对称，掌握并垄断信息，以获得部分政策“合法性”的话语权。生产者网络对于政策进程具有双重影响。生产网络一方面在推进养老服务业发展的政策环境中通过响应政策社群的倡导，与政策社群和府际网络寻求合作获取发展机会；另一方面也会通过一些消极行为阻碍政策变革。从实际情况看，我国养老机构服务发展面临行政审批程序复杂、养老设施短缺、经费、人才缺乏、服务质量偏低等问题，① 生产者网络往往会通过强调养老服务业发展对当地经济贡献力的作用上做文章，以吸引地方政府给予合作机会与政策保护。近年来各地在鼓励和扶持民间资本参与养老服务方面纷纷出台具体措施，通过建立专项资金、运营补贴、划拨用地等方式支持养老服务市场发展。

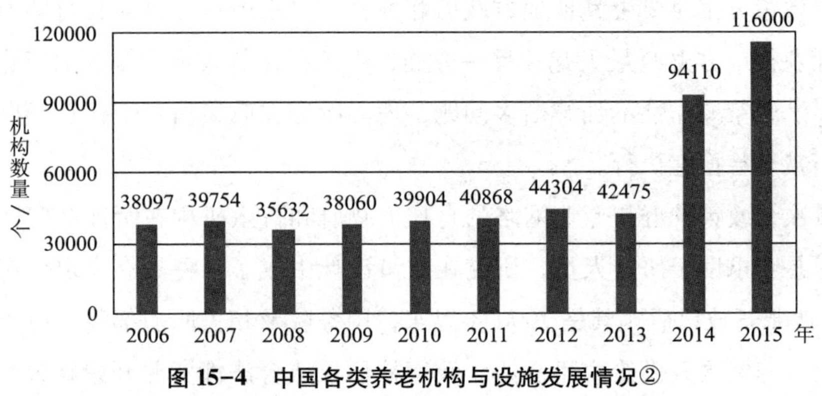

图 15-4　中国各类养老机构与设施发展情况②

三、养老政策网络结构变化分析

在探讨政策网络如何影响政策执行的问题上，须以网络本身的角度来回答。由于政策网络间存在着不同的耦合意愿，网络关系与格局尽不相同。从而导致其规模、开放度、中心度、团体密度、网络位置、集成度等网络结构不同。这些结构不同会随时间变化对政策过程及结果产生动态影响。本文将

① 王莉莉．中国城市地区机构养老服务业发展分析［J］．人口学刊，2014（4）：83-92.

② 数据来源：历年民政部《社会服务发展统计公报》。

从开放度和集成度两项指标作为分析养老政策的关键因素。

1. **开放度：由封闭向纵横捭阖**

新中国成立后至改革开放之前，养老政策网络是一个较为封闭的网络结构。政策社群在养老政策网络中位于核心位置，权威大、门槛高资源占有量大且掌握着养老政策的制定权。府际网络作为双重角色掌握养老政策的执行权与决策权，是政策网络的内层行动者。在政策网络中，除一些府际网络和专家网络中的核心成员可以进入政策社群之外，其他行动者利益表达诉求意识和渠道有限，价值观念与利益主张也并未凸显与分化，均被处于政策网络的外围。整个政策网络结构稳定，层次泾渭分明，这一阶段养老政策完全有政策社群主导。

1978 年之后，国家统筹养老服务，其在资金短缺、质量低下和养老服务点较少等诸多短板，与此相对，人民群众生活水平的日益提高，现有的养老服务已不能满足人民的需求。政府养老服务提供的乏力感促使政策社群逐步向专业网络开放，要求其为如何推进社会化养老建言献策。政策网络自内而外松动，政策社群出现网络的包容兼蓄的特征，网络间资源流动性加快。

2000 年以后，老龄化进程加快，生产者网络、议题网络价值观念及利益主张逐渐成型，政策网络以此形成各层级联盟与合作。政策社群往往主动向其他网络寻求资源交换、获得协调与合作。养老政策创新性日渐增强，网络间就养老保险、养老服务体系建设、养老模式创新、老年居住环境建设等多项议题广泛讨论，推动养老政策的目标规划科学化变革。养老政策更加注重服务质量的建设、养老服务项目日益丰富、政策覆盖群体扩大。越来越多的参与主体随着政策网络的开放被纳入到政策网络体系当中来。以上可见，我国养老政策网络开放度呈“封闭—半开放—开放”路径发展，开放度越强，网络间资源互动越频繁，对政策影响就越大。

2. **集成度：由局部紧密向均势常态**

网络集成度是网络行动者协调合作的结果，可被视为网络中信息资源、政策目标及价值倾向的整合度，分为松散网络、半松散网络、紧密集成网络三类。① 网络中频繁且关联度高的互动会产生相对强势的网络，其他相对较弱势的网络因此向其靠拢，从而会在很大程度上左右政策结果。而如果各层级网络相对均匀，那么各子系统间的利益交换等互动将不仅限于本层级网络，而是会流向整个网络。

在养老政策网络中，政策社群和府际网络掌握着养老政策制定权和执行权，组织化程度高，属于紧密集成网络。生产者网络和专业网络行动更具备专业性和针对性，拥有一些利益表达的途径，但是集成度低于政策社群和府际网络，其归于半松散型网络的范围。议题网络虽然群体庞大但其成员复杂、流动性大、责任感不强、利益倾向不尽相同，这一群体行动者难以形成协同效应，属于松散网络。

网络集成度从根本决定了谁来划分公共问题，强势的网络往往会影响政策结果。但是从养老政策的实践经验来看，随着网络开放程度加深，利益表达渠道扩宽，行动者对于政策问题的认识和理解不断加深，参与意愿也逐渐增强，由此激发了各层级网络对养老这一重大民生问题的协商与探讨，网络内部价值观念逐步协调统一。网络从局部紧密、整体分散向局部均衡、整体强势态演进，从而形成了一个集成度高的网络结构。

第三节　养老政策网络重构

一、数字化平台：对接多元养老需求

在信息时代下，物联网、云计算、大数据等技术不断提高，2020 年 5G 技术将在国内达到商用水平。以现代通信技术为依托的大数据收集、传输与计算成为养老服务革新的突破口。一方面应加深政府与互联网的融合，打造

① Emirbayer. R. M. Network Analysis’ culture and Problem of Agency［J］. American Journal of Sociology，1996（6）：30-35.

大数据平台，打通政府、企事业、组织、公民之间的数据壁垒，建立与社会之间长效沟通对话机制，扩宽各主体利益表达渠道，有效对接不同组织与群体间的需求，提高政策科学性。另一方面，推进智慧养老发展，利用大数据、云计算等技术搭建养老信息数据平台，对各类海量数据进行挖掘和分析，为老人提供个性化养老服务；此外增加财政支持养老服务业的支持力度，创新多种养老供给模式，促进供需双方多样化对接，推动养老工作与经济、社会发展同步。如开展养老机构与医院深度合作，实现数据共享，实时监测数据并予以测评，以此增加养老项目吸引力。

二、供给侧改革：养老服务市场化、社会化

养老服务既涉及民生，又蕴含巨大发展潜力与商机，全方位解决养老问题，需继续加深养老服务市场化、社会化。2016 年《关于全面放开养老服务市场提升养老服务质量的若干意见》文件中提到“到 2020 年，养老服务市场全面放开的目标”，并指出需要营造一个公平竞争环境，充分激发各类市场主体活力，主动引导社会上的资本流入到养老行业，从而提升养老服务质量。从政策聚焦点来看，服务已经成为老年政策一大强力导向，近 5 年中服务在养老政策中逐步凸显出来，且有向机构服务、社会化服务靠拢之意，这代表了养老服务供给改革的正确方向及社会化养老服务不可扭转的趋势，但是相关部委的配套政策依然没有落实，其政策支持力度依然远远不够，政府主导——市场运作的良好格局依然未形成。① 应着手将行业组织、市场、家庭纳入养老政策体系，不断扩展养老政策网络的外沿，并协调平衡各个主体之间的关系，充分调动社会资源。

三、强化协作：持续打造养老政策红利

从当前情况看，尽管中央及各部委出台一些养老利好政策，但是养老各部门间存在分工条块、融合性差、联动性不强、协作程度不高的特点，政策之间依然存在壁垒，执行模糊色彩强。“十二五”期间，中央部委和各级政府

① 彭希哲，胡湛．公共政策视角下的中国人口老龄化［J］．中国社会科学，2011（3）：121-138.

加强了养老工作，出台了约200多项养老规范性文件，但是养老政策强制性、衔接性不足。我国养老政策法规多以通知、意见的形式存在（表15-3），政策文本多以发展方向和价值取向为主，且中央政府虽给予地方政府自主权，但并未对地方养老服务提出量化指标及技术建议。① 中央政府应注重与各部委、地方政府建立良好的协调合作机制，强化政府间横向协调和纵向合作，解决部门碎片化问题，立足当下、统筹安排养老服务格局。

① 胡业飞，崔杨杨．模糊政策的政策执行研究——以中国社会化养老政策为例［J］．公共管理学报，2015（2）：99-100.

第十六章 中国带薪休假制度的反思

带薪休假制度是职工的一项重要权利，是保障劳动者休息权的重要途径之一，实行带薪休假制度是社会进步的重要标志，对个人、企业、社会都起到了积极的作用。

第一节 中国带薪休假制度

一、中国带薪休假制度起源、演变与现状

（一）中国带薪休假制度的起源

我国于1952年12月12日出台了《中央人民政府政务院关于各级人民政府工作人员休假制度暂行规定的通知》，这是我国第一个有关带薪休假的制度，该制度旨在增进各级人民政府工作人员的身心健康，保证工作人员每年有一定的休假时间，从而达到提高工作效率的目的。这项制度对各级政府工作人员的休假天数、休假期内按照原待遇发放工资等方面作了明确的要求，并且还提示各单位注意防止因休假而造成无人负责的现象。由此可以看出，我国政府在新中国成立初期是十分关心劳动者休息休假权利的①。

（二）中国带薪休假制度的演变

2008年1月1日起实施的《职工带薪休假条例》规定：机关、团体、企

① 劳动部保险福利司．我国职工保险福利史料［Z］．1989-1，258.

业、事业单位、民办非企业单位、有雇工的个体商户等单位的职工只要连续工作一年以上的，均可享受带薪年休假。该条例明确了享受带薪休假的人员范围，具有一定的普遍性。职工不再因从事的工作单位或职务不同，而影响到个人应享受的带薪休假权益。这一举措同时也表明了国家决定在全国全面推行带薪休假制度的决心。《条例》第 3 条对年休假制度作了具体规定：职工累计工作已满 1 年不满 10 年的，年休假 5 天；已满 10 年不满 20 年的，年休假 10 天；已满 20 年的，年休假 15 天，国家法定休假日、休息日不计入年休假的假期①。

人力资源和社会保障部在 9 月 18 日颁布了《企业职工带薪年休假实施办法》，保障了《条例》的顺利实施。《办法》规定了探亲假、婚丧假、产假等不计入年休假假期，并对休假天数和年休假工资报酬的折算方法进行了明确规定。《办法》的实施标志着在落实带薪年休假方面，我国已制定了相对较完善的法律保障体系。此外，我国《宪法》第 43 条规定：“中华人民共和国劳动者有休息的权利。国家发展劳动者休息和休养的设施，规定职工的工作时间和休假制度。”

（三）中国带薪休假制度的现状

自 2008 年《职工带薪休假条例》政策实施后，带薪休假制度一时又成为了人们讨论的热点，虽然《条例》的实施较大推动了带薪休假政策的落实，但对于很多员工来说，目前该项制度仍然只是纸上的权利。时过 5 年，国务院办公厅于 2013 年 2 月 18 日发布了《国民旅游休闲纲要（2013—2020 年）》，首次明确提出了到 2020 年，职工带薪年休假制度基本得到落实。《纲要》重点强调了加快推动落实带薪年休假制度的具体内容，提出了要努力全面落实职工带薪年休假制度，让人们看到了保障该项制度落实的希望。《纲要》提出这个目标，相关部门敢于承认多年前颁布的制度至今仍未全面落实，反映了政府实事求是的态度和推行带薪休假制度的决心。《纲要》明确了落实职工带薪年休假制度的时间表并广而告之，将有力于推动 2020 年目标的顺利实现。

---

① 中国人民共和国国务院令．《职工带薪年休假条例》［Z］．2007-12-14，第三条．

二、中国带薪休假制度实施中存在的问题与原因

（一）我国带薪休假制度实施中存在的问题

我国政府对劳动者带薪休假权利的法律制定了宪法、行政法规、部门规章等。《宪法》规定了劳动者应享有最基本的休息权；《劳动法》肯定了在我国施行带薪休假制度的意义；《职工带薪年休假条例》明确了我国劳动者带薪休假权利行使的方式；人力资源和社会保障部颁布的《企业职工带薪年休假实施办法》为《条例》的实施提供了保障。虽然在法律上我国已经相当重视带薪休假制度的规定与实施，但在我国具体实施带薪休假制度过程中还存在着一定的问题。

1. 落实难，员工的休假权利很难得到保障

虽然法律已经明文规定了带薪休假，但很多情况下带薪休假还是被打了折扣，全国各地、各行业落实情况不一。目前，真正能够享受带薪休假的劳动者仅限于公务员、事业单位和部分大中型企业的职工，带薪休假制度的落实难，使大部分民营企业的职工、个体劳动者和农民工等休假权利得不到保障，这项权利对于他们没有得到充分地使用。

2. 被侵权，员工有抱怨却选择默默承受

一些企业根本就没有考虑到推行带薪休假制度，而一些单位虽然有建立了带薪年休假制度，但没有把这一制度加以规范的安排。目前普遍存在这一现象，劳动者的带薪休假权利被侵害后，很多员工碍于面子，也可能是怕影响到个人的成长进步，心里虽有不满和抱怨，但最终还是选择了默默承受。

3. 未享受带薪休假的职工也没能得到相应的经济补偿

《职工带薪年休假条例》中明确规定，“单位确因工作需要不能安排职工休年休假的，经职工本人同意，可以不安排职工休年休假。对职工应休未休的年休假天数，单位应当按照该职工日工资收入的300%支付年休假工资报酬”。先不考虑没有制定带薪休假制度的单位，即使在已经实行年休假制度的单位，由于工作繁忙、人员紧张等原因，许多职工实际上多年都没有享受到

年休假待遇，大部分单位发放的工资只是劳动者的基本工资，没有将不休假产生的200%的工资计算在内发放给职工，造成职工未休假并且应该得到的补偿也没有落实这一现象①。

（二）存在问题的原因

1. 法制、法规没有健全，行政执法不到位

健全的法律法规是维护职工权益的根本保证，法制的不完善、执法不严、监管不力是导致职工休息权遭到侵害的重要原因。政府的职责就是运用宪法和法律赋予的行政权力保护公民的合法权利，促进社会公平。行政立法行为、行政执法行为和行政司法行为是政府运用行政权力的表现。有完善的法律法规是行政权力正当行使的前提，但如果行政机关有法不依、执法不严、违法不究，法律所规定的公民权利就成为一纸空文。

2. 强资本、弱劳工的总体态势

在中国目前社会就业形势下，国内劳动力市场还是买方市场而非卖方市场，劳资双方的地位是不对称的，在劳动力供过于求的情况下，职工缺少话语权，虽然知道自己的合法休息权利受到侵害，但是缺乏维权的底气。虽然大部分职工自身希望单位能够按照法律规定积极落实带薪休假制度，但是争取休假可能面临丢饭碗或耽误升迁的风险，再加上职工维权耗费的时间和人力成本高、风险大，权衡利弊，劳动者最终多选择放弃休假的权利。

3. 劳动者自身的观念及对休假的重视程度不够

中国传统社会历来推崇勤劳奉献，讨厌好逸恶劳，加班加点、无私奉献被认为是理所当然的。这种根深蒂固的思想造成一部分劳动者自身对休假的重视程度有限，休假在很多情况下被打了折扣，职工一旦向企业要求落实休假权，则可能面临被单位开除的风险，就业权得不到保障，因此很多人也不得不吃哑巴亏。另外，我国很多企业的劳资制度都是基本工资加绩效工资，基本工资所占的比例较小，大部分工资与工作绩效结合在一起。如果劳动者享受了带薪休假就意味着要损失大笔的绩效工资，多数劳动者则会选择放弃休假。这一现象也体现出我国的人均发展水平不均衡、社会保障体系有待进

---

① 康宇杰．带薪年休假制度实行现状及问题探析［J］．法制与社会，2014，(4) 下．

一步完善及带薪休假制度中对“薪”需要明确合理的规定等一系列问题。

4. 企业对休假的认识没有到位

对于一个企业而言，较容易推行的是全体员工同时放假，而要让员工分时放假就需要企业管理者对整个运行机制进行调整和平衡①。并且，我国很多企业管理者理念落后，尤其是私营公司对维护职工合法休息休假权利的认识不足，很少主动推行带薪休假，对落实带薪休假政策存在认识误区。作为企业来说，利润最大化是企业追求的目标，用人单位为了追求高额利润，侵害职工休息权的行为屡见不鲜。一些民营企业考虑到推行带薪休假会造成岗位空缺，而填补空缺又要增加企业的成本而影响企业的效益，他们就利用自身在劳动关系中的有利地位，利用法律的漏洞，或根本无视已存在的法律法规，形式上有带薪休假制度，但通过各种方式最终导致劳动者无法实现带薪休假。有些企业管理水平低，硬件设施落后，经济力量不强，为了追求更大的经济效益，降低成本，想尽办法规避有关法律的规定，延长职工的工作时间。而国家又缺少相应补贴，这也导致不少民营企业、个体工商户缺乏落实带薪休假制度的积极性。

5. 行业差异大，地区发展不平衡

对政府部门或事业单位而言，带薪休假制度大多早就按照劳动法的要求实施了，今后则是依据新条例规范带薪休假的问题，所以执行起来并不困难，实施过程中遇到的麻烦也会少一些；而对私营企业而言，由于所有制不同，相应成本承担的能力不同，生产情况和经营情况各异，很难让员工轻松休假，导致带薪休假不能迅速落实。我国地区发展不均衡，经济发展水平不同，带来消费支付能力的差异，带薪休假意味着职工既要休假又要照发工资，这就导致全面落实带薪休假需要一个过程。

---

① 平璐丹．带薪休假制度的落实对我国度假型酒店的影响探讨［J］．湖北函授大学学报，2013，26（2）．

第二节　西方带薪休假制度

一、英国、法国带薪休假制度

1. 英国带薪休假制度特点

英国1998年实施的《工作时间条例》对全日制员工规定了明确的带薪休假制度，2000年颁布的《非全日制工人规定》，英国的季节工等非全日制员工都享有带薪休假制度。非全日制员工工作一个月，就有权享受全日制员工年度带薪假期的十二分之一。其带薪休假制度有以下特点：

第一，休假制度落实体系完善。英国政府在网站上提供了带薪休假制度的详细资料，以此来帮助公众了解自己的合法休假权利。如果雇主存在不依法办事的行为，员工可以找工会等部门寻求帮助，也可以直接向劳动仲裁机构进行申诉。

第二，带薪假期制度不断发展。英国实施了最新带薪产假的计划，规定了父母可以有总共约12个月的带薪产假。该计划保障了父母带薪产假的落实，明确规定了父母可以根据自身情况将假期组合在一起休或者可以分段来休。

2. 法国带薪休假制度特点

法国是带薪休假制度的最初发起国，所有员工只要工作满1个月，即可享有两天半的带薪休假日，如果工作满1年，全年带薪假期天数至少30天①。法国把年休假写入《劳动法典》，把休假权与劳动权融为一体，确立了国民的休假权。其带薪休假制度有以下特点：

第一，休假保障措施完善。法国休假的各项规定及措施完善，从而保障了每个国民充分享有休假权，在带薪休假期间，法国国民可以领取“带薪假期”

① 李明．法国被称为“最悠闲国家”［N］．新华每日电讯，2013-10-17（008）．

补贴。法国人年休假一般都选在每年的5月1日至10月31日，原则上，如果当年没有休的带薪假期将在次年4月30日后自动失效，但如果员工与企业间达成了协议，则可以在10月31日之后休年假，也可以分几次休完假期①。

第二，休假时间长。法国人每年大约有150天不用工作，其中包含11个法定假日、双休日、带薪假期和其他假日，当前，法国人每周的工作时间基本降到了40小时以下，带薪假期已达到每年6周的水平。

第三，休假制度深入人心。政府大力推动休假制度的发展和完善，使得在法国人眼里，带薪假期神圣不可侵犯的理念已深入人心。在确定带薪年休假时间方面，法国雇主单方没有决定权，雇主需与员工共同协商确定带薪年休假的时间。

二、美国、加拿大和巴西带薪休假制度特点

1. 美国带薪休假制度特点

由于受文化、经济等因素的影响，虽然美国人均GDP很高，但享受的带薪假期却不多。美国没有从法律上对带薪休假时间的长短做出具体规定，是由劳资双方协商定的，一般为2~4周。其带薪休假制度有以下特点：

第一，休假制度的灵活性大。美国人可以自己选择带薪休假的时间，他们的带薪休假可以在一年中一次用完，也可以按自身需要分成多次使用②，用人单位一般不会加以干涉。为帮助职工累计休假的详细情况，人事部门在支付工资时会写清所剩假期的天数。

第二，休假制度惩罚措施完善。美国各州政府有关部门会对侵害劳动者休假权的企业给予严厉惩罚，惩罚力度远远大于该企业违反休假制度所获得的利润，利用这个政策迫使企业主动执行休假制度，从而保障了劳动者合法休息权。

第三，没有休假可相应得到补偿。由于各种原因导致未休假的员工，公司会按照该职工工资进行相应经济上的补偿。特别是出现雇员被解聘、离职或退

---

① 康保苓．法国休闲产业发展的启示［J］．湖北理工学院学报（人文社会科学版），2014，31（3）．

② 舒煜洲．中国与欧美发达国家闲暇消费的比较［J］．东方企业文化，2014（06）．

休的这些情况，有关部门也会计算该员工本年度工作的总天数及已休假天数，未用完的假期产生的补偿金会在最后一次工资中折成现金发给该职工①。

2. **加拿大带薪休假制度特点**

加拿大劳动法规规定：保证雇员带薪假期是员工福利的一部分，休假假期随工作年限增长而延长，一般为两周到一个月时间。其带薪休假制度有以下特点：

第一，未休假有补贴。假如加拿大员工放弃带薪假期，雇主要拿出其年薪的4%作为补偿②。虽然这个比例是固定的，而员工年薪是随工作年限增长而增长，因此该项补偿也是逐年递长的。

第二，周末大多有3天。在加拿大，有很多节日如劳工节、维多利亚日法定假日都是在周一或周五，这样无须刻意调整休假时间，加上双休日自然就形成了3天的假期，人们可以与带薪休假结合形成非常便于自身休闲的长假期。

3. **巴西带薪休假制度特点**

巴西带薪假期的总天数为41天，其中包括了国家法定带薪假日的11天，还包括了至少30天的带薪年假。带薪假期必须在一年中一次性集中休完，并且休假时间由雇主单方面确定，被雇佣者没有权利决定何时休假。其带薪休假制度有以下特点：

第一，不休假将被罚。在巴西，有一部分企业会在员工自愿的基础上，利用双倍工资来换取员工的假期，为保障职工的必要休息权，《劳动法》明确提出要求至少保留员工1/3的假期用于休息，禁止职工全部出售自身的带薪假期，否则企业将会受到严重处罚。

第二，休假制度监管体系完善。巴西设有联邦、州和市三级劳动法院，专门处理劳资纠纷③。如果职工带薪休假制度没有得到当地企业的执行，政府主管部门将参照当地工资标准处罚该企业雇主，法院的裁决更是往往偏向于员工。

综上所述，西方国家带薪休假制度的发展有其自身的历史文化特点，已

---

① 单晓燕．劳资天平上的带薪休假［J］．检查风云，2013（23）．

② 稻果．多国带薪休假不是梦 员工不休假补钱、休假有奖金［N］．广州日报，2013-2-20（A8）．

③ 周研．全球带薪休假启示录［N］．北京商报，2013-2-28（A03）．

成为人们生活中重要的组成部分。而目前我国经济社会发展的不平衡，带薪休假制度落实的环境当然不能与西方国家相比。针对现阶段放假混乱的现象，我们可以借鉴西方国家落实带薪休假制度的成功经验，结合我国的文化传统，积极推动并完善我国带薪休假制度，完善休假保障机制，使我国公民充分享有休假权。

第三节　社会调查与分析

为进一步了解当前带薪休假的实施状况，在文献研究的基础上编制出《带薪休假调查问卷》。该调查问卷共17个题项，涵盖三个部分，即个人基本情况部分、被调查者单位带薪休假制度的实行情况及对带薪休假制度的认识和建议。本调查问卷通过网上及纸质的形式进行发放，发放的范围包括同学、同事、朋友及陌生人，填写问卷的人员的工作单位包含北京、上海、南京、江苏、福建等21个省市，具有一定的代表性。问卷发放138份，收回138份，对收回的问卷进行检查，剔除信息不完整的问卷8份，有效样本实际数为130份，回收有效率达90.94%。之后对所搜集的数据运用频率分析、交叉分析进行描述性统计，进一步验证了我国目前带薪休假的落实情况，初步确定落实带薪休假制度的有效途径。

一、研究样本的单题基本分析

（一）个人基本情况分析

在130名被调查的人群中，国有、集体及国有控股企业人数占总人数的24.6%，外资、合资企业人数占总人数的22.3%，私营企业人数占总人数的16.2%，机关事业单位人数占总人数的14.6%，民营企业人数占总人数的11.5%，其他人数占总人数的7.7%个体户人数占总人数的3.1%；职务方面，参与此次调查的人员主要集中在普通管理人员，占41.5%，执行人员的人数占总人数的 39.2%，中层管理人员的人数占总人数的 13.9%，高层管理人员人数最少，仅占了总人数的 5.4%；工作时间方面，参与本次调查的人员的工作时间大多在 10 年以下，其中 5~10 年工龄的人数最多，占 36.2%，1~5 年工龄的人数占 31.5%，1 年以下工龄的人数占 15.4%，10~20 年工龄的人数占 13.9%，20 年以上工龄的人数占 3.1%。

（二）单位带薪休假制度实行情况分析

本研究样本被调查单位实行带薪休假制度情况的分析如下表所示：

表 16-1　本单位实行带薪休假制度情况的统计

<table>
<tr><th>调查内容</th><th>分类</th><th>人数</th><th>百分比/%</th><th>调查内容</th><th>分类</th><th>人数</th><th>百分比/%</th></tr>
<tr><td rowspan="3">有没有建立休假制度并主动实行（n=130）</td><td>有，实行状况良好</td><td>63</td><td>48.46%</td><td rowspan="6">未能享受带薪休假的原因（n=56）</td><td>自身没有意愿</td><td>7</td><td>12.50</td></tr>
<tr><td>有，实行状况较差</td><td>34</td><td>26.15%</td><td>休假报酬丰富</td><td>5</td><td>8.93</td></tr>
<tr><td>没有</td><td>33</td><td>25.38</td><td>单位没有安排</td><td>14</td><td>25.00</td></tr>
<tr><td rowspan="3">近 3 年是否享受休假（n=97）</td><td>从未享受</td><td>19</td><td>19.59</td><td>影响工作前途</td><td>14</td><td>25.00</td></tr>
<tr><td>部分享受</td><td>37</td><td>38.14</td><td>单位领导未批</td><td>7</td><td>12.50</td></tr>
<tr><td>全部享受</td><td>41</td><td>42.27</td><td>其他原因</td><td>9</td><td>16.07</td></tr>
<tr><td rowspan="4">未能休假单位如何补偿（n=56）</td><td>承诺来年安排</td><td>10</td><td>17.86</td><td rowspan="4">是否会主动向单位争取带薪休假（n=97）</td><td>会主动争取</td><td>57</td><td>58.76</td></tr>
<tr><td>按工资的 300%给予补偿</td><td>7</td><td>12.50</td><td rowspan="2">想休但不敢主动争取</td><td rowspan="2">30</td><td rowspan="2">30.93</td></tr>
<tr><td>未按工资的 300%给予补偿</td><td>11</td><td>19.64</td></tr>
<tr><td>没有补偿</td><td>28</td><td>50.00</td><td>不会主动争取</td><td>10</td><td>10.31</td></tr>
</table>

从表中可以看出，被调查人群中单位建立带薪休假制度并落实情况良好的占 48.5%，而有 25.4%的单位还没有建立带薪休假制度；在 97 份单位有带薪休假制度的调查问卷中，19.6%的被调查者近三年从未享受过带薪休假制度，42.3%的调查者在近三年能够全部享受带薪休假；在 97 份单位有带薪休假制度的调查问卷中，涉及维护自身休假权利方面，有 58.8%的被调查者会主动向单位争取带薪休假，30.9%的被调查者想休假但不敢主动争取，还有 10.3%的被调查者对带薪休假持中立态度，不会主动争取；在 56 份未能全部享受带薪休假制度的问卷调查中，未能休假的原因主要是被调查者单位没有安排（占 25%）和担心休假会影响工作前途（占 25%），仅有

8.9%的被调查者认为休假报酬丰富而不休带薪年假；在56份未能全部享受带薪休假制度的问卷调查中，未休假的补偿情况为，50%的调查问卷显示单位是没有补偿的，17.9%的调查问卷显示是承诺来年安排，19.64%的调查问卷显示有补偿，但未按工资的300%给予补偿，仅有12.5%的调查问卷是按照《职工带薪年休假条例》规定，对应休未休的带薪休假假期按照工资的300%给予补偿。

（三）对带薪休假制度的认识及建议分析

被调查者对带薪休假的理解情况的分析如下表所示：

表16-2 对带薪休假制度理解的情况统计

调查内容	分类	人数	百分比/%
是否了解带薪休假相关制度	十分清楚	14	10.77
	知道一些	66	50.77
	听说过	42	32.31
	没听说过	8	6.15
对实行带薪休假的态度	非常支持	115	88.46
	无所谓	11	8.46
	不支持	4	3.08
整个社会中带薪休假执行得如何	执行的很不错	12	9.23
	执行得一般	69	53.08
	执行得很差	49	37.69
实行带薪休假最大的好处	保障职工合法权益	77	59.23
	提高工作效率	33	25.38
	缓解旅游交通压力	16	12.31
	其他	4	3.08

调查内容	分类	人数	百分比/%
影响带薪休假落实主要因素	单位领导不重视	101	77.69
	个人想得到工资补偿，不愿休	21	16.15
	工作压力大，没时间休	62	47.69
	怕休假影响晋升甚至丢失工作	59	45.38
	不了解年休假制度	33	25.38
	法律保障不健全 维权意识不够	78	60.00
	其他	5	3.85
怎样才能保障带薪休假制度的落实	完善相关条例，明确法律责任	105	80.77
	加强监督机制，推行公众监督	102	78.46
	提高公众维权意识	88	67.69
	将其落实情况纳入考核内容	81	62.31
	领导带头执行年休假	78	60.00
	其他	4	3.08

从表16-2中可以看出，10.8%的被调查者对于带薪休假的相关制度十分清楚，大部分被调查者对该制度知道一些或是听说过，还有6.2%的被调查者

没有听说过带薪休假制度；对于实行带薪休假制度的态度方面，有 88. 5%的被调查者表示非常支持带薪休假，还有 8. 5%的被调查者持中立态度，对是否实行带薪休假表示无所谓，另外有 3. 1%的被调查者持反对意见，表示不支持带薪休假制度的实施；关于被调查者对于目前整个社会带薪休假制度执行情况这一方面，有 9. 2%的人认为执行得很不错，53. 1%的人认为执行得一般，37. 7%的人认为执行得很差；关于落实带薪休假的好处来说，59. 2%的被调查者认为这一制度是保障职工合法权益的，25. 4%的被调查者认为好处是提高工作效率，12. 3%的被调查者认为最大的好处是能够缓解旅游交通压力，认为最大的好处是其他方面的占 3. 1%；在列举的影响带薪休假落实的主要因素这一方面，有 77. 7%的被调查者认为是因为单位领导不重视，60. 0%的被调查者认为由于法律保障不健全，维权意识不够，47. 7%的被调查者认为是工作压力大，没有时间休假，45. 4%的被调查者认为休假可能会影响晋升，甚至丢失工作，25. 4%的被调查者认为不了解带薪休假制度影响了该制度的落实，还有 16. 2%的被调查者认为想要得到不休假的工资补偿，个人不愿意休假也是该制度不能落实的原因之一，还有 3. 9%的被调查者认为是别的原因影响了带薪休假制度的实施；对于怎么保障带薪年休假制度的落实方面，有 80. 8%的被调查者认为应从完善细化带薪休假的相关条例，明确和落实不执行带薪休假的法律责任入手，78. 5%的被调查者认为应该加强相关的监督机制，推行休假执行情况的公开公布和公众监督，67. 7%的被调查者认为提高公众维权意识是确保落实带薪休假制度的有效途径，62. 3%的被调查者认为把职工年休假执行情况作为考核的重要内容能保障带薪休假制度的落实，60. 0%的被调查者认为，领导应积极安排职工年休假并自身带头执行年休假制度，还有 3. 1%的被调查者认为应利用其他途径来保障带薪休假制度的落实。

综上所述，本次调查中有 75%的单位建立了带薪休假制度，建立休假制度的企业中有 65%的单位执行情况良好，59%的被调查者会主动向单位争取带薪休假。近 3 年有 42%的被调查者全部享受了带薪休假，另外 58%的被调查者中，近三年未能全部享受带薪年休假的有一半没能得到单位的任何补偿，未能享受到带薪休假的原因主要是单位没有安排和害怕休假会影响工作前途，大部分人不会为了得到休假期间的报酬而放弃休假。

在对带薪休假制度的认识与理解方面，大部分被调查者知道一些带薪休假的相关制度，仅有 11%的人十分清楚，甚至还有 6%的人没听说过带薪休假的相关制度。88%的被调查者表示对实行带薪休假制度非常支持，认为这是职工的合法权益，并且有助于提高工作效率。有过半的人认为在整个社会中带薪休假执行得一般，主要是由于单位领导不重视、法律保障不健全及维权意识不够。70%以上的人认为应该从完善相关条例、明确法律责任、加强监督机制、推行公众监督方面保障带薪休假制度的落实。

二、研究样本的多题交叉分析

现主要针对单位性质、建立带薪休假制度单位的相关规定是否合法进行多题交叉分析，为使数据更容易分析并具有可参考性，将单位性质选项做以下划分：国有企业，包含机关事业单位和国有、集体及国有控股企业；民营企业，包含民营企业和外资、合资企业；私营企业，包含私营企业和个体户；其他。

（一）分单位性质建立带薪休假制度的情况分析

本研究样本被调查单位分单位性质建立并实施带薪休假制度情况的分析如下图所示。

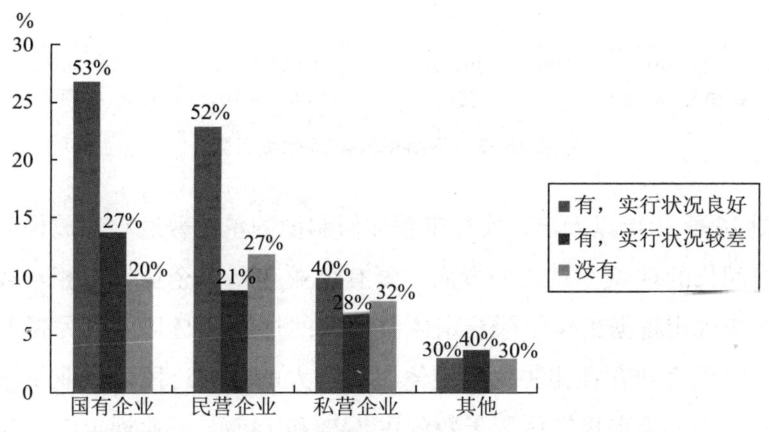

图 16-1　不同单位性质建立带薪休假制度及实施情况

从图 16-1 中可以看出，国有企业建立带薪休假制度并落实的情况相对最好，有 80%以上的单位都制定了带薪休假制度，超过一半以上的单位带薪休假制度落实的情况良好，没有带薪休假制度的单位在 20%以下；民营企业的情况相对较好，有 50%以上的企业有带薪休假制度并落实情况良好，另有不到 30%的企业没有制定带薪休假制度；私营企业和其他企业的情况相对较差，带薪休假制度落实良好的企业在 40%以下，有超过 30%的企业没有制定带薪休假制度。

本研究样本被调查单位根据职工工作年限规定带薪休假天数的情况如下图所示。

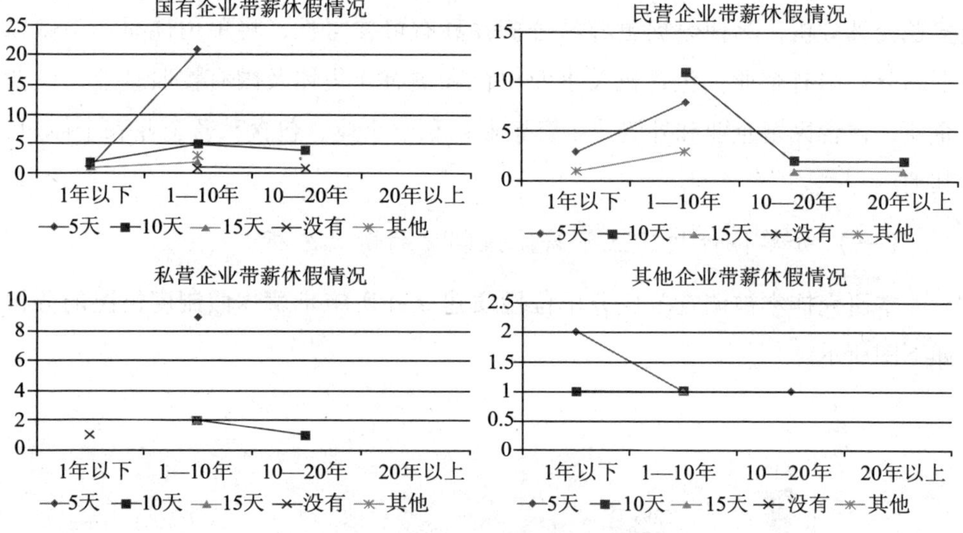

图 16-2　不同单位带薪休假天数

从图 16-2 中可以看出，实行带薪休假制度的单位普遍存在放假时间比法律规定时间长的现象。在这一方面，国有企业和私营企业做得相对较好，能够按照法律规定根据工作年限核定休假天数的达到 60%以上，另据调查显示有不到 30%的企业存在比法律规定休假天数大的情况；民营企业及其他企业能够按照法律要求来规定休假天数的占 34%和 14%，企业规定的带薪休假天数比法律按照工作年限规定休假天数多，分别占到 47%和 71%。

（二）分单位性质落实带薪休假制度的情况分析

本研究样本被调查者单位近三年落实带薪休假制度情况如下图所示：

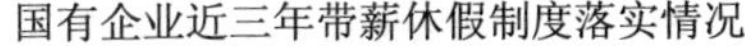

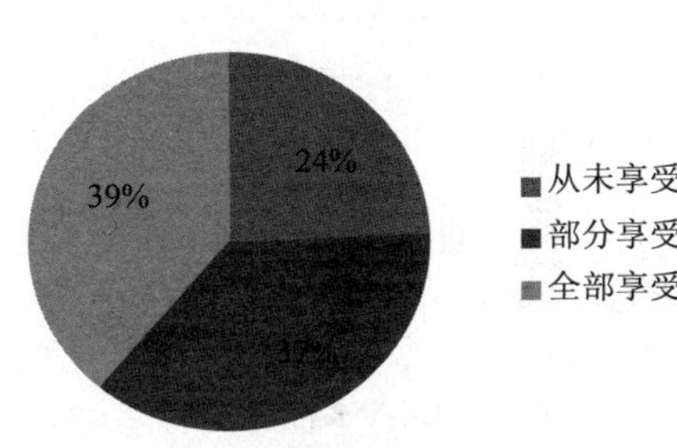

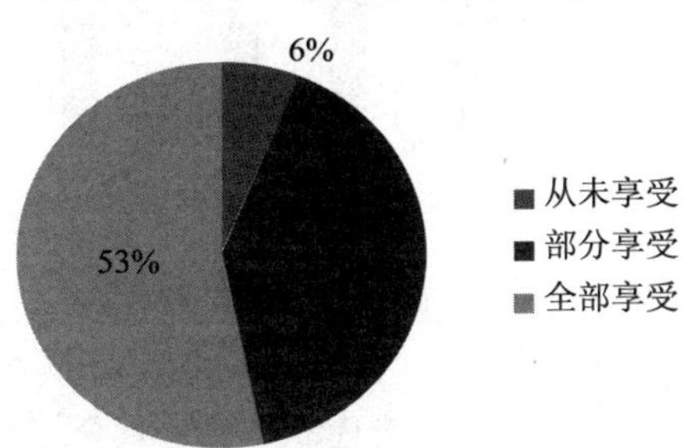

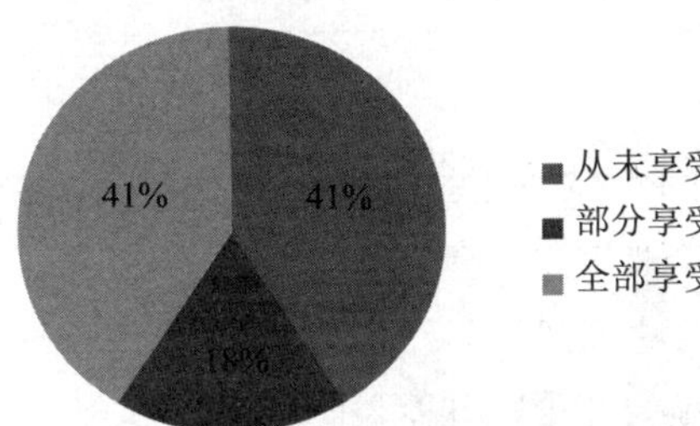

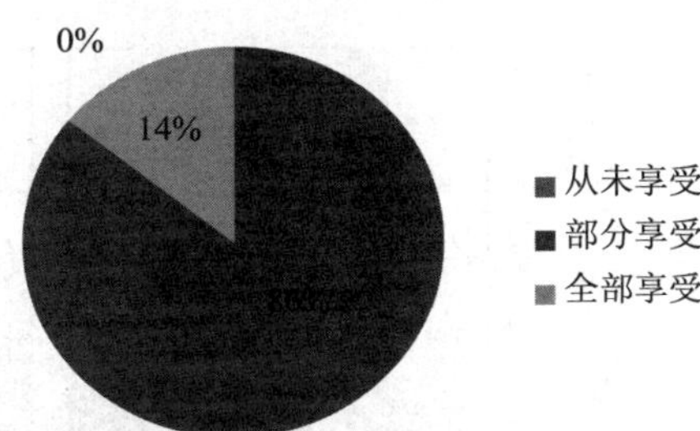

图 16-3　各企业近三年落实带薪休假制度情况

从图 16-3 可以看出，本次调查反映出带薪休假制度落实最好的企业性质为民营企业，近三年全部享受带薪休假的被调查者占到 53%，部分享受带薪休假的占到 41%，近三年从未享受带薪休假的占 6%；其次为国有企业，近三年全部享受和部分享受带薪休假的被调查者占到了 76%，仅有 24%的被调查者从未享受带薪休假；私营企业近三年落实带薪休假呈现出两极分化现象，从未享受和全部享受带薪休假的被调查者占到了 41%，部分享受带薪休假的占到了 18%。

被调查者未能享受到带薪休假制度的原因从单位性质及人员职位两方面展开分析（如图 16-4 所示）。

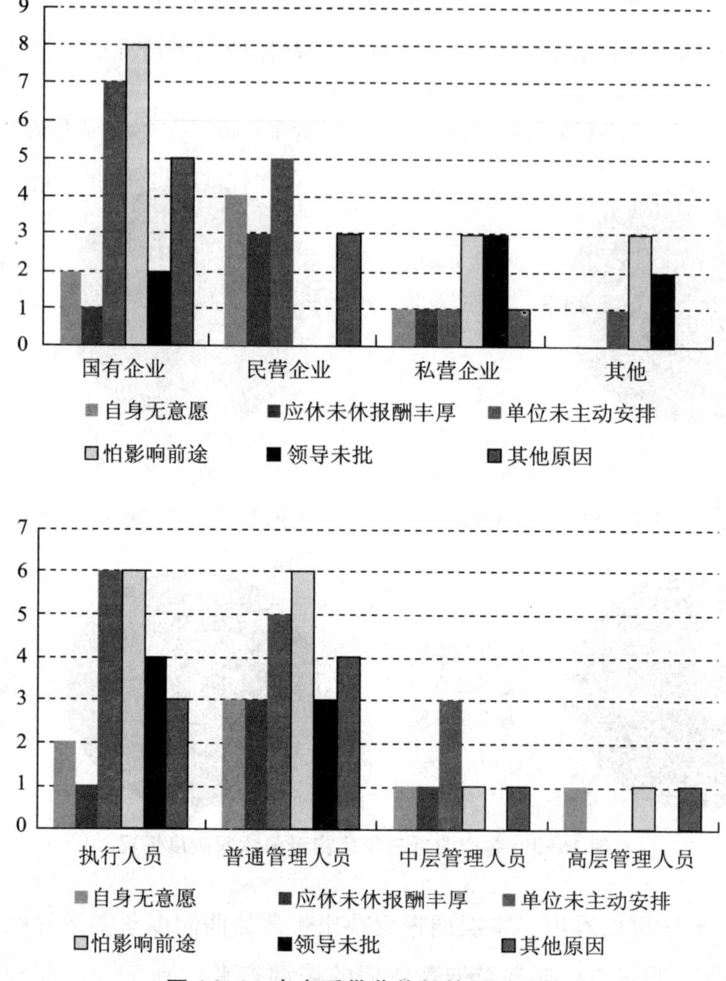

图 16-4 未享受带薪休假的原因分析

从图 16-4 中可以看出，未能享受带薪休假制度的原因按照单位性质维度来分析，国有企业的原因主要集中在竞争激烈，担心休假会影响工作前途的比例占到了 32%，单位未主动安排带薪年休假的比例达到了 28%；民营企业未享受到带薪休假的原因主要是单位未主动安排的比例占到了 44%，自身没有休假意愿的占到了 27%；私营企业和其他企业未享受带薪休假的原因主要都集中在怕影响工作前途和单位领导没有批准，私营企业这两个原因分别占到了 30%，其他企业这两个原因分别占到了 50%和 33%。

按照职务来分析未能享受带薪休假制度的原因，其中自身无休假意愿的主要集中在高层管理人员，比例达到了33%；由于单位未主动安排造成未休假的主要集中在中层管理人员及执行人员，分别占到了43%和27%；普遍存在怕影响工作前途导致未能正常休假的现象，由于此原因未能休假的高层管理人员占到了33%，执行人员占到了27%，普通管理人员占到了25%。

图16-5体现出本研究样本被调查者未能享受到带薪休假制度，其单位如何进行补偿的情况：

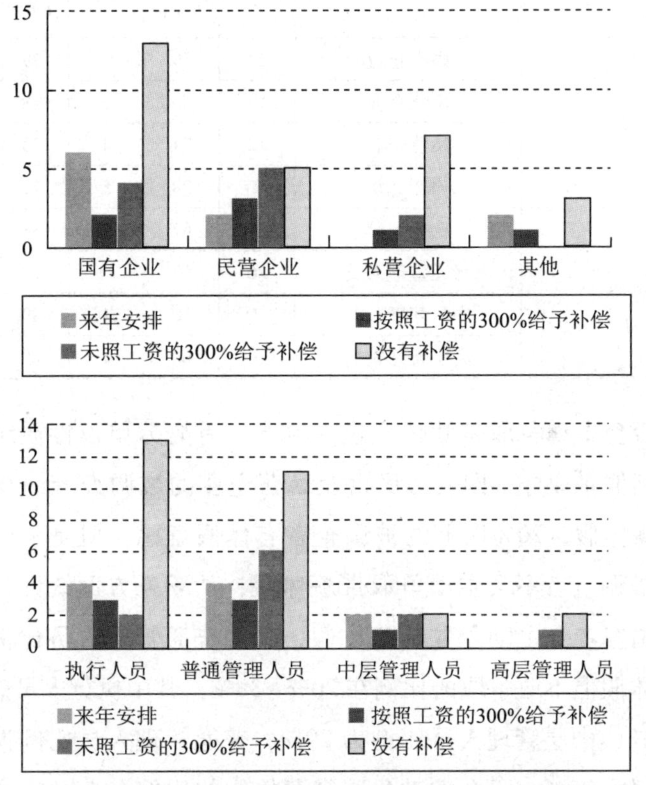

图16-5 各企业对未享受带薪休假职工补偿情况

从单位性质和职务两个方面来分析，未能休假的职工，没有得到单位给予的任何补偿这一比例均在29%以上，尤其是私营企业此项比例达到了70%，高层管理人员此项比例达到了67%；而对于职工应休假未休年休假期间的工资，能够按照法律规定得到单位给予工资的300%进行补偿的比例，从上述两个维度来分析均在 20%以下。

（三）分单位性质及职务对带薪休假制度的态度分析

本研究样本被调查者按照单位性质及人员职务两方面，分析是否会主动争取带薪休假制度的情况如表 16-3 所示：

表 16-3　是否会主动争取带薪休假情况

统计分类	分类明细	会主动争取		想休不敢争取		不会主动争取	
		人数	占比（%）	人数	占比（%）	人数	占比（%）
按单位性质统计	国有企业	24	59	12	29	5	12
	民营企业	19	59	9	28	4	13
	私营企业	12	71	4	23	1	6
	其　他	2	29	5	71	0	0
按人员职务统计	执行人员	21	57	14	38	2	5
	普通管理人员	26	63	11	27	4	10
	中层管理人员	7	50	4	29	3	21
	高层管理人员	3	60	1	20	1	20

针对是否会主动争取带薪休假这一调查，首先分单位性质统计，从表中可以看出除其他企业外，国有、民营及私营企业的被调查者约 60%以上都会主动争取带薪休假，20%以上的被调查者有休假意愿，但是不敢争取，仅有不到 15%的被调查者不会主动争取带薪休假；从职务方面统计，总体来看超过半数的被调查者会主动争取带薪休假，其中普通管理人员比例最高，达到了 63%，想休假但不敢争取的比例在 20%~38%，其中执行人员想休假不敢休的比例为 38%，中层管理人员比例为 29%，普通管理人员比例为 27%，高层管理人员比例为 20%。不会主动争取带薪休假的比例在 21%以内，其中执行人员比例仅 5%，普通管理人员比例达到 10%，中层管理人员及高层管理人员这一比例达到了 20%以上。

在对于职工实施带薪年休假的态度方面，无论从单位维度还是从职务维度，支持落实带薪休假制度的被调查者比例均在 83%以上；持无所谓态度的比例在 4%~20%，主要集中在其他企业 20%，高层管理人员 14%，普通管理人员13%，国有企业10%；持反对意见，不支持职工带薪年休假实施的比例相对较少，除了中层管理人员比例在11%外，其他维度统计的比例均在5%以下。

综上所述，职工对带薪休假制度的落实绝大部分是持支持态度的，这就需要国家进一步对这项制度进行完善与细化，如休假时间的天数界定方面，要有明确统一的标准，避免出现各单位休假时间的标准参差不齐，差距过大的现象。对各类单位、各级职工进行带薪休假制度指导与解读，出台相应政策调动单位积极主动安排职工带薪休假，督促各单位领导带头休假并培养职工的维权意识。在对带薪休假制度落实情况的监督检查中，要加强对私营企业及其他企业的指导与督促，监督各企业对未能休假的职工要严格按照法律规定给予补偿。

第四节 中国带薪休假制度的完善与对策

一、完善立法、执法及监管体系

从国家层面来说，应重视带薪休假的效用，加强立法、行政、司法、制度等方面的保障举措。国家应对带薪休假制度建立强制性的法律法规进行保护，促进其彻底实施。做到执法必严、违法必究，让用人单位知道政府对保护劳动者利益的决心①。国家应从立法上细化带薪休假制度的规定，健全有关休假权方面的法律规定，完善其配套的法规及实施细则，执法上严格按照规定的制度，加强执法力度，在司法方面要加强监管，对违法的企业进行严肃处理。对该项制度的推行要做好宣传工作，让企业和职工从了解该项制度，到理解落实，同时还需要完善救济途径，在职工休假权受到威胁时进行维护。

---

① 王辉．“十一”黄金周旅游景区容量超载现象探析［J］．中国市场，2014，(4)．

（一）完善相关法律法规与细则，加强带薪休假的执法与监管

法律的完善可以使带薪休假制度在执行上得以根本保证，要想更好地推动带薪休假制度的实施，首先要以行政的、法律的强制力来保证和推动政策的执行和落实，特别是要加大对用人单位违反带薪休假规定的处罚力度①。结合实施情况来看，国家要完善与带薪休假相关的立法、执法及行政法的法律法规，同时应积极调研并出台带薪休假制度的实施细则，有针对性地阐述各行各业具体的实施办法。

首先，我国目前存在劳资双方不平等的问题，这样国家在制定法律法规时应侧重于对劳动者这一弱势群体合法权益的保护。如在完善《劳动法》时，应完善带薪休假权利保护方面的内容，对用工单位建立强有力的约束机制，任何用工单位不得随意更改国家规定的带薪休假制度，为保障劳动者能够真正享受带薪休假，根据用人单位落实带薪休假制度的好坏进行奖惩，对落实情况良好的企业进行表扬和奖励，对落实该项制度较差的企业进行批评和惩罚。对不能按时落实带薪休假制度而且没有给予员工任何补休或补偿的企业，经过提醒警告还不改正的，要制定明确适度的具有惩罚意义的量化标准，让企业清楚违反此项规定所应付出的代价。

其次，政府部门应强化责任意识，加强带薪年休假落实情况的监督检查，提高行政工作人员专业素养和道德素质，加强执法人员对劳动者的保护意识，加强职工休息权益保障方面的法律援助，完善诸如民办企业、有雇工的个体工商户等企业职工休假权益的保障措施。劳动监察部门可以通过深入调查、接受举报、通报批评等方式监督企业，形成舆论压力②。另外，在缩短维权时间、提高行政效率方面，劳动监察部门可以和政府其他部门、仲裁机构、法院相互配合，这样可以降低维权成本。

最后，政府应当通过专用的投诉箱或成立专门的调解组织机构，对执行带薪休假制度建立信息反馈渠道，通过这些渠道收集民意、了解民情③。设立

---

① 刘英团．推动落实带薪休假需要刚性执行力［N］．中国旅游报，2014-1-29（2）．

② 王起晨．带薪休假如何才能落地［N］．光明日报，2014-8-29（002）．

③ 王兴斌．落实带薪休假有决心也要有措施［N］．中国旅游报，2014-3-12（002）．

专门的举报电话和网上举报通道，匿名举报、突击检查，赋予职工集体诉讼的权利①。另外，应提高相关部门的执法能力和执法力度，严格按照法律规定对违法行为进行处罚，主动为劳动者争取福利待遇，以强有力的救济为劳动者权利实现提供保障。

（二）加强工会组织的社会监督

工会是代表劳动者利益的组织，肩负着对带薪休假制度的社会监督责任，在保障职工休息休假权中，应充分发挥工会这一团体力量，在维护职工合法权益方面起到积极作用。工会可以通过和用人单位进行集体协商，由工会代表员工与用人单位签订集体劳动合同，与用人单位进行全面谈判劳动者的权利待遇②，将休假权的有关条款明确地以文字形式写在双方的劳动合同中，使职工的休假权被侵犯时做到有凭有据。并且，工会组织也是由各劳动者组成，可以较易融入劳动者群体之中，这个组织是普遍存在于各行各业的，因此能得到职工最真实的信息，在劳动者带薪休假权利被侵犯时能及时予以救济，对违反制度的资方进行举报，有利于带薪休假制度落实的监督，有利于保证劳动者休假福利的实现。

国家劳动、人事等部门应采取各种方式和途径加大劳动法律法规的宣传力度，通过电视、网络、报纸等媒介宣传带薪休假制度的相关政策，向劳动者和用人单位灌输正确的带薪休假制度的观念，在机关、团体、企事业单位中提倡、宣传、引导领导者和职工安排全年休假时间。用人单位要增强法制观念，加强宣传教育，提高思想认识，制定奖惩措施，鼓励带薪休假，并从领导层面带头抓好落实，起到示范榜样作用。强调带薪休假是劳动者的一项法定权利，奖惩结合，可以增加企业、单位实行带薪休假的内在动力，使得企业及职工能够理解并接受带薪休假制度。增强职工的法律意识和维权意识，鼓励职工主动争取自身休假的权利，为进一步推动带薪休假制度的落实创造良好社会环境和舆论氛围。同时，吸收西方国家可借鉴经验，完善我国相关部门和组织的维权途径并加以宣传，使职工清楚地知道休息权利受到侵犯后

---

① 蔡继明．关于进一步调整完善我国节假日制度的建议［J］．人文杂志，2014（7）．

② 叶祝颐．错时带薪休假是理想化建议［N］．深圳商报，2014-3-4（A08）．

应如何有效地寻求法律的救济。

（三）多管齐下，对企业制定适当的奖惩措施

工商、税务、银行等部门应相互协作，把执行落实带薪休假制度作为评判企业诚信的一个方面，将其与企业的利益直接挂钩，以便促进企业变被动为主动积极执行。国家可以考虑对用人单位适当给予政策优惠或者其他方面的优惠，化解用人单位推行带薪休假制度的压力，激发用人单位实施带薪休假制度的积极性，鼓励其对带薪休假政策的执行。对遵守休假规定的企业，在税收、贷款和市场经营等方面予以大力支持；对一再违反国家休假规定，责令仍不整改的企业，在银行贷款等方面予以限制①。加大对企业的监督力度，不定期地对企业带薪休假制度的实施情况进行检查，建立企业诚信档案，将企业落实带薪年休假制度情况的名单向全社会公布②。设置举报热线，将职工带薪休假落实情况列入单位的考核指标，通过媒体向社会大众公布违反制度企业的名单，在各项组织评优中实施一票否决制。

二、培养国民带薪休假意识，转变企业和员工的思想观念

从企业管理者的角度来说，一是应该意识到持续快节奏的工作未必能够取得好的效果，这样做反而很有可能导致员工效率降低，不能为企业创造更多的利润，企业管理者迫切需要转变休假就等于不敬业的态度。企业执行带薪休假制度，能够使劳动者体力、脑力得到恢复从而能够更好地投入到工作中，能增加员工对企业的认同感和归属感，对于提升员工主观幸福感有很大作用，进而激发员工的工作热情和潜能，培养员工的忠诚度并提高工作效率，从而增强企业的凝聚力和竞争力，有利于企业自身的长远发展，实现员工与企业的双赢。二是企业应根据自身性质明确员工休假条件及办理休假的程序。若是季节性的企业可以将休假集中安排在生产淡季，或者利用工作间隙，分阶段实现带薪年假；同时，对未休完的假期，可以通过补偿规定，加以补偿。

---

① 唐树源．论我国实行带薪年休假制度之完善［J］．法制博览，2013，3（中）．

② 张羡岷．云横秦岭“假”何在——带薪休假有望真正落地［J］．中国人力资源社会保障，2014（10）．

从劳动者角度来说，应正确看待带薪休假，不断增强自身的法律意识，在合法权利受到侵害时要具有维权意识。职工自己应该首先认识到如果长期在节奏快、压力大的环境下工作，身心健康会受到严重的潜在威胁。只有职工自身转变了这种观念才能意识到落实带薪休假制度是刻不容缓、亟须解决的社会问题。有些职工由于受到单位的压力而放弃这一权利，在面对用人单位的强势地位下，很少有人能够用法律来维护自身的权利不受侵犯。由于职工没有或不敢主动的争取，致使用人单位更加不会重视员工带薪休假权利。员工要树立休息权是劳动者最基本的权利之一的意识，把带薪休假看成是工作的正常待遇，在休息权受到侵犯时，主动维护和争取自己的权益。

三、允许各地区、各行业分步推进带薪休假

我国在推广带薪休假制度的过程中，还需要考虑到自身的具体国情。我国不同地区的经济水平差距较大，如在我国沿海发达地区，存在着大量劳动密集型企业，这些企业的效益往往建立在劳动时间的延长上。另外有些地区还存在着特有的风俗习惯，因此，全民实施带薪休假制度的时机尚不成熟。

针对这种现象，就目前我国经济发展的情况，全国范围内落实带薪休假制度确实存在较大的困难，带薪休假制度确实不能一刀切。但由于我国地域广阔，流动人口众多，即使国家出台弹性的指导带薪休假制度的实施办法，在落实起来也必定会大打折扣，并有可能造成混乱和钻空子的现象发生。因此笔者认为，国家应该在全国范围内统一带薪休假制度，按照上文所述做好立法、执法、宣传和监管工作。带薪休假的落实问题也应由企业与员工共同协商决定，企业可以针对不同行业、不同部门，按照生产淡旺季分配假期，做出相应休假时间段的规定。率先在一部分地区、企事业单位推行，国营、外资和品牌民营企业有条件重点执行，使之成为企业文化建设与企业形象塑造的有效环节①。同时，地方政府对于不能及时落实带薪休假的地区、行业给予一定的时间，鼓励其根据自身的情况探索合理施行带薪休假的具体方式，

① 吴双远. 国庆长假高速路拥堵、旅游景区拥挤的宪法学分析［J］. 法制博览，2015（1）上.

奖惩结合，增加企业、单位实行带薪休假的内在动力。

四、适当调整现有的休假模式

现有的清明、五一、端午、中秋四个节日，通过前挪后借公休日形成小长假的做法有可能会导致连续工作 8 天的情形，使人们疲惫不堪。针对这个问题，我们可以借鉴加拿大的休假模式，进行改进，形成适合我国国情的新放假办法。而我国的假期凸显传统节日的价值，这就意味着我们不能像加拿大一样把某个节日定在周一或周五，必须要保证在休假当天放假一天。因此，若节日恰逢公休日，则固定在相连的周一或周五补假，形成固定、可预期的小连休。如若节日逢周二、周三或周四，国家可以规定就在节日当天休假一天，人们可以选择在节日与周末之间休带薪年假来形成个人的黄金周。这样既避免了因为调休带来的混乱与无序，又可以增加 3 个黄金周供人们自行选择安排，避免了人们只能在十一黄金周拥挤出门的尴尬。从人们对小长假的需求角度讲，这也有利于促进带薪休假制度的落实。

小　结

本文对带薪休假制度的起源及该制度在我国的发展进行了详细介绍，并对西方国家带薪休假制度的情况进行了阐述，比较总结了西方国家落实带薪休假制度对我国可借鉴的经验，从国家、企业、职工等层面提出完善我国带薪休假制度的对策建议。

第一，落实带薪休假意义重大，然而就目前的落实情况来看还不容乐观。落实带薪休假对加强国民的身体健康、提高工作的效率、提升生活的幸福指数及缓解黄金周拥堵等多方面都有积极的作用。因此，有必要逐步完善、推行带薪休假制度。

第二，全面落实带薪休假还面临很多问题。我国地域发展不平衡，人口分配不均匀，企业发展参差不齐，在我国当前经济的状况下，短期内全面落实带薪休假制度具有一定的难度。世界各国的经验表明：一个国家的福利水平取决于该国的经济发展水平，带薪休假制度的落实及休假天数与国家的经济水平密切相关，正常情况下，经济发展水平越好，带薪假期的时间也会相应多一些。我们都希望自己每年都有更长的带薪假期，可是却应看到中国经济的承受力。某些经济落后地区连日 8 小时工作制、周 40 小时工作制都不能保障，目前想要全面落实带薪休假与现实距离也似乎遥远了一些。

第三，落实带薪休假要从多方面入手。带薪休假制度的落实需要各方面的共同努力，需要社会经济的进一步发展，人们休闲意识的进一步加强，需要政府、企业、职工多方面不懈地努力协作和配合。首先，政府作为制度的制定者，要想将带薪休假从纸上权利变成现实福利，关键是法治治理上的全过程风险监控。前期的执法要到位，中期的监督核查也要跟上，后期的仲裁调解更要深入；其次，带薪休假制度的落实需要企业及每位员工统一思想，正确对待落实带薪休假制度的益处。

第四，带薪休假政策是我国休假制度不断完善的一种表现，虽然我国目前全面实施带薪休假还有一定难度，但是国际实践证明，这是休假制度的必然发展趋势。法国从 1936 年首次提出带薪年休假制度，历经数十年，直到 20 世纪 70 年代才得以全面落实；美国在 20 世纪 30 年代就建立带薪休假制度，而直到 70 年代才得以全面实现①。因此，带薪休假制度的发展走出落实难的困境并非一蹴而就，本文所述的带薪休假制度落实过程中出现的几大困难是带薪休假制度发展过程中的正常现象，是中国带薪休假制度走向成熟、理性的必经阶段。我们要对这项关于民生的改革充满信心，结合自身的情况循序推进。

① 李博．四问带薪休假［N］．中国经济导报，2013-10-26（A03）．

参考文献

一、英文文献

[1] Reinikka, R., & Svensson, J. m. The power of information: evidence from a newspaper campaign to reduce capture. Social Science Electronic Publishing, 2004, 6 (2).

[2] Bertot, J. C., Jaeger, P. T., & Grimes, J. M. Promoting transparency and accountability through icts, social media, and collaborative e - government. Transforming Government People Process & Policy, 2007, 6 (1).

[3] Hameed F, . Fiscal transparency and economic outcomes. International Monetary Fund.

[4] Relly, J. E., & Cuillier, D. A comparison of political, cultural, and economic indicators of access to information in arab and non-arab states. Government Information Quarterly, 2010, 27 (4).

[5] Grigorescu, & Alexandru. International organizations and government transparency: linking the international and domestic realms. International Studies Quarterly, 2003, 47 (4).

[6] Heald, D. Fiscal transparency: concepts, measurement and uk practice. Public Administration, 81 (4).

[7] Axelrod, R., & Cohen, M. D. Harnessing complexity: Organizational implications of a scientific frontier. New York: Free Press, 1999.

[8] Lindqvist K, Timpka T, Schelp L, et al. Evaluation of a Child Safety Program Based on the WHO Safe Community Model [J]. Injury Prevention, 2002

(1): 23-26.

[9] Lindqvist K, Koustuv D. Impact of Social Standing on Traffic Injury Prevention in a WHO Safe Community [J]. Health, 2012 (4): 216-221.

[10] Spinks A, Turner C, Nixon J, et al. The WHO Safe Communities Model for the Prevention of Injury in Whole Populations [J]. Cochrane Database of Systematic Reviews, 2009 (3): 1-29.

[11] Marshall M, Wray L, Epstein P, etal. 21st Century Community Governance: Better Results by Linking Citizens, Government and Performance Measurement [C]. Annual Quality Congress Proceedings-American Society for Quality Control. 1999.

[12] Auckland City Council. Community Governance Model [EB/OL], 2002. http://www.aucklandcity.govt.nz/council/documents/governance/section5.asp

[13] Diamond D, Weiss D M. Advancing Community Policing Through Community Governance: A Framework Document [M]. US Department of Justice, Department of Community Oriented Policing Services, 2009.

[14] Berry B J L. Urbanization and Counter-Urbanization [M]. SAGE Publications, Inc, 1977. 329.

[15] Champion A G. Counterurbanization: The Changing Pace and Nature of Population Deconcentration [M]. London: Edward Arnold, 1989.

[16] J. B D. Internal Migration [M]. Chicago: The University of Chicago Press, 1959: 6-13.

[17] Moon M J, Norris D F. Does Managerial Orientation Matter? The Adoption of Reinventing Government and E-Government at the Municipal Level [J]. Information Systems Journal, 2005, 15 (1): 43-60.

[18] Kemeny J. Comparative housing and welfare: theorizing the relationship [J]. Journal of Housing and the Built Environment, 2001, 16 (1): 53-70.

[19] Gunter A. Creating co~sovereigns through the provision of low cost housing: The case of Johannesburg, South Africa [J]. Hablitat International, 2013, 39: 278-283

[20] Bajunid A F I, Ghazali M. Affordable Mosaic Housing: Rethinking Low-Cost Housing [J] . Procedia-Social and Behavioral Sciences, 2012, 49: 245-256.

[21] Arman M, Zuo J, Wilson L, et al. Challenges of responding to sustainability with implications for affordable housing [J] . Ecological Economics, 2009, 68 (12): 3034-3041.

[22] Djebarni R, Al-Abed A. Satisfaction level with neighbourhoods in low-income public housing in Yemen [J] . Property Management, 2000, 18 (4): 230-242.

[23] Popkin S J, Buron L F, Levy D K, et al. The Gautreaux Legacy: WhatMight Mixed-Income and Dispersal Strategies Mean for the Poorest Public Housing Tenants [J] . Housing Policy Debate, 2000, 11 (4): 911-924.

[24] Katharine L, Shester. American Public Housing' s Origins and Effects [M] . Dissertation Vanderbilt University, 2011.

[25] Robert H. Edelsteina, Sau Kim Lumb. House prices, wealth effects, and the Singapore macro economy [J] . Journal of Housing Economics, 2004 (13): 342-367.

[26] Cowan, D. &Marsh, A. Community neighbourhood and responsibility: Contemporary currents in housing studies. Housing Studies, 2004, 19 (6): 845-853.

[27] Jorge Sousa. Jack Quarter. Converting a public housing project into a tenantmanaged housing co-operative: A Canadian case study. Journal of Housing and the Built Environment 2004, 19: 187-198.

[28] Paul Hickman. Approaches to Tenant Participation in the English Local Authority Sector. Housing Studies, 2006, 21 (2): 209-225.

[29] David Marsh and R. A. W. Rhodes, Policy Networks in British Government, Oxford: Clarendon Press, 1992.

[30] David Marsh and R. A. W. Rhodes, Policy Networks in British Government, Oxford: Clarendon Press, 1992.

二、中文著作

［1］王浦劬．国家治理现代化：理论与策论［M］．北京：人民出版社，2016.

［2］俞可平．城市治理现代化与城市治理创新［M］．北京：中国社会出版社，2016.

［3］江必新，王红霞．国家治理现代化与制度构建［M］．北京：中国法制出版社，2016.

［4］俞可平．论国家治理现代化［M］．北京：社会科学文献出版社，2015.

［5］武权德，等．国家战略与中国特色城镇化——来自云南的实践［M］．北京：科学出版社，2011.

［6］张锋．国家战略——建设“一带一路”［M］．西安：西安交通大学出版社，2017.

［7］章文光．中国外资政策有效性研究［M］．北京：中国经济出版社，2017.

［8］严利华．从个体激情到群体理性——新媒介时代公民参与的理论与实践［M］．武汉：武汉大学出版社，2013，12：21.

［9］朱德米．公共政策制定与公民参与研究［M］．上海：同济大学出版社，2014.

［10］滕五晓．社区安全治理：理论与实务［M］．上海：上海三联书店，2012：92.

［11］胡鞍钢．大国之治——理解“十三五”时期国家战略［M］．北京：党建读物出版社，2016.

［12］杨光斌．习近平的国家治理现代化思想：中国文明基体论的延续［M］．北京：中国社会科学出版社，2015.

［13］国家应对人口老龄化战略研究总课题组．国家应对人口老龄化战略研究总报告［M］．北京：华龄出版社，2014，2.

［14］于立新，王寿群，陶永欣．国家战略：“一带一路”政策与投

资——沿线若干国家案例分析［M］．杭州：浙江大学出版社，2016.

［15］沈荣华．政府治理现代化［M］．杭州：浙江大学出版社，2016.

［16］陈明明，任勇．国家治理现代化：理念、制度与实践［M］．北京：中央编译出版社，2016.

［17］汪波．新型城镇化与苏南区域治理创新［M］．北京：中国经济出版社，2017.

［18］［美］斯图尔特，赫奇，莱斯特．公共政策导论［M］．韩红，译．北京：中国人民大学出版社，2011：135.

［19］［法］古斯塔夫·勒庞．乌合之众［M］．冯克利，译．北京：中央编译出版社，2004. 1：3.

［20］［美］亚伯拉罕·马斯洛．动机与人格［M］．许金声，译．北京：中国人民大学出版社，2007：19-22.

三、中文论文

［21］王浦劬．国家治理、政府治理和社会治理的基本含义及其相互关系辨析［J］．社会学评论，2014（3）.

［22］李克强．大规模实施保障性安居工程逐步完善住房政策和供应体系［J］．求是，2011（8）.

［23］燕继荣．现代国家治理与制度建设［J］．中国行政管理，2014（5）.

［24］章文光，融合创新及其对中国创新驱动发展的意义［J］．管理世界，2016（6）.

［25］陆幸福．论依申请公开政府信息之制度改进［J］．法学，2013（4）.

［26］吕艳滨．理解依申请公开中的政府信息概念［J］．中国行政管理，2012（8）.

［27］肖明．政府信息公开制度运行状态考察——基于2008年至2010年245份政府信息公开工作年度报告［J］．法学，2011（10）.

［28］苑丰，刘武芳．基于舆情博弈的公民有序化网络参与对策［J］．东南学术，2013（3）.

[29] 宣晓伟. 国家治理体系和治理能力现代化的制度安排：从社会分工理论观瞻 [J]. 改革，2014 (4).

[30] 姜晓萍. 国家治理现代化进程中的社会治理体制创新 [J]. 中国行政管理，2014 (2).

[31] 章文光，田茂运. “一带一路”建设与民族地区经济发展契合性分析 [J]. 新视野，2017 (2).

[32] 杜海峰，张楠，蔡萌. 社会计算及其在公共安全集群行为研究中的应用：进展与展望 [J]. 现代财经（天津财经大学学报），2014 (5).

[33] 弗兰西斯·福山. 什么是治理 [J]. 郑寰译. 国家行政学院学报，2013 (6).

[34] 陈水生. 统筹治理：国家治理现代化的内源式重构 [J]. 南京社会科学，2014 (7).

[35] 张宋祺，蒋长流. “逆城市化”：观察维度与制度反思 [J]. 上海经济研究. 2015 (7).

[36] 温星衍. 发达国家城市人口规模和人口流动模式的转变 [J]. 人口学刊，1987 (5).

[37] 张善余. 逆城市化——最发达国家人口地理中的新趋向 [J]. 人口与经济，1987 (2).

[38] 段学慧. “逆城市化”还是“伪逆城市化”？——基于中西方的比较研究 [J]. 河北学刊. 2014 (2).

[39] 郎咸平. 中国的逆城市化之殇 [J]. 城市住宅. 2012 (3).

[40] 谢英挺，王伟. 从“多规合一”到空间规划体系重构 [J]. 城市规划学刊，2015 (3).

[41] 章文光，韩明. 区域创新政策差异化的实现路径与策略保障 [J]. 中国行政管理，2016 (8).

[42] 陈雯，闫东升，孙伟. 市县“多规合一”与改革创新：问题、挑战与路径关键 [J]. 规划师，2015 (2).

[43] 沈迟，许景权. “多规合一”的目标体系与接口设计研究——从“三标脱节”到“三标衔接”的创新探索 [J]. 规划师，2015 (2).

［44］杨荫凯，刘洋．加快构建国家空间规划体系的若干思考［J］．宏观经济管理，2011（6）．

［45］林坚，陈霄，魏筱．我国空间规划协调问题探讨——空间规划的国际经验借鉴与启示［J］．现代城市研究，2011（12）．

［46］王向东，刘卫东．土地利用规划：公权力与私权利［J］．中国土地科学，2012（3）．

［47］张晓萍，李鑫．基于文化空间理论的非遗保护与旅游化生存实践［J］．学术探索，2010（6）．

［48］马亮．电子政务发展的影响因素：中国地级市的实证研究［J］，电子政务，2013（9）．

［49］李广建，杨林，王巍巍．基于 WCAG2.0 的中国城市政府网站可访问性评价研究［J］．情报科学，2012（1）．

［50］胡鞍钢，马伟，鄢一龙．“丝绸之路经济带”：战略内涵：定位和实现路径［J］．新疆师范大学学报，2014（4）．

［51］徐海燕．咸海治理：丝绸之路经济带建设的契入点［J］．国际问题研究，2014（4）：91.

［52］卢为民，姚文江．中外公租房租金定价机制比较研究［J］．城市问题，2011（5）．

［53］程恩富，钟卫华．城市以公租房为主的“新住房策论”［J］．财贸经济．2011（12）．

［54］易淼，赵磊．我国住房问题的症结与公租房建设［J］．马克思主义研究，2012（5）．

［55］巴曙松，王志峰．资金来源，制度变革与国际经验借鉴：源自公共廉住房［J］．改革，2010（3）．

［56］王笑严．构建我国多层次住房权保障法律体系［J］．当代法学，2012（3）．

［57］王莉莉．中国城市地区机构养老服务业发展分析［J］．人口学刊，2014（4）．

［58］彭希哲，胡湛．公共政策视角下的中国人口老龄化［J］．中国社

会科学，2011（3）.

［59］胡业飞，崔杨杨 . 模糊政策的政策执行研究——以中国社会化养老政策为例［J］. 公共管理学报，2015（2）.

［60］汪波 . 需求—供给视角下北京社区养老研究——基于朝阳区 12 个社区调查［J］. 北京社会科学，2016（9）.

［61］汪波 . 双 S 曲线视阈下中国城市群治理形态变迁：耦合与策略［J］. 上海行政学院学报，2015（6）.

［62］蔡继明 . 关于进一步调整完善我国节假日制度的建议［J］. 人文杂志，2014（7）.

［63］李江，等 . 用文献计量研究重塑政策文本数据分析——政策文献计量的起源、迁移与方法创新［J］. 公共管理学报，2015（2）.

［64］黄璜 . “互联网+”、国家治理与公共政策［J］. 电子政务，2015（7）.